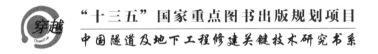

"十三五"国家重点图书出版规划项目

中国隧道及地下工程修建关键技术研究书系

蒙华重载铁路隧道修建关键技术

刘辉 编著

Key Construction
Techniques for
Menghua Heavy Haul Railway Tunnels

人民交通出版社股份有限公司
China Communications Press Co.,Ltd.

内 容 提 要

本书以新建蒙西至华中地区煤运铁路隧道工程的建设为背景,对蒙华重载铁路隧道工程的设计情况及部分创新性施工技术在重难点工程的应用情况进行了介绍,对工程建设中的数据进行了系统分析,对技术成果和先进经验进行了梳理、总结和提升,并加以系统阐述。全书共分8章,结合蒙华铁路隧道工程建设情况,论述了蒙华铁路隧道设计关键技术、切槽预支护技术、台阶法含仰拱一次开挖技术、水平岩层隧道施工技术、软弱基底处理技术及异形大断面盾构施工技术等内容。本书提出了诸多先进的理念和技术,内容具有较好的创新性。

本书可供我国从事铁路隧道工程设计、施工和科研工作的技术人员以及高等院校相关专业师生学习和参考,亦可供公路、市政、水利等行业相关人员及国外同行参阅。

图书在版编目(CIP)数据

蒙华重载铁路隧道修建关键技术 / 刘辉编著. —北京:人民交通出版社股份有限公司, 2018.10
ISBN 978-7-114-15099-9

Ⅰ. ①蒙… Ⅱ. ①刘… Ⅲ. ①重载铁路—隧道施工—工程技术　Ⅳ. ①U459.1

中国版本图书馆 CIP 数据核字(2018)第 243291 号

书　　　名:	蒙华重载铁路隧道修建关键技术
著 作 者:	刘　辉
责任编辑:	李　坤
责任校对:	刘　芹
责任印制:	张　凯
出版发行:	人民交通出版社股份有限公司
地　　址:	(100011)北京市朝阳区安定门外外馆斜街3号
网　　址:	http://www.ccpress.com.cn
销售电话:	(010)59757973
总 经 销:	人民交通出版社股份有限公司发行部
经　　销:	各地新华书店
印　　刷:	北京印匠彩色印刷有限公司
开　　本:	787×1092　1/16
印　　张:	15.5
字　　数:	366千
版　　次:	2018年10月　第1版
印　　次:	2018年10月　第1次印刷
书　　号:	ISBN 978-7-114-15099-9
定　　价:	96.00元

(有印刷、装订质量问题的图书,由本公司负责调换)

编 委 会

主 任 委 员：刘　辉

副主任委员：于兴义　李治国　何　伟

编　　　委：（排名不分先后）

卓　越	王丽庆	夏　勇	王杜娟	陈　鸿
贾连辉	张帅军	熊炎林	种玉配	陈　潇
赵　伟	邵　阳	刘银涛	吕瑞虎	白中坤
杨泽平	李文俊	钟礼亮	杨效广	屈永平
刘小辉	姚士磊	倪汉杰	王建兴	张俊生
支永辉	马　辉	何勇华	凌　帆	夏真荣
林国庆	闵世平			

前　言

　　重载铁路运输作为国民经济的大动脉，在我国的运输系统中占据着重要地位。相对于公路、水路和管道等运输方式，它是长距离运输大宗货物最经济的方式。随着铁路网络的逐步发展与完善，新建铁路线路穿越地区的自然环境与社会环境越来越复杂多样，出于各种考虑，隧道在铁路线路中的占比越来越高，而复杂环境中隧道修建的技术难度也在逐步提高。

　　在建的蒙西至华中地区铁路煤运通道是我国"十二五"规划纲要中的重大交通基础设施，是"北煤南运"新的国家战略运输通道，北起内蒙古自治区鄂尔多斯市浩勒报吉，南达江西省吉安市，途径内蒙古、陕西、山西、河南、湖北、湖南、江西7个省（自治区），建成后将成为我国一次性建成最长的重载铁路。线路全长1817km，包含隧道228座，总长度453.05km，其中大于10km的隧道10座；穿越地层种类繁多，从太古界到新生界均有出露，分别为华北地层、秦祁地层、扬子地层和华南地层，部分隧道穿越了粉细砂地层、新黄土、第三系富水地层、岩溶地层、高瓦斯煤层、膨胀岩（土）、膏溶角砾岩地层、软土及松软土、长大断层破碎带等多种不良地质，施工难度大，安全风险高，建设过程中面临着巨大的技术挑战。

　　几年来，蒙华重载铁路的隧道工程建设者们在设计、施工实践中积累了丰富的经验，为把蒙华重载铁路隧道的设计、施工情况和经验介绍给读者，特编著此书。本书的主要编著者，都来自中国铁路隧道设计、施工第一线。他们中有的是从事铁路隧道勘察设计的专家，有的是从事铁路隧道施工的项目负责人，有的是从事隧道施工装备设计制造的业内精英。本书是他们经验和智慧的结晶。本书的读者对象是从事铁路隧道建设的勘察设计技术人员、隧道施工技术（管理）人员、工程项目管理人员以及从事隧道工程科研、教学工作的人员，我们期望本书能在未来重载铁路及相近工程的建设领域为读者提供有价值的参考和借鉴。

　　本书共分8章。第1章概述，介绍了重载铁路在国内外的发展情况及现阶段国内重载铁路隧道的建设与运营情况。第2章从总体上介绍了蒙华重载铁路全线地质情况、隧道工程分布情况及设计概况，并针对特殊的建设环境对部分重难点隧道的设计情况进行了详述。第3章介绍了预切槽法机械设备及施工技术的发展历程，并结合郝窑科隧道现场情况，对预切槽法在国内铁路隧道工程的第一次应用进行了阐述，重点介绍了切槽灌注预支护、开挖支护与掌子面加固的施工工艺与要点。第4章介绍了软弱围岩隧道台阶法含仰拱一次开挖施工工法,重点介绍了该工法与传统台阶法的不同之处,对隧道开挖工艺流程、仰拱初支混凝土强度控制标准与保护措施、开挖施工设备配置方案进行了着重论述。第 5 章介绍了水平岩层隧道施工技术,分析了水平岩层隧道的围岩稳定性与破坏机理,从爆破成形技术的角度阐述了水平岩层隧道常见的超欠挖现象的控制方法,结合现场试验论述了锚杆支护技术在水平岩层隧道的应用效果,并综合介绍了水平岩层隧道的开挖施工工艺与辅助工法。第 6 章介绍了重载铁路软弱基底处理技术,分析了隧道基底病害的产生机理与受力特性,并对基底换填、钢管桩加固与注浆加固等几种有效的软弱基底处理技术从适用条件、工艺流程及施工要点等方面进行了详细阐述。第 7 章介绍了异形大断面盾构施工技术,回顾了国内外异形盾构设备的研发制造与应用情况,分析了异形盾构施工的特点与优越性,并依托白城隧道,重点论述了我国自主研发的大断面马蹄形盾构的设备参数、施工流程与要点及现场应用情况。第 8 章为结论与展望。

本书的编写和出版得到了中国中铁股份有限公司、中铁隧道局集团有限公司、中国铁路设计集团有限公司和中铁工程装备集团有限公司的支持和帮助,在此深表感谢。

由于参与本书编著的人员较多,书中难免存在不妥之处,恳请广大读者批评指正。

刘　辉
2018 年 6 月

目 录

第1章 概述 ··· 001

    1.1 重载铁路建设的意义 ·· 002
    1.2 重载铁路建设现状和发展趋势 ···································· 003
        1.2.1 重载铁路建设现状 ··· 003
        1.2.2 重载铁路发展趋势 ··· 007
    1.3 国内重载铁路隧道建设面临的挑战 ······························ 009
    本章参考文献 ·· 010

第2章 蒙华重载铁路隧道设计关键技术 ···································· 011

    2.1 蒙华铁路隧道设计概述 ·· 012
        2.1.1 地形地貌 ·· 012
        2.1.2 地层岩性 ·· 013
        2.1.3 地质构造 ·· 014
        2.1.4 水文地质特征 ·· 015
        2.1.5 地震动参数区划、气象等情况 ····························· 016
        2.1.6 沿线隧道分布概况 ·· 016
    2.2 蒙华铁路隧道主要技术特点与设计内容 ······················· 017
        2.2.1 线路主要技术标准 ·· 017
        2.2.2 建筑限界及衬砌内轮廓 ······································ 018
        2.2.3 衬砌支护类型 ·· 022
        2.2.4 隧道位置选择及洞口位置、洞门形式 ···················· 026
        2.2.5 结构的耐久性 ·· 027
        2.2.6 建筑材料的选择 ··· 028

2.2.7　防水及排水 …… 028
　　2.2.8　抗震设计及国防要求 …… 031
　　2.2.9　防灾疏散与通风 …… 032
　　2.2.10　隧道轨下基础类型 …… 033
　　2.2.11　照明设置 …… 034
　　2.2.12　附属工程 …… 034
　　2.2.13　隧道修建对生态环境与水土保持的影响及采取的措施 …… 035
　　2.2.14　辅助坑道 …… 036
　　2.2.15　施工组织设计 …… 039
　　2.2.16　辅助措施 …… 040
　　2.2.17　与其他专业的设计接口意见 …… 046
2.3　重难点工点设计 …… 047
　　2.3.1　粉细砂地层 …… 047
　　2.3.2　异形盾构隧道 …… 051
　　2.3.3　黄土地层 …… 056
　　2.3.4　富水黄土地层 …… 061
本章参考文献 …… 066

第3章　重载铁路隧道切槽预支护技术 …… 069

3.1　预切槽法施工技术简介 …… 070
　　3.1.1　硬岩中的预切槽施工 …… 071
　　3.1.2　软岩中的预切槽施工 …… 071
3.2　预切槽法施工技术发展现状 …… 072
　　3.2.1　预切槽机械设备及工作方式 …… 072
　　3.2.2　预切槽法在国内外隧道工程的应用 …… 075
　　3.2.3　预切槽法应用情况分析与施工要点 …… 082
3.3　预切槽法施工工艺与技术要点 …… 084
　　3.3.1　工程概况 …… 085
　　3.3.2　施工准备 …… 086
　　3.3.3　掌子面加固方案 …… 088
　　3.3.4　切灌施工 …… 089
　　3.3.5　开挖支护 …… 095
本章参考文献 …… 098

第4章　重载铁路软弱围岩隧道台阶法含仰拱一次开挖施工与设备配套 …… 099

4.1　软弱围岩隧道台阶法含仰拱一次开挖施工技术 …… 100

4.1.1　两台阶法含仰拱一次开挖施工工艺 …………………………………… 100
　　　4.1.2　三台阶法含仰拱一次开挖施工工艺 …………………………………… 112
　　　4.1.3　仰拱初支强度控制技术 ………………………………………………… 118
　4.2　台阶法含仰拱一次开挖施工设备配套技术 …………………………………… 130
　　　4.2.1　施工设备配套技术 ……………………………………………………… 130
　　　4.2.2　台阶法一次开挖施工组织管理措施 …………………………………… 134
　　　本章参考文献 …………………………………………………………………… 135

第5章　重载铁路水平岩层隧道施工技术 …………………………………………… 137

　5.1　水平岩层隧道围岩稳定性分析 ………………………………………………… 138
　　　5.1.1　水平岩层隧道围岩稳定的影响因素 …………………………………… 138
　　　5.1.2　水平岩层隧道围岩破坏机制 …………………………………………… 139
　5.2　水平岩层隧道钻爆施工及成形控制技术 ……………………………………… 141
　　　5.2.1　段家坪隧道前期爆破开挖分析 ………………………………………… 141
　　　5.2.2　水平岩层隧道成形控制理论 …………………………………………… 144
　　　5.2.3　现场爆破方案优化 ……………………………………………………… 147
　5.3　水平岩层隧道围岩锚杆支护技术 ……………………………………………… 156
　　　5.3.1　水平层状砂泥岩层锚杆支护参数优化数值模拟 ……………………… 156
　　　5.3.2　水平层状砂泥岩层锚杆支护现场试验 ………………………………… 159
　5.4　水平岩层隧道施工安全技术 …………………………………………………… 164
　　　5.4.1　水平岩层隧道总体施工工艺 …………………………………………… 164
　　　5.4.2　超前地质预报 …………………………………………………………… 164
　　　5.4.3　超前支护方法 …………………………………………………………… 168
　　　5.4.4　注浆加固 ………………………………………………………………… 170
　　　5.4.5　监控量测 ………………………………………………………………… 172
　　　本章参考文献 …………………………………………………………………… 175

第6章　重载铁路隧道软弱基底处理技术 …………………………………………… 179

　6.1　隧道基底病害产生机理及受力特性 …………………………………………… 180
　　　6.1.1　隧道基底病害产生原因 ………………………………………………… 180
　　　6.1.2　隧道基底受力分析 ……………………………………………………… 181
　　　6.1.3　隧道基底结构疲劳破损机理 …………………………………………… 183
　　　6.1.4　重载铁路对隧道基底结构形式要求 …………………………………… 184
　6.2　隧道基底换填技术 ……………………………………………………………… 185
　6.3　隧道基底钢管桩加固技术 ……………………………………………………… 188

6.4　隧道基底注浆加固技术 …………………………………………………… 190
　　　本章参考文献 ………………………………………………………………… 193

第7章　重载铁路隧道异形大断面盾构施工技术 ……………………………… 195

7.1　异形盾构设备制造与应用发展现状 …………………………………… 196
　　　7.1.1　异形盾构施工特点与优越性 ……………………………………… 196
　　　7.1.2　异形盾构施工技术发展与应用现状 ……………………………… 197
7.2　异形大断面盾构施工案例 ……………………………………………… 207
　　　7.2.1　白城隧道项目概况与施工重难点 ………………………………… 207
　　　7.2.2　异形盾构设备与关键参数 ………………………………………… 209
　　　7.2.3　异形盾构施工技术流程与工艺 …………………………………… 213
　　　7.2.4　异形盾构施工技术要点 …………………………………………… 215
　　　本章参考文献 ………………………………………………………………… 232

第8章　结论与展望 ………………………………………………………………… 233

8.1　结论 ………………………………………………………………………… 234
8.2　展望 ………………………………………………………………………… 235

Key Construction Techniques for
Menghua Heavy Haul Railway Tunnels

第1章　概述

1.1 重载铁路建设的意义

重载铁路运输是指行驶列车总重大、行驶轴重大的货车或行车密度和运量特大的铁路运输。重载铁路运输的主要特点，是在一定的铁路技术装备条件下，扩大列车编组长度，不降低行车速度，大幅度提高列车重量，充分利用运输设施的综合能力，采用大功率内燃或电力机车（一台或多台）牵引达到一定重量标准的运输方式，发挥铁路集中、大宗、长距离、全天候的运输优势，达到增加运输能力、提高运输效率、降低运输成本的目的。

世界铁路重载运输是从 20 世纪 50 年代开始出现并发展起来的，新型大功率内燃机和电力机车逐步取代蒸汽机车成为列车主要的牵引动力，为大幅度提高列车重量提供了可能性。20 世纪 80 年代以后，由于新材料、新工艺、电力电子、计算机控制和信息技术等高新技术在铁路上的应用，铁路重载运输技术及装备水平不断提高，特别是在重载机车技术、重载货车技术、同步操纵和电控制动技术、线路技术等方面取得了新的突破。

重载铁路运输由于采用了增加轴重、增大单列编组长度的运输方式，显著提高了机车车辆的运转效率，减少了机车车辆数量，降低了牵引能耗，减少了机车车辆的维护费用和设备占用时间，提升了铁路线路的运能和整体效率，已经被国际公认为铁路货运发展的方向。特别是在一些幅员辽阔、资源丰富、煤炭和矿石等大宗货物运量占有较大比重的国家，如美国、加拿大、巴西、澳大利亚和南非等，发展尤为迅速，并形成了比较成熟的重载铁路运输技术体系，而欧洲以客运为主的客货混运干线上也有重载列车开行，目前重载铁路运输在世界范围内迅速发展。国外实践经验表明，增大轴重能显著提高运输效率，国外重载铁路的列车轴重大多集中在 28~32.5t，最大达到 40t，目前美国、澳大利亚、瑞典、南非、巴西和俄罗斯等国家的货车轴重均达到 27t 以上，我国现阶段也在着手研发 27t 及 30t 轴重重载列车及其配套技术，并于 2014 年 11 月 6 日成功进行了 30t 轴重重载列车运行试验。

能源是人类赖以生存和发展的重要物质基础，更是关系国家安全和经济发展以及民族根本利益的重大战略问题。作为我国能源供应的主要来源，煤炭分布极不均衡，呈现出明显的西多东少、北富南贫的特征。中西部地区煤炭资源集中，而中南部以及东南沿海等主要消费地区煤炭资源不足而长期处于供应短缺的状态，因此"西煤东运"和"北煤南运"的局面在较长时期内不会改变。煤炭铁路运输作为国民经济大动脉，在我国的运输系统中占有重要地位。相对于公路、水路和管道等运输方式，它是长距离运输煤炭货物最便宜的一种方式。据统计，铁路大宗货物的运输量历年占全社会货物运输总量的比重达到 60% 以上，特别是煤炭运输，铁路承担了全国 80% 左右的运输量。然而目前的煤炭运输系统已经基本饱和，要解决运输能力不足和旺盛的能源运输需求之间的矛盾，需要大力发展重载铁路。

随着重载铁路运输技术的快速提高,重载运输以其低成本、大运量的运输特点,在煤炭、矿石等大宗货物上的优势将愈加明显,已经成为我国中长期铁路网规划的主要发展方向之一。在煤炭运输和重载运输的双重驱动下,我国修建了多条煤运重载铁路,其中比较有代表性的线路有大秦铁路、神朔铁路、朔黄铁路、大准铁路,以及目前正在建设中的蒙华铁路。重载铁路一旦通车,将是刺激当地经济的一剂强心针,势必会对沿线的煤炭生产地区带来更多的大宗交易和投资预期。煤炭作为国际大宗商品交易中的一个重要能源角色,提升运输效率必将使从事该能源生产的企业和地区从中获取更多的利益。无论是投资的增加、利润的上升,还是运输费用的降低,终将导致煤炭在国际市场上的竞争力提升,对我国的煤炭产业来说都是百利而无一害的好事。

1.2 重载铁路建设现状和发展趋势

1.2.1 重载铁路建设现状

迄今为止,重载铁路的发展大致分三个阶段:

20世纪50年代~70年代:牵引动力的现代化改造,大力发展新型大功率机车。美国在20世纪50年代初便开始了对内燃机车的改进,从寻求好的动力源和提高机器效率两方面着手,进行了现代化的研究和改进。

20世纪70年代~90年代末:提高轴重、增加装备能力。

21世纪:加强交流内燃机车和轮轨界面等领域的研究,进一步提高重载铁路运输效率和生产率。

为了促进各国铁路重载运输的发展,1985年,中国、美国、澳大利亚、加拿大、南非5国铁路发起成立了国际重载协会(International Heavy Haul Association,简称IHHA)。1986年10月在加拿大温哥华召开的第三届国际重载会议上,在综合各国铁路重载运输发展水平的基础上,国际重载协会通过了铁路重载运输的定义:线路年运量在2000万t及其以上,列车牵引重量至少为5000t,列车中车辆轴重达到21t,具备上述三个条件之二者,可视为铁路重载运输。

1994年6月国际重载运输年会上,对铁路重载运输的定义作了一些修改。凡具备以下三个条件之二者,可视为铁路重载运输线路:

①经常、定期或准备开行总重最少为5000t的单元或组合列车;

②在长度至少为150km的铁路区段上,年计费货运量最少达到2000万t及其以上(增加指定干线运输区段的要求);

③经常、定期或准备开行轴重 25t 及以上的列车(由原定 21t 改为现在的 25t)。

1)国外重载铁路的建设现状

国外先进国家由于铁路线密度大,线路等级高,普遍采用低密度、大载重量、长编组的固定车底循环运输模式。

(1)美国

自 20 世纪 60 年代开始发展重载运输,铁路运输以货运为主,基本上为货运专网,货运组织形式均以重载运输和联合运输为主,主要有装车地和卸车地间开行的大宗货物重载单元列车,以及海地联运中开行的双层集装箱重载列车。当前美国拥有全部铁路里程为 23 万 km,居世界首位,其中 7 家 Ⅰ 级铁路公司的总里程为 19.4 万 km。线路钢轨以 64.569kg/m 钢轨为主,占总里程的 60.3%。美国货车车型以有盖漏斗车居多,占总量的 30.9%,29.8t 轴重货车占美国重载货车保有量的 65%,新造货车轴重已达 32.43t,还有少量货车轴重达 35.7t 以上。重载铁路年运输能力达到单线 1.2 亿 t,双线 2.1 亿 t。自 2003 年以来,美国还在东北走廊高速铁路上开行轴重 30t 的重载列车。随着货车轴重的增加,美国重载铁路车辆平均载重从 1960 年的 55.4t 增加到 2010 年的 101.7t。美国铁路重载运输约 95% 是利用单元列车完成的,煤炭是美国铁路运输最主要的货物品类,煤炭单元列车总重可达 2 万 t。

(2)澳大利亚

澳大利亚是铁路运输比较发达的国家,总营运里程约为 3.9 万 km,其中重载运输约占货运市场的 40%,重载运输产值约占全澳 GDP 的 1.7%,煤炭运量占铁路货运总量的 37% 左右,矿石运量占铁路货运总量的 39% 左右。在澳大利亚铁路建设初期,由于没有统一规划、统一组织管理模式和统一技术标准,因而多种轨距并存,各州的铁路连通问题突出。澳大利亚通过将轻载线改造成重载线和新建重载线两种方法发展重载运输。如 20 世纪 60 年代初对昆士兰州运输繁忙的窄轨铁路进行改造,实现窄轨铁路的重载运输(以运煤为主)。在新建的重载专线中,最具特色的准轨重载铁路是 BHP 铁矿铁路(包括全长 426km 的纽曼山铁路和全长 217km 的亚利耶铁路)和哈默利斯铁路。纽曼山铁路和哈默利斯铁路是世界上运量最大的单线重载铁路,其年运量均达到 6000 万 t。BHP 铁矿铁路还多次创造重载列车牵引总重的世界最高纪录。

(3)南非

由于南非矿产资源极为丰富,将北部矿区的煤炭和铁矿石运往大西洋、印度洋沿岸主要港口转运出口过程中,南非铁路发挥着极其重要的作用,因此在 20 世纪 60 年代末,南非铁路积极借鉴美国铁路经验,开始大力发展重载运输。一开始南非铁路引进北美重载单元列车技术,从 20 世纪 70 年代开始修建重载铁路,其后又对线路进行数次升级和改造,全部采用窄轨铁路,总里程 2.7 万 km,通往 17 个非洲国家。主要有两条电气化重载货运专线,分别为理查兹湾运煤专线和锡申—萨尔丁尼亚矿石运输专线,其中前者 2003 年列车牵引质量达到 21500t,后者开行重载列车的平均牵引质量达到 25920t。南非铁路开行的单元式重载列车还多次打破米轨铁路重载运输的世界纪录。重载运输铁路的开行对南非铁路的运输效益影响较大,煤炭运输公司和矿石运输公司分别将南非大煤田、铁矿生产基地与港口连接起来,形成便捷的运输通道,实现了大运量、低成本的运营模式,在煤炭和矿石运输市场中极具竞争力。

(4)巴西

巴西的矿产、水力、森林等自然资源在世界上均占重要地位,铁矿总储量超过800亿t,居世界前列。巴西铁路进行了私有化改革,各铁路公司根据货流特点开展重载运输。巴西的淡水河谷矿业公司是世界最大的矿业巨头之一,其属下经营的维多利亚—米纳斯铁路和卡拉奇重载铁路是巴西的两条主要重载运输线路。其中维多利亚—米纳斯铁路是一条轨距1000mm的复线窄轨铁路,年货运量近1亿t,约占巴西全国铁路运量的37%,是世界上运量最大的窄轨铁路;卡拉奇重载铁路线长892km,最大列车编组330辆,牵引质量39000t以上,开行30t轴重的重载列车,单线铁路年运输铁矿5000万t,是南美洲最重的重载列车。巴西的重载运输线路除了主要运送铁路矿石外,还运送旅客和其他普通货物。

(5)加拿大

加拿大铁路重载运输方式与美国相似,是北美铁路重载运输的基本统一模式。1967年,加拿大国营铁路在采用可固定车底循环往返的专用直达列车运输谷物之后,又扩大到煤炭、矿石等物资,之后加拿大积极组织开行和发展了双层集装箱重载列车。与普通列车相比,双层集装箱列车的运输成本约降低30%,双层集装箱重载运输的发展,为横贯美洲大陆的铁路/海运联合运输开辟了新路。加拿大铁路总里程5.8万km,Ⅰ级铁路的标准轴重已于1995年确定为32.43t,2002年最大轴重为35.7t,年运量达2亿t。2006年,加拿大的列车编组长度一般是80~130辆,其载重量均在10000~15000t。加拿大重载铁路采用的标准轨距,采用重载运输后铁路占货运市场份额的30%,占全部出口运量的40%。

(6)俄罗斯

早在20世纪50年代中期,苏联就开始研究铁路重载运输技术,通过大规模普及电力牵引和内燃牵引,普及自动闭塞、电气集中,实施复线改造,延长站线长度,铺设重型钢轨,配备大载重车辆等,以提高货物列车的平均重量。通过三联以及多联方式的重载组合,列车重量超过万吨。

2004年以后,俄罗斯铁路研究了扩大重载列车和超长列车开行线路的方案,确定了适合发展重载运输的13条干线。

(7)其他

瑞典北部有条挪威—瑞典矿山重载专用铁路,全长540km,由瑞典最大的铁矿石公司LKAB负责经营,轴重从一开始的11t,增长到25t,最终提高到30t,车辆载重由80t提高到100t。

为了满足大宗货物运输对铁路的需求,20世纪末德国铁路开始策划大轴重网络,并于2003年开始,在部分有技术储备的既有线路上开行22.5t轴重及以上的单元列车,同时根据UIC的E级标准以及市场和投资的要求,建设25t轴重的重载运输网。

近年来,西欧国家开始在客货共线铁路上开行轴重25t的重载列车,法国南部铁路从2005年9月开始正式开行25t轴重的运送石材的重载列车。芬兰铁路正在研究开行30t轴重的重载列车。

印度铁路部门也开始发展重载运输,创造条件在干线上开行重载列车。

2) 我国重载铁路的建设现状

在相当长的一段时间内,我国铁路运力严重不足,技术装备整体水平不高,运能与运量持续增产不相适应的矛盾十分突出,严重制约了我国国民经济的发展。从 20 世纪 80 年代开始,我国铁路为扭转运输紧张和滞后的被动局面,学习和借鉴国外经验,根据我国铁路运营特点和实际需要,把开行不同类型重载列车的运输方式作为铁路扩能的重要手段。经过 20 多年的努力,我国铁路重载技术水平有了很大提高。回顾我国铁路重载运输的发展,大致经历了四个阶段。

(1) 改造既有线,开行重载组合列车。

1984 年 11 月 7 日,原铁道部成立重载组合列车开行试验领导小组,首先选择晋煤外运的北通道——丰沙大线作为试点,以尽快扩大雁北地区煤炭运输能力。1984 年 11 月,北京铁路局在大同—秦皇岛间进行双机牵引 7400t 的重载组合列车的试验。通过一系列的运营试验,于 1985 年 3 月 20 日起正式开行。为了扩大重载组合列车的开行范围,1985 年原铁道部在沈山线试验开行非固定式的重载组合列车。试验成功后,1985 年 8 月开始在山海关至沈阳间正式开行 7000t 的重载组合列车。1986 年 4 月 1 日起纳入列车运行图。

(2) 新建大秦线铁路,开行重载单元式列车。

为了促进山西煤炭能源基地的开发与建设,增加晋煤的外运通道,扩大"三北"地区煤炭运输能力,20 世纪 80 年代中期至 90 年代初,我国自行设计和修建了大同—秦皇岛(大秦)双线电气化重载运煤专线。大秦铁路分三期修建。一期工程为大同至大石庄段,长 411km,1985 年开工,1988 年建成;二期工程为大石庄至秦皇岛段,长 242km,1989 年开工,1992 年底建成;三期工程为 1 亿 t 配套工程,1995 年开工,1997 年完成。

(3) 改造繁忙干线,开行 5000t 级重载混编列车。

为缓解京沪、京广、京哈等繁忙线的运输紧张状况,原铁道部决定从 1992 年起,通过调整机车类型和延长车站到发线有效长至 1050m,开行 5000t 级重载混编列车。1992 年 8 月,先后在京沪线徐州北—南京东、京广线石家庄—郑州北间试验,成功开行总重 5134t 和 5119t 的重载混编列车。1993 年 4 月 1 日起,在京沪、京广线一些区段开行 5000t 重载列车。1997 年,京哈线也安排了 5000t 重载列车固定运行线。至此,我国铁路三大主要繁忙干线都开行了 5000t 级重载混编列车。

(4) 大秦线开行 2 万 t,提速繁忙干线开行 5000～5800t 重载列车。

2003 年年末,原铁道部决定大幅度提高大秦线的运输能力,通过系统集成创新,经过两年的科学试验,2006 年 3 月 28 日在大秦线正式开行了 2 万 t 的重载组合列车,使我国铁路重载运输技术水平跨入了世界先进行列。2 万 t 重载组合列车的开行,大幅度提高了大秦线的运输能力,使大秦线仅用 4 年时间实现了运量从 2002 年的 1 亿 t 到 2007 年的 3 亿 t 的飞跃。自 2006 年以来,对照大秦线,2 万 t 组合列车的大量开行及 23t 轴重通用货车在全路推广使用,我国铁路的重载运输已经形成两种主要模式:①在重载运煤专线大秦线及其相邻衔接线路上开行万吨单元列车和万吨、2 万 t 组合列车;②在京广、京沪、京哈和陇海等既有主要繁忙干线上开行 5000～6000t 级的整列式重载列车。

目前我国已开通运营的比较典型的重载铁路有大秦铁路、神华铁路和瓦日铁路,而正在建设的蒙华铁路则将成为我国最长的煤运专线。根据中国铁路总公司《2018～2020年货运增量行动方案》,至 2020 年蒙华铁路投产运营时,我国将有大秦、唐呼、瓦日、蒙华 4 条万吨级重载铁路通道。

(1) 大秦铁路全长 653km,是我国第一条双线电气化重载运煤专线,采用 75kg/m 钢轨,1992 年全面开通。2002 年年运量达到 1 亿 t,2013 年年运量达到 4.45 亿 t,最大轴重为 25t,开行 2 万 t 的重载列车。列车编组有单元万吨列车、组合万吨列车和 2 万 t 列车 3 种方式。2014 年首次采用机车同步操纵系统试验开行 3 万 t 组合列车,由 4 台电力机车牵引,编组 320 辆,总长 3971m,重载列车追踪间隔时间平均 10min,每秒的运量超过 15t。

(2) 神华集团铁路营业里程共计 1765km,其中重载线路 1430km,包括包神铁路 192km,神朔铁路 270km,大准铁路 306km,朔黄铁路 662km,采用 75kg/m 钢轨。目前神华铁路主要开行轴重 25t 的万吨列车,在线运行机车 628 台,拥有铁路货车 41305 辆。2012 年 12 月 27 日,朔黄铁路完成 216 辆 C80 车辆编组、总重 21600t、列车总长为 2720m 的神华 2 万 t 重载组合列车试验开行。神华集团承担"轴重 30t 煤炭运输重点铁路关键技术与核心装备研制"国家科技支撑计划项目,在 2014 年 8 月 27 日,我国首列轴重 30t 重载列车试开运行成功。

(3) 瓦日铁路是横跨晋、豫和鲁三省的出海煤运通道,全长 1260km,设计时速 120km,是国家 I 级双线电气化线路,采用 60kg/m 钢轨,设计轴重 30t,年设计运量达 2 亿 t,客运能力为 15 对/日,于 2014 年 12 月开通,电力牵引最大牵引质量为 10000t,到发线有效长为 1700m,部分区段为 1050m,自动闭塞。其定位为煤炭运输通道,同时兼顾少量客运。

(4) 蒙华铁路线路全长 1817km,运营货车轴重 25t,设计年运量达 2 亿 t,技术标准为国家 I 级,浩勒报吉至岳阳段为双线,岳阳至吉安段为单线但是预留双线条件。一旦通车,将继续完善区域路网格局,对华中"中三角"地区和长江中游城市群建设与经济发展具有重要战略意义。

1.2.2 重载铁路发展趋势

以大秦铁路重载技术为代表的我国重载铁路技术已取得长足进步,为我国铁路发展大轴重重载运输奠定了重要技术基础。我国铁路进一步发展应在借鉴大秦重载技术体系基础上,开展以下关键技术问题研究工作。

(1) 提高我国重载货运能力应从提高铁路运输经济效益为出发点,同时充分考虑国民经济发展和整个社会的整体效益。我国货车的技术速度已经普遍达到 120km/h,已经趋于合理,主要干线列车追踪间隔已经达到 6～7min,已经相对饱和,但是货运重量尚存在较大发展空间,应着力提高货车轴重,扩大列车编组来提高我国重载运输货运能力,重点研究路网、通道运输能力匹配和运力布局。

(2) 加快研发大功率机车技术。目前美国、加拿大等重载运输比较发达的国家,重载机车主要采用交流传动、径向转向和微机控制防滑防空转系统等技术。我国已拥有这类技术,考虑到既有到发线等设备参数,应加快研发牵引重量 6000~8000t 单编、1.2 万 t 单元和 2.4 万 t 组合列车的配套机车。从经济效益出发,我国应大力开展 27t 通用货车和 30t 专用货车技术,研发配套 27t 通用货车和 30t 专用货车装卸装备。采用铝合金或不锈钢等新兴材质的车体以降低车体自重,采用高强度旋转车钩及高性能缓冲器以提升列车纵向动力学性能。

(3) 不断优化完善机车无线同步操纵技术或大力自主研发电控制动 ECP 技术和无线操纵 LOCOTROL 技术。目前 LOCOTROL 技术具有更高可靠性,其主要优势为可提供最佳动力分配和制动操作,减少列车在陡坡运行时的车钩受力,更快地加速和减速,增加牵引效率和减少滚动阻力,更快地制动缓解动作,可以将多个短列车连接成一个长列车。ECP 采用信息技术直接用计算机控制列车中每辆货车制动缸的制动和缓解,加快制动速度,缩短制动距离,降低了车辆间纵向冲动力,有线通信方式适用于固定编组单元列车,但需要在每节车辆安装电源和无线收发装置。

(4) 既有线工务工程强化技术,可通过强化小跨度钢筋混凝土桥涵结构和对部分特殊结构进行改造,提升既有线桥涵结构承载能力、疲劳强度和抗裂性能。可通过既有隧道状态检测、重载列车—轨道结构—隧道结构相互作用动力学模型仿真分析,提出重载隧道基底技术条件,进而研究提升既有隧道基底承载能力、强度和安全储备的加固技术条件及加固方法。可针对性地进行病害路基基床加固、过渡段加固、排水与边坡防护及地基加固。可通过既有隧道结构对大轴重适应性进行评估分析,识别轨道结构薄弱环节,进而完善客货共线曲线超高设置方案,并对小半径曲线、大坡道、过渡段、道床病害等特殊地段制订针对性处理措施,从而保证横向稳定性和提高承载能力方面采取合理的强化措施。

(5) 大能力煤运通道新建技术,主要与基础设施设计、建造相关,应着重解决大轴重线路平纵断面、桥梁设计荷载设计标准、重载轨道结构配置和重载路基设计标准等问题。对于隧道内无砟轨道设计宜将道床板厚度适当加厚,以提高道床板抗弯刚度,重载路基基床应按变形控制原则设计,选用优质填料,严格控制基床压实标准和路肩宽度。

(6) 重载轮轨关系,我国在轮轨材质改进方面已取得初步成果基础上,应着重解决重载轮轨型面匹配、轮轨摩擦管理、轮轨维修管理等关键技术问题。应分析重载轮轨各自磨耗规律,确定改善轮轨接触参数的主次,通过理论分析优化不同运营条件的轮轨接触最佳型面。以我国重载货车和重型 75kg/m 钢轨轨道结构为对象,优化钢轨轨头和 LM 型车轮踏面尺寸,研究确定轮轨不同磨耗状态下钢轨打磨、车轮镟修技术。

(7) 重载线路养护维修技术,着力研究适合我国重载运输条件的钢轨打磨与润滑技术和标准。应优选轮轨最佳接触性能的钢板打磨模板,确定合理的预防性钢轨打磨量和打磨周期。着重解决润滑剂选型、润滑方式与润滑周期,以车载式轮轨润滑系统为主,以实测轮轨界面摩擦系数变化作为润滑膜是否失效的依据,因地制宜地制定润滑周期。

(8) 设备状态检测与监测技术,应在既有"地对车""车对地"安全检测与检测系统基础上,着重创新研究和解决无缝线路状态实时监测,轨道结构与关键部件状态实时监测,桥涵、隧道、路基和墩台等结构的实时监测。应重点研究轨温、钢轨温度应力、横向变形、纵向累积变形和轨排横向累积变形的关键参数的测试技术。应具体研究桥梁梁体、支座、墩台变形和应力状态,应重点解决道岔关键部位累积变形测试和实时报警系统。应着重研究路基承载能力、路基应力、沉降等力学和长期累积变形参数测试技术,着重研究隧道结构应力应变和病害的监测技术。

1.3 国内重载铁路隧道建设面临的挑战

隧道是现阶段铁路线路重要的组成部分,且在近年来新建的铁路线路中所占比例越来越大。重载铁路同样如此,如大秦线含 52 座隧道,总长 67km;侯月线含隧道 43 座,总长 41km;神黄线含隧道 129 座,总长 94km。近年建成的瓦日线含隧道 158 座,总长 332km;张唐线含隧道 85 座,总长 230km。目前在建的蒙华线则共有隧道 228 座,总长 453.05km,隧线比达到 24.9%,其中 10km 以上隧道共计 10 座,最长的崤山隧道全长 22.7km。隧道工程运营期的安全质量,将直接影响到整条铁路线的运营状态。

我国已投入运营的重载铁路在不断提高列车的牵引重量、运输能力的同时,受地形地貌、地质条件、气候以及设计、施工、运营过程中各种因素的综合影响,部分隧道在长期的使用过程中逐渐出现了不同程度的隧道病害,对铁路系统的安全运营造成了安全隐患。

目前重载铁路隧道存在的最常见病害主要包括排水系统失效、基底承载能力不足、隧道底鼓、衬砌裂损及渗漏水等。随着列车轴重的增大与运输密度的提高,隧道基底结构所受的动荷载强度及疲劳作用加大,导致隧道内仰拱应力水平、分布状态和作用方式也显著改变,原有的平衡被破坏,线路几何特征发生严重变形。加上隧道所处的复杂地质、水文和各类盐腐蚀环境,重载铁路隧道结构体系病害的发生几率有所提高。部分隧道底部出现基底开裂、破损、下陷,向两侧外挤及翻浆冒泥,特别是隧道既有病害处,动荷载加大会致使病害加重,进而影响列车长期运营安全。

(1)隧道结构破坏

列车轴重提高后,在列车反复动荷载冲击作用下,仰拱会产生较大变形与裂缝,随着加载次数的增加,填充层应力集中易产生纵向开裂或局部压溃,裂缝不断扩展加宽,在水的作用下,易发生基底下沉、翻浆冒泥等病害现象,导致隧道基底结构破坏。

(2)地基承载能力不足

列车轴重增加对隧道基底结构及围岩受力状态影响显著,尤其软弱围岩,在列车动荷载冲击作用下,其变形增大,仰拱受力恶化,导致隧道基底结构破损,地基承载能力不足。

(3)病害反复

基底病害的发展具有周期性和反复性,处理完一段时间后,又从之前处理范围的两端开始出现并逐步迅速发展。此外,由于作业空间受限,隧道内无法实施大机作业,人工养护远远无法满足重载铁路养护要求,从而导致轨道状态的恶化与养护工作不到位形成恶性循环,为保证行车安全,运营部门甚至采取了局部限速等措施,对运输影响较大。

(4)处理难度大

由于目前技术条件所限,隧道病害处理是一个世界性难题,应结合实际重载铁路隧道病害的调查分析,对病害采取合理的整治措施。

重载铁路建设投资大、建设工期长,铁路基础设施一旦建成,标准提高或病害整治难度较大,对运营干扰大,影响铁路运输效益。同时,被限定在不能中断行车、甚至不能影响运行速度的苛刻条件下,制定方案困难重重,往往出现病害整治不彻底、改造工作难到位的现象。为此,应从设计上采取针对性措施,尽可能杜绝病害产生。

总体而言,重载铁路隧道的修建在未来一段时间内,将是我国乃至世界基础设施建设的热点之一。如何针对重载铁路的特点对隧道工程进行安全合理的设计、施工乃至运营维护,将是业界需要持续关注的问题。

本章参考文献

[1] 万继志.我国重载铁路运输技术发展目标体系设计[J].物流技术,2015,34(15):68-70.

[2] 卓卉.国外重载铁路运输进展与我国重载铁路运输分析[J].中国煤炭,2014,40(S1):331-334,339.

[3] 盛大陆,雷恩强.国外铁路重载运输技术[J].国防交通工程与技术,2011,9(S1):1-5,12,24.

[4] 李杰.我国铁路重载运输发展研究[J].铁道运输与经济,2011,33(1):42-46.

[5] 钱立新.世界重载铁路运输技术的最新进展[J].机车电传动,2010,1:3-7.

[6] 王国玉,韩调,刘春煌.我国铁路发展重载运输浅析[J].铁道科技动态,1982,3:1-10.

[7] 盖振州.煤运重载铁路列车运行调整问题研究[D].北京:北京交通大学,2016.

[8] 夏胜利,杨浩,张进川,等.我国重载铁路发展模式研究[J].铁道运输与经济,2011,33(9):9-13.

[9] 康熊,宣言.我国重载铁路技术发展趋势[J].中国铁路,2013,6:1-5.

[10] 赵晋友,周鲁,周书明.重载铁路隧道设计技术探讨[J].隧道建设,2012,32(3):336-340.

[11] 李路曦.重载铁路技术创新评价体系研究[D].长沙:中南大学,2013.

[12] 邓帅.重载铁路路基病害调查及其信息管理系统的研究[D].长沙:中南大学,2011.

[13] 文邦彦,汪优.我国重载铁路发展的机遇与挑战[J].技术与市场,2014,21(7):293-294,296.

[14] 邓帅.重载铁路路基病害调查及其信息管理系统的研究[D].长沙:中南大学,2011.

Key Construction Techniques for Menghua Heavy Haul Railway Tunnels

第2章 蒙华重载铁路隧道设计关键技术

2.1 蒙华铁路隧道设计概述

蒙华铁路起于内蒙古自治区浩勒报吉站,经内蒙古自治区、陕西省、山西省、河南省、湖北省、湖南省,止于江西省吉安站,全长1817km。本铁路工程为新建国铁Ⅰ级线路;电力牵引,客货混跑;浩勒报吉至荆州段为双线,岳阳至吉安段为单线并预留双线条件;设计行车速度120km/h;全线采用全封闭、全立交设计;正线为有砟轨道;长度1km以上隧道内铺设弹性支承块式无砟轨道。

蒙华铁路全线共有隧道228座(453.05km)。其中,浩勒报吉至三门峡段正线长度652.00km,共有隧道65座(213.00km);三门峡至荆门段正线长度433.30km,共有隧道74座(128.38km);荆门至岳阳段正线长度247.10km,共有隧道1座(1.30km);岳阳至吉安段正线长度484.60km,共有隧道88座(110.37km)。

2.1.1 地形地貌

(1)浩勒报吉至三门峡段

沿线大的地貌单元为毛乌素沙漠、黄土高原、吕梁山脉、黄龙山—南吕梁山、临汾盆地—峨眉台地—运城、中条山脉、灵三盆地、东秦岭山脉。

(2)三门峡至荆门段

三荆段纵穿河南、湖北西部灵三盆地、秦岭山脉、南襄盆地、宜城丘陵区四大地貌单元。灵三盆地南北两侧为中条山、崤山所夹持,地面高程为410~590m,多为河流阶地及黄土地貌;秦岭山脉呈东西向延伸,线路穿越东秦岭的崤山、熊耳山、伏牛山三大扇形分支,海拔高程650~1617.3m,峰谷纵横叠嶂,呈中低山与丘陵盆地相间的地貌格局;南襄盆地海拔高度50~140m,主要由冲积平原和河流阶地构成;宜城地区处于大巴山余脉东侧,以丘陵为主,汉江自北向南纵穿而过,南北向发育带状河流阶地。

(3)荆门至岳阳段

线路位于湖北省中南部与湖南省西北部,总体地势是中间高两端低,地势自西北向东南缓倾,主要为江汉平原、丘陵区及洞庭湖平原区。隧道穿越地段地形起伏较大,山脊不明显,沟谷宽阔、山坡平缓,相对高差50~100m左右,地表植被发育。

(4)岳阳至吉安段

线路经过区域地形总体上呈现两端低、中间高的形态,地貌以丘陵区、中低山区为主,局部为河流阶地区。泮春至宜丰段的连云山、九岭山地区为中低山区,其余为剥蚀丘陵区和河流阶地区。

2.1.2 地层岩性

(1)浩勒报吉至三门峡段

沿线地层为华北地层,从太古界到新生界均有出露,主要为沉积岩。

毛乌素沙漠地区,地层主要为第四系风积的粉细砂~中粗砂,湖积和冲湖积的黏性土和粉土,下伏基岩为中生界白垩系~侏罗系碎屑沉积岩类,白垩系成岩差,侏罗系为含煤地层。

黄土高原区以洛川为黄土沉积中心,表覆风积新黄土、老黄土、冲积、洪积砂砾层和碎石土,第三系三趾马红土,下伏中生界白垩系~三叠系陆源碎屑沉积岩类,侏罗系~三叠系为含煤地层。

临汾盆地—峨眉台地—运城盆地、灵三盆地表层主要以风积的新黄土、冲洪积的新黄土、粉土、砂类土为主,下伏第三系黏性土类,运城盐池处分布湖积黏性土类。

黄龙山主要出露中生界三叠系陆源碎屑岩类沉积,吕梁山脉南部以下古生界寒武系~奥陶系浅海相碳酸盐岩类沉积为主,分布少量上古生界石炭系碎屑沉积岩和太古界混合岩化的片麻岩类。中条山脉主要为太古界的片麻岩类、角闪岩类、片岩类夹大理石等变质岩,下元古界的大理岩类,上元古界砂砾岩类沉积以及少量火山喷发的安山岩类,下古生界寒武系~奥陶系浅海相碳酸盐岩类沉积。

沿线地区岩浆侵入活动较少,主要在中条山脉发育有晚元古界的辉绿岩,燕山期花岗闪长岩、花岗闪长斑岩、伟晶岩、细晶岩、石英等岩脉,很多岩脉含金属矿。

(2)三门峡至荆门段

沿线地层种类齐全,从太古界到新生界均有出露,岩浆岩、沉积岩、变质岩三大岩类齐全。秦岭地区主要为下元古界(Pt_1)地层,岩性主要为安山岩、流纹岩、安山玢岩、片麻岩、片岩、千枚岩、大理岩等火山岩及变质岩体,以及多期以岩脉、岩基形式侵入的闪长岩、花岗岩、花岗斑岩等。灵宝、卢氏、五里川、西峡等山间盆地以及宜城丘陵区广泛出露白垩系(K)~第三系(E-N)泥岩、泥质砂岩、砂砾岩、泥灰岩等红层软岩~极软岩。官道口、淅川-内乡、襄阳南、杨家大山、荆门等地零星出露震旦(Z)~三叠系(T)碳酸盐岩、砂页岩等。

第四系(Q)土层广泛分布于灵三盆地、南襄盆地与宜城汉江两岸。灵三盆地以湿陷性黄土为主,局部厚达50m以上。南襄盆地与宜城汉江两岸以中~强膨胀性黏土、粉质黏土为主,下部为砂砾石土;内乡至荆门段少量发育软土,厚度多小于12m。

(3)荆门至岳阳段

沿线出露的地层为新生界第四系上更新统黏土、粉质黏土,第四系中更新统黏性土以及元古界灰色千枚状板岩和千枚岩。

(4)岳阳至吉安段

沿线从元古界到新生界第四系地层均有出露,期间伴随有各种时期岩浆岩侵入。区域内主要地层为元古界变质岩、不同时期侵入岩、白垩系、第三系红层及石炭系、二叠系、三叠系砂页岩和碳酸盐岩。

元古界变质岩主要分布在岳阳地区、平江地区的丘陵区以及泮春至宜丰段的中低山区,零星分布在新余至峡江之间。岩性主要为板岩、千枚岩、片岩、变质砂岩、混合岩等。

白垩系~第三系红色碎屑岩集中分布在平江至泮春段、吉安地区、宜丰地区及西塘至狮子山一带的剥蚀残丘区,以紫红色、红褐色砂岩、砾岩、砂砾岩为主的侵入岩集中分布在峡江地区的剥蚀残丘区以及浏阳张坊至宜丰车上林场一带的中低山区,零星分布在岳阳至平江段,为不同时期的花岗岩、闪长岩等。

上高至新余一带地层主要为石炭系、二叠系、三叠系砂页岩和碳酸盐岩。其中二叠系龙潭组、三叠系安源组为主要含煤地层,石炭系船山组、二叠系栖霞组、茅口组灰岩、三叠系大冶组局部地段岩溶发育。

第四系各类成因的松散堆积物全线分布,以河流阶地、山(丘)间谷地地带较为集中,厚度变化大。

2.1.3 地质构造

(1)浩勒报吉至三门峡段

按照构造体系的观点,本线位于祁吕贺兰山字型构造、山西多字型直扭构造体系中,昆仑—秦岭纬向构造系以北。

汾渭断陷周边和内部断裂发育、中条山脉内断裂、褶皱、逆掩、构造极为发育,是本线构造集中和复杂处,对铁路工程影响较大的断裂为韩城大断裂、中条山北麓山前大断裂和华山山前断裂。这三条断裂带为全新活动断裂,其中韩城大断裂、中条山北麓山前大断裂是线路必经的构造。

(2)三门峡至荆门段

线路自北向南纵穿中朝准地台、秦岭褶皱系、扬子准地台等构造单元,沿线褶皱、断层构造方向多为东西向,其中华北地台、秦岭褶皱系古老岩层褶皱强烈、断层密集且规模大,区域范围内主要有卢氏—栾川、永丰—回龙、商县—二郎坪等褶皱束,共7组,褶皱紧密,局部倒转;主要发育栾川—固始、瓦穴子—明港、朱阳关—大河等6条深长断裂,断层密集且规模大,破碎带宽数十米至数百米,具硅化、滑石化等蚀变现象。沿线无活动性断裂,目前线路与区域性断层多呈大角度相交或垂直通过。

(3)荆门至岳阳段

侵入岩类为燕山晚期二长花岗岩。

（4）岳阳至吉安段

岳阳至吉安段线路跨越扬子准地台和华南褶皱系两个一级大地构造单元，两个构造单元以萍乡—广丰深断裂为界。

岳阳至袁水河附近属扬子准地台，其基底岩系由元古界冷家溪群、双娇山群岩层组成。区域内构造形迹错综复杂，按其力学性质、展布方向、组合形态以及发生发展的时间可将其分为东西向构造体系和扭动构造体系（又分为华夏系和新华夏构造），这两大构造体系各自组合成特殊的构造格局，它们相互毗邻，或在空间上相互叠加，构成复杂的地质背景。

2.1.4　水文地质特征

（1）浩勒报吉至三门峡段

沿线所经区域大部分属黄河水系，除分布黄河及其一级支流洛河、汾河、渭河外，毛乌素沙漠区还分布少量内陆河流和湖泊。沿线水库主要有巴图湾水库、三门峡水库。黄河及其一级支流基本常年有水，水量随季节变化，小的河流部分为季节性河流。

地下水主要为第四系孔隙潜水、基岩裂隙水和岩溶水。

（2）三门峡至荆门段

测区横跨黄河、长江两大水域。以卢氏县境内熊耳山为分界线，北侧经淤泥河汇入洛河进入黄河，属于黄河水系，南侧地表水流汇入五里川河，后汇入老灌河，过西峡至淅川县汇入丹江口水库，属于长江水系。

区内河谷的特点是落差大，水流急，弯曲度大，峡谷河段长，支流多，水量分布不均，旱季沟谷水流小甚至断流，洪水季节水量大，甚至出现山洪。

沿线地下水类型主要有孔隙水、基岩裂隙水及岩溶水。其中灵三及南襄盆地的砂砾石层中孔隙水较发育、水量丰富；东秦岭中低山区、宜城丘陵区以基岩裂隙水为主，水量弱～中等；官道口、淅川—内乡等地岩溶裂隙水中等～弱发育；襄阳—荆门岩溶中等～强烈发育区，以岩溶裂隙水、溶洞水为主，水量中等～丰富。沿线地下水水质总体较好，隧道区段地下水不存在侵蚀性，但方山二号隧道和和尚头隧道穿越含石膏地层。

（3）荆门至岳阳段

沿线水系主要为长江水系。地表水系发育，主要有长江、湘江、藕池河、华容河等河流及洞庭湖等湖泊。地表水主要受大气降水补给。

地下水主要为基岩裂隙水，主要分布于丘陵区，主要赋存于燕山晚期二长花岗岩、元古界千枚状板岩节理裂隙及风化层中水量较小。受大气降水直接渗入补给，水质一般良好。主要补给来源为大气降水。

（4）岳阳至吉安段

沿线水系发育，线路跨越的主要河流有：沙河、汨水、锦江、袁水、同江河、赣江等，分属湘江水系和赣江水系，连云山、九岭山是其分水岭。

沿线地下水类型主要为第四系松散岩类孔隙水、基岩裂隙水和岩溶水。

2.1.5 地震动参数区划、气象等情况

(1) 浩勒报吉至三门峡段

根据《中国地震动参数区划图》(GB 18306—2015)沿线地震动峰值加速度为 0.1~0.15g(地震基本烈度Ⅵ~Ⅶ度)。

浩三段从北向南分为中温带、暖温带两个气候带,中温带的亚干旱大区和亚湿润大区、暖温带的亚湿润大区三个区。

最大冻结深度 0.6~1.48m。

(2) 三门峡至荆门段

根据工程场地地震安全性评估报告,并结合《中国地震动反应谱特征周期区划图》(GB 18306—2001),除湖北段黄家湾隧道位于Ⅵ度地震区外,河南段隧道均位于Ⅶ度地震区,震区局部分布的松散砂土、粉土地基易液化。

本段隧道集中位于河南省卢氏、灵宝、西峡境内,区域内年最冷月平均气温 −1.1~2.4℃,极端最低气温为 −18.8~−11.5℃,属微冻地区,但土质疏松,保水性较差,寒冷季节地下水渗出地表后容易形成冰挂。

(3) 荆门至岳阳段

根据《中国地震动参数区划图》(GB 18306—2001)的划分,结合沿线地形地貌及地质构造发育特征,沿线地震动峰值加速度分为 0.05~0.10g(地震基本烈度Ⅵ~Ⅶ度)。

(4) 岳阳至吉安段

根据《工程场地地震安全性评价报告》,并结合《中国地震动反应谱特征周期区划图》(GB 18306—2001),沿线地震动峰值加速度分为 0.05~0.10g(地震基本烈度Ⅵ~Ⅶ度)。

沿线大部分属亚热带湿润季风气候区,具有丘陵山地气候、盆谷地气候等多种气候特点,四季分明,温和湿润,雨量充沛,日照时数多,湿度大,无霜期长。在 10 月之后受强冷空气南下影响伴有大风、雨雪及霜冻。夏季太平洋热带风暴在沿海登陆,受其影响,常有大风暴雨。全年以东南风居多,西北及东北风属次,西南风最少。

2.1.6 沿线隧道分布概况

(1) 浩勒报吉至三门峡段

正线共有隧道 65 座,总长 213km,隧线比 32.7%,10km 以上特长隧道 5 座,分别为阳山隧道(11283m)、段家坪隧道(10728m)、如意隧道(11939m)、集义隧道(15421m)、中条山隧道(18405/18410m),其中中条山隧道为双洞单线隧道,其余隧道均为单洞双线隧道,特长隧道均位于延安至三门峡段。

(2)三门峡至荆门段

本线隧道主要分布在河南省境内灵宝东至西峡东段,且以特长、长隧道为主;此外河南省内乡西至淅川段有3座隧道,湖北襄阳附近有1座短隧道。

贯通方案全线共有隧道74座,总长128.38km,隧线比29.6%。其中城烟隧道、梨树坡隧道、毛坪隧道为燕尾式隧道,崤山隧道、西安岭隧道为双洞单线隧道,余为单洞双线隧道。Ⅱ、Ⅲ围岩约占65.14%,Ⅳ、Ⅴ围岩约占34.86%。

(3)荆门至岳阳段

全线设1座隧道,松木桥隧道长1314m,Ⅲ、Ⅳ级围岩为主。

(4)岳阳至吉安段

岳吉段北起岳阳,线路过平江、新余后向南至吉安,先以4249m的岑川隧道横穿幕阜山西南乌峰尖支脉,到平江后又以10704m的连云山隧道穿过连云山分水岭,过跨马,跨大浏高速公路后折向东,以5753m的张坊隧道穿越鸡婆尖山至张坊站,再以8172m的大围山隧道穿过大围山风景区,然后过铜鼓以15390m的九岭山隧道穿越九岭山山脉,再以5373m的桐木隧道穿越桐木山,经过翰塘至新余段大型岩溶隧道群,跨袁河后以4861.5m的万华山隧道穿越万华山直奔京九铁路吉安站。全线长484.60km,共有隧道88座,总长110.37km,隧线比22.8%,每座隧道平均长度1254.20m。

2.2 蒙华铁路隧道主要技术特点与设计内容

2.2.1 线路主要技术标准

线路主要技术标准见表2-1。

线路主要技术标准　　　　表2-1

序号	主 要 技 术 标 准	
1	铁路等级	Ⅰ级
2	正线数目	双线
3	速度目标值	120km/h
4	限制坡度	下行:6‰;上行:13‰
5	正线线间距	4m

续上表

序号	主要技术标准	
6	最小曲线半径	一般1200m,困难800m
7	到发线有效长度	1700m
8	牵引种类	电力
9	机车类型	货运机车宜采用HXD系列,初期可采用SS4过渡;客运机车宜采用SS9
10	牵引质量	10000t,部分5000t
11	闭塞类型	自动闭塞

2.2.2 建筑限界及衬砌内轮廓

1) 建筑限界

双线隧道限界采用《标准轨距铁路建筑限界》(GB 146.2—1983)中的"隧限2B",详见图2-1～图2-3。单线隧道建筑限界采用《标准轨距铁路建筑限界》(GB 146.2—1983)中的"隧限2A",详见图2-4～图2-6。对于采用有砟轨道的隧道按照《关于明确时速120公里及以下铁路隧道设计有关要求的通知》(铁建设〔2012〕159号)进行设计,隧道内轮廓满足大型养护机械作业要求。

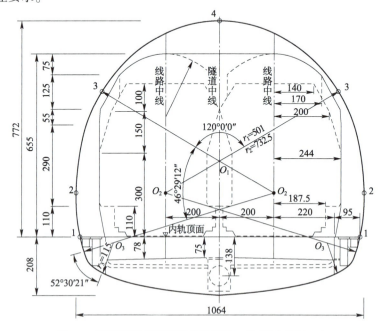

图2-1 双线隧道(有砟轨道)内轮廓($W=0$)(尺寸单位:cm)

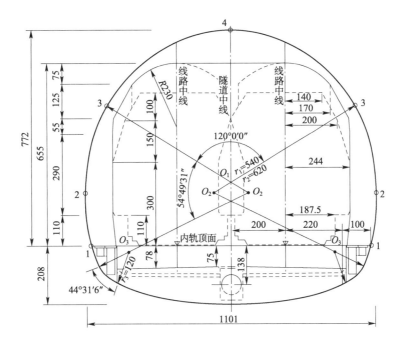

图 2-2 双线隧道(有砟黄土)内轮廓($W=0$)(尺寸单位:cm)

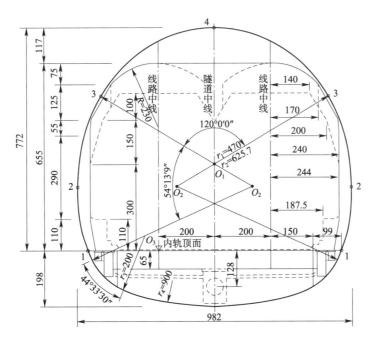

图 2-3 双线隧道(无砟轨道)内轮廓($W=0$)(尺寸单位:cm)

注:非黄土、黄土相同。

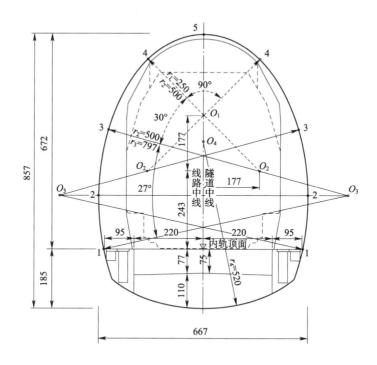

图 2-4　单线隧道(有砟轨道、链型悬挂)内轮廓($W=0$)(尺寸单位:cm)

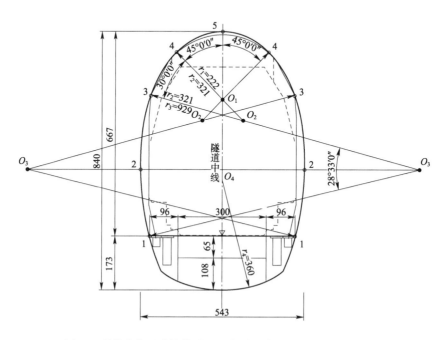

图 2-5　单线隧道(无砟轨道、链型悬挂)内轮廓($W=0$)(尺寸单位:cm)

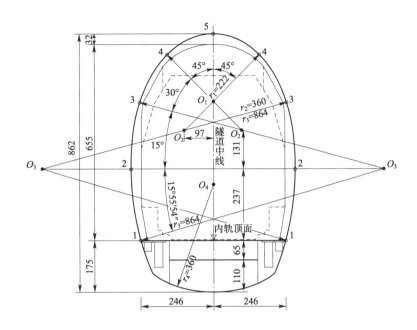

图 2-6 单线隧道(无砟轨道、刚性悬挂)内轮廓($W=0$)(尺寸单位:cm)

2) 衬砌内轮廓

衬砌内轮廓按隧道建筑限界拟定,双线隧道衬砌轨面以上有效净空面积为 63.6m^2 ($W=0$),单线隧道衬砌轨面以上有效净空面积为 31.01m^2 ($W=0$)。

单双线内轮廓轨面以上净空面积见表 2-2。

单双线内轮廓轨面以上净空面积($W=0$)　　　　　表 2-2

序号	断面类型		衬砌内轮廓轨面以上净空面积	断面加宽设置
1	双线隧道	有砟	68.41m^2	考虑线间距加宽
2		有砟	黄土71.15m^2	考虑线间距加宽
3		无砟	63.98m^2（非黄土、黄土相同）	考虑线间距及两侧加宽
4	单线隧道	有砟(链型悬挂)	37.60m^2	不考虑加宽
5		无砟 (链型悬挂)	31.38m^2	仅考虑曲线地段结构加宽
6		无砟 (刚性悬挂)	33.07m^2	仅考虑曲线地段结构加宽

3) 曲线加宽

单线隧道曲线加宽根据曲线半径确定;双线隧道曲线加宽根据曲线半径及线间距确定。双线隧道变线间距段加宽段,为便于施工放线,衬砌断面确定时原则要求线路左线与隧道中线距离(d_1)保持不变。

4) 两隧道间最小净距要求

为保证施工安全及结构稳定性,左线与右线隧道最小间距按 30m 设计。

2.2.3　衬砌支护类型

1）衬砌类型

衬砌结构的形式及尺寸,可根据围岩级别、水文地质条件、埋置深度、结构工作特点,结合施工方法及施工条件等,通过工程类比和结构计算确定。暗挖隧道采用复合式衬砌,明挖隧道采用整体式衬砌。

暗洞衬砌形式主要有 II_a、III_a、III_b、IV_a、IV_b、V_a、V_b、V_c、$IV_\pm$、$V_{a\pm}$、$V_{b\pm}$。a 型为一般地段衬砌,b 型为加强型衬砌,c 型为偏压式衬砌。单线隧道 II 级围岩地段采用曲墙加底板结构形式,其余地段采用曲墙带仰拱的衬砌结构形式。

明洞主要断面形式有路堑对称式明洞、路堑偏压式明洞、单压式明洞、全回填式明洞。

2）衬砌设计一般要求

（1）暗洞衬砌类型设计要求

①深埋段隧道衬砌选用 a 型衬砌,浅埋地段采用 b 型衬砌。

②隧道衬砌根据围岩级别进行设计,断层破碎带、软硬岩接触带、岩堆体或错落体、滑坡体、大变形段、人工填土段衬砌应向围岩较好段延伸10m。

③5km 以上双线隧道洞身覆土小于 25m 段根据国防要求设置钢筋混凝土衬砌。

④地震峰值加速度 $0.15g$ 范围段双线隧道浅埋段、偏压段考虑抗震验算要求,设置钢筋混凝土衬砌。

⑤隧道通过浅埋段、断层破碎带、土石分界段、白垩系 W4 砂岩段、粉细砂地层衬砌予以加强。

⑥隧道与辅助坑道交叉口正洞左右各 20m 范围段采用加强衬砌。隧道正洞与辅助坑道、横通道、运营通风洞、大型洞室等连接处的衬砌应加强。

⑦隧道洞身范围段存在滑坡时,应考虑与隧道滑动面的相对关系,并考虑相应加固措施。

⑧隧道顶存在道路时,应分析道路荷载对隧道结构的影响,必要时予以加强。

⑨瓦斯隧道采用瓦斯衬砌,初支不小于 15cm,模筑衬砌不小于 40cm。

⑩锚段关节、风机房段采用对应衬砌类型。

⑪隧道与洞外路、桥轨道形式不一致时,应设置 30m 有砟无砟过渡段,过渡段设置于隧道洞口段,过渡段采用无砟衬砌断面,铺设有砟轨道。有砟轨道铺设要求通过调整仰拱填充高度实现。

（2）明洞衬砌设计要求

①明洞顶有公路通过或者有其他建筑物时,需考虑车辆荷载和其他荷载,经计算确定结构尺寸。

②明洞长度设计按不小于 5m 考虑。

（3）明暗分界

①线路中线与等高线正交的情况下,地面纵坡陡于 1∶2.5 时根据该段地形,按拱顶覆土厚不大于 2.0m 为明暗分界条件;地面纵坡为缓坡时,根据实际情况按拱顶覆土厚不大于

5.0~6.0m 为明暗分界条件。

②线路中线与等高线斜交时,一般情况下,按拱腰覆土 $t \leq 2m$ 为明暗分界条件;如边坡过高,隧道进洞采取反压回填或护拱暗挖等措施时,明暗分界应结合现场地形条件及进洞方案适当外移。

3)复合式衬砌

(1)复合衬砌支护参数

隧道设计、施工应贯彻"保护"围岩的原则,特别是隧道进洞、初期支护阶段,采取的防护、支护措施应"宁强勿弱",尽量避免扰动围岩,缩短无支护时间,使围岩与隧道支护结构受力及早达到平衡状态。

复合式衬砌的初期支护是隧道施工期间的主要承载结构,应确保施工期间围岩稳定及自身结构的安全,起到"控制变形、防止坍塌"的目的,宜按工程类比法确定设计参数;施工期间应通过监控量测进行修正。对地质复杂、大跨度、多线和有特殊要求的隧道,除采用工程类比法外,还应结合数值解法或近似解法进行分析确定。

复合式衬砌初期支护及二次衬砌的设计参数可参照表2-3~表2-6,并根据现场围岩、支护结构量测信息对支护参数作必要的调整。

单线隧道衬砌支护参数表(无砟轨道) 表2-3

衬砌类型	初期支护										二次衬砌	
	C25喷混凝土		锚杆			钢筋网			钢架		拱墙	仰拱/底板
	部位	厚度(cm)	部位	长度(m)	环×纵(m×m)	部位	钢筋直径(mm)	尺寸(cm×cm)	部位	型号	间距(m)	厚度(cm)	厚度(cm)
II$_a$	拱墙	5	—	—	—	—	—	—	—	—	—	30	/30*
III$_a$	拱墙	7	局部	2	1.2×1.5	—	—	—	—	—	—	30	30
IV$_a$	拱墙	10	局部	2.5	1.2×1.2	拱墙	纵φ6 环φ6	25×25	—	—	—	35	40*
IV$_b$	拱墙 仰拱	18 —	—	—	—	拱墙	纵φ6 环φ6	25×25	拱墙	H130	1.2	35	40*
V$_a$	全环	22	—	—	—	拱墙	纵φ6 环φ8	20×20	全环	H150	1	40*	45*
V$_b$	全环	23	—	—	—	拱墙	纵φ6 环φ8	20×20	全环	H150	0.75	45*	50*
V$_c$	全环	25	—	—	—	全环	纵φ6 环φ8	20×20	全环	H180	0.6	50*	55*

注:*代表钢筋混凝土;IV级围岩设置钢架地段,仰拱采用格栅钢架隔榀封闭成环;III级泥岩段二衬仰拱采取配筋补强措施。表2-4~表2-6同。

单线隧道衬砌支护参数表（有砟轨道） 表2-4

衬砌类型	初期支护										二次衬砌	
	C25喷混凝土		锚杆			钢筋网		钢架			拱墙	仰拱/底板
	部位	厚度(cm)	部位	长度(m)	环×纵(m×m)	部位	钢筋直径(mm)	尺寸(cm×cm)	部位	型号	间距(m)	厚度(cm)	厚度(cm)
Ⅱ$_a$	拱墙	5	—	—	—	—	—	—	—	—	—	30	/30*
Ⅲ$_a$	拱墙	7	局部	2	1.2×1.5	—	—	—	—	—	—	30	30
Ⅳ$_a$	拱墙	10	局部	2.5	1.2×1.2	拱墙	纵φ6 环φ6	25×25	—	—	—	35	40*
Ⅳ$_b$	拱墙	18	—	—	—	拱墙	纵φ6 环φ6	25×25	拱墙	H130	1.2	35	40*
Ⅴ$_a$	全环	22	—	—	—	拱墙	纵φ6 环φ8	20×20	全环	H150	1	40*	45*
Ⅴ$_b$	全环	23	—	—	—	拱墙	纵φ6 环φ8	20×20	全环	H150	0.75	45*	50*
Ⅴ$_c$	全环	25	—	—	—	全环	纵φ8 环φ8	20×20	全环	H180	0.6	50*	55*
Ⅳ$_\pm$	全环	20	—	—	—	拱墙	纵φ6 环φ8	20×20	全环	H130	1	45*	45*
Ⅴ$_{a\pm}$	全环	23	—	—	—	拱墙	纵φ6 环φ8	20×20	全环	H150	0.75	45*	50*
Ⅴ$_{b\pm}$	全环	25	—	—	—	全环	纵φ8 环φ8	20×20	全环	H180	0.6	50*	50*

双线隧道衬砌支护参数表（无砟轨道） 表2-5

衬砌类型	初期支护										二次衬砌	
	C25喷混凝土		锚杆			钢筋网		钢架			拱墙	仰拱/底板
	部位	厚度(cm)	部位	长度(m)	环×纵(m×m)	部位	钢筋直径(mm)	尺寸(cm×cm)	部位	型号	间距(m)	厚度(cm)	厚度(cm)
Ⅱ$_a$	拱墙	7	局部	2.5	1.5×1.5	—	—	—	—	—	—	30	30
Ⅲ$_a$	拱墙	10	局部	2.5	1.2×1.2	拱部	纵φ6 环φ6	25×25	—	—	—	35	45
Ⅲ$_b$	拱墙	18	局部	2.5	1.2×1.2	拱墙	纵φ6 环φ8	25×25	拱部180°	H130	1.2/1.5	35	45
Ⅳ$_a$	拱墙	20	—	—	—	拱墙	纵φ6 环φ8	25×25	拱墙	H130	1.0/1.2	40	45*
Ⅳ$_b$	拱墙	22	—	—	—	拱墙	纵φ6 环φ8	25×25	拱墙	H150	1	40*	45*
Ⅴ$_a$	全环	23	—	—	—	全环	纵φ8 环φ8	20×20	全环	H150	0.75/1	45*	50*
Ⅴ$_b$	全环	25	—	—	—	全环	纵φ8 环φ8	20×20	全环	H180	0.75	45*	50*

续上表

衬砌类型	初期支护 C25喷混凝土 部位	初期支护 C25喷混凝土 厚度(cm)	锚杆 部位	锚杆 长度(m)	锚杆 环×纵(m×m)	钢筋网 部位	钢筋网 钢筋直径(mm)	钢筋网 尺寸(cm×cm)	钢架 部位	钢架 型号	钢架 间距(m)	二次衬砌 拱墙 厚度(cm)	二次衬砌 仰拱/底板 厚度(cm)
V_c	全环	30	—	—	—	全环	纵$\phi 8$ 环$\phi 8$	20×20	全环	H230	0.6	55*	60*
$IV_\pm$	全环	22	—	—	—	拱墙	纵$\phi 6$ 环$\phi 8$	20×20	全环	H150	1	45*	50*
$V_{a\pm}$	全环	25	—	—	—	全环	纵$\phi 8$ 环$\phi 8$	20×20	全环	H180	0.75	50*	50*
$V_{b\pm}$	全环	27	—	—	—	全环	纵$\phi 8$ 环$\phi 8$	20×20	全环	H180	0.6	50*	50*
VI	全环	30	—	—	—	全环	纵$\phi 8$ 环$\phi 8$	20×20	全环	H230	0.5	60*	60*

双线隧道衬砌支护参数表（有砟轨道） 表2-6

衬砌类型	初期支护 C25喷混凝土 部位	初期支护 C25喷混凝土 厚度(cm)	锚杆 部位	锚杆 长度(m)	锚杆 环×纵(m×m)	钢筋网 部位	钢筋网 钢筋直径(mm)	钢筋网 尺寸(cm×cm)	钢架 部位	钢架 型号	钢架 间距(m)	二次衬砌 拱墙 厚度(cm)	二次衬砌 仰拱/底板 厚度(cm)
II_a	拱墙	7	局部	2.5	1.5×1.5	—	—	—	—	—	—	30	30
III_a	拱墙	12	局部	2.5	1.2×1.2	拱部	纵$\phi 6$ 环$\phi 6$	25×25	—	—	—	35	45
III_b	拱墙	20	局部	2.5	1.2×1.2	拱部	纵$\phi 6$ 环$\phi 8$	25×25	拱部180°	H130	1.2/1.5	35	45
IV_a	拱墙	22	—	—	—	拱墙	纵$\phi 6$ 环$\phi 8$	25×25	拱墙	H150	1.2	45*	45*
IV_b	拱墙	23	—	—	—	拱墙	纵$\phi 6$ 环$\phi 8$	25×25	拱墙	H150	0.75/1	45*	45*
V_a	全环	25	—	—	—	全环	纵$\phi 8$ 环$\phi 8$	20×20	全环	H180	0.75/0.8	50*	50*
V_b	全环	27	—	—	—	全环	纵$\phi 8$ 环$\phi 8$	20×20	全环	H180	0.6	50*	55*
V_c	全环	30	—	—	—	全环	纵$\phi 8$ 环$\phi 8$	20×20	全环	H230	0.5/0.6	55*	60*
$IV_\pm$	全环	23	—	—	—	拱墙	纵$\phi 6$ 环$\phi 8$	20×20	全环	H150	0.8	45*	50*
$V_{a\pm}$	全环	27	—	—	—	全环	纵$\phi 8$ 环$\phi 8$	20×20	全环	H180	0.6	50*	55*
$V_{b\pm}$	全环	30	—	—	—	全环	纵$\phi 8$ 环$\phi 8$	20×20	全环	H230	0.6	55*	60*
VI	全环	30	—	—	—	全环	纵$\phi 8$ 环$\phi 8$	20×20	全环	H230	0.5	55*	60*

(2) 初期支护

①初期支护喷混凝土采用湿喷机械手作业，遵循"两紧跟"原则，初期支护钢架紧贴掌子面，初期支护仰拱及时封闭成环，紧跟下台阶。

②初期支护钢架优先采用格栅钢架，钢架应尽早落底，软弱围岩应封闭成环，基底岩质较好时可采取增加锁脚的方法保证支护的稳定。

③格栅钢架应采用四肢"8"字节结构，采用工厂化数控设备制作；钢架规格按 H130、H150、H180、H230 标准化设计，钢架主筋直径可根据围岩条件调整。

④钢架须设置锁脚，锁脚杆体长度不小于 3.5m，根据施工工法每侧设置 2~3 组（每组 2 根），设置在台阶以上 30cm 处，每处单侧不少于 1 组。

⑤钢架加工应采用工厂化制作，提倡使用数控加工设备，以确保加工精度和加工质量。

⑥钢架底部应垫实，无虚碴及杂物，具有足够的强度。

⑦喷混凝土和钢架联合支护地段原则上不设置系统锚杆。初支仰拱无钢架地段，不设置仰拱喷混凝土；Ⅳ级围岩设置钢架地段，仰拱钢架宜隔榀封闭成环。

(3) 二次衬砌

①二次衬砌应在初期支护变形趋于稳定后（拱顶沉降小于 0.15mm/d，洞周收敛值小于 0.2mm/d），根据施工组织，安排适时施作，并加强衬砌养护。

②仰拱或底板施作应各段一次成型，不得分部、分幅灌筑；仰拱长栈桥施工时，一次性开挖不小于 24m。仰拱混凝土可根据二衬台车的长度进行分段，确保仰拱与二衬环向对缝。

③Ⅱ级围岩地段隧底不设置找平层，底部超挖部分采用同级混凝土回填；Ⅲ级围岩泥岩段、Ⅳ级及以上围岩地段仰拱采用钢筋混凝土。

④优化隧底填充与仰拱结构布置，仰拱上部浇筑成平面，采用仰拱混凝土标号。

4) 整体式衬砌

(1) 明洞整体式衬砌设计根据地形地质条件分别选用，桥隧相连明洞需要外延段必要时基础下侧设置桩基结构。

(2) 明洞顶覆盖薄难以用暗挖法修建或需要过水时，明洞顶设置过水渡槽，其过水断面的设计，应按照有关排洪、灌溉的标准办理。

(3) 明洞防护回填面以下按照临时边坡防护，回填面以上按照永久边坡防护，防护形式与洞口段边仰坡防护要求一致。

(4) 明洞按规范要求做好防排水系统，并做好明暗分界处的防水衔接。

2.2.4 隧道位置选择及洞口位置、洞门形式

1) 隧道位置选择

(1) 对控制路线方案的特长隧道、长隧道，应对较大区域进行调查，确有价值的方案，均应按同等深度进行勘测比较，并提出推荐意见。

(2) 隧道位置的选择，应根据地形、地貌、工程地质、水文地质及当地开发规划等状况，结

合隧道轴线、埋深、洞口位置及洞外接线、施工场地布置、出渣处理、工期长短、营运养护等综合考虑。

2) 洞口位置及洞口里程遵循的规定

(1) 洞口位置的选择遵循"确保安全、早进晚出、经济合理、保护环境"的原则，应尽量避开长段落厚层全风化地层、长距离浅埋偏压地段；陡峭地段应尽量零开挖进洞，避免扰动山体。

(2) 隧道洞口作为施工工作面时，洞口形式应考虑施工场地展开的需要，尽可能简洁，尽量减少边仰坡刷方，保护植被及生态环境。

(3) 隧道洞口里程以及洞门形式应充分考虑相邻工程的影响。桥隧对接或桥隧串联时应结合边仰坡情况采取帽檐式或直切式洞门。

3) 洞门形式确定遵循的规定

(1) 隧道洞口应修建洞门，洞门形式应与周边自然环境及洞外路基工程相匹配，按照"因地制宜、结合环境、美观实用"的原则设置，可设置的洞门形式包括切式、挡(翼)墙式、端墙式等。

(2) 隧道的进洞方式应根据洞口的地形、地质等条件确定，一般地段应采用贴壁进洞；洞口覆盖层较薄、地层松散破碎、地形(地层)显著偏压或一侧露空时，可设置护拱或锚固桩防护，采用回填暗挖进洞或半明半暗进洞，以保证边仰坡稳定和进洞安全，保护植被。

(3) 隧道洞门应有足够稳定性，基底应置于稳固的地层上，墙类洞门应满足抗滑移、抗倾覆稳定要求。

4) 洞口防护及绿化原则

(1) 隧道洞口段支护应适当加强，进洞后应及时封闭初期支护，隧道洞口段开挖长度达到 1~1.5 倍洞跨时，必须全断面封闭成环形成锁口圈，必要时初支应向洞外延伸，达到稳定洞口的目的。

(2) 进洞辅助措施宜优先采用小导管超前支护，特殊地质地形条件下可采用大管棚或地层预加固措施，黄土段管棚施作时严禁使用水钻。

(3) 洞口边仰坡护坡绿化类型原则与洞口外对应路基防护一致。洞口存在边仰坡过高、落石掉块等病害时，采取接长明洞或设置主、被动防护网等其他防护措施。

(4) 当坡度较陡或开挖可能引起地表不稳以及可能威胁洞口安全时，应采取措施维护洞口稳定，保证安全。可采取的措施包括：护拱结合长管棚超前支护暗挖进洞、设置抗滑桩、反压回填、地表钢花管加固、主动网及被动网防护、框架锚杆及锚索防护等。

2.2.5 结构的耐久性

(1) 衬砌结构设计使用年限级别为一级，设计使用年限为 100 年。

(2) 衬砌结构混凝土原材料(水泥、粉煤灰、磨细矿渣粉、硅灰、细骨料、粗骨料、外加剂等)性能、不同强度等级混凝土胶凝含量、矿物掺和量、混凝土含气量、配合比、氯离子含量、碱含量、56d电通量等耐久性要求应根据环境作用等级,按《铁路混凝土结构耐久性设计规范》(TB 10005—2010)执行。

(3)当混凝土结构处于其他环境作用下时,应根据不同的环境类别及作用等级采取相应的耐久性技术措施,施工期间应定期监测环境侵蚀性,及时调整相关材料。

(4)衬砌结构钢筋外侧混凝土净保护层最小厚度按《铁路隧道设计规范》(TB 10003—2016)规定执行,不小于50mm,采用机械连接的钢筋连接套筒外缘距离混凝土结构表层的混凝土厚度不小于50mm。

(5)砂浆锚杆的保护层厚度不小于10mm,注浆饱满,锚杆止浆塞与垫板之间无法采用砂浆保护的部位应进行防腐处理。

(6)防水材料的物理力学指标及其耐久性测试应满足《铁路隧道防排水施工技术指南》(TZ 331—2009)相关规定的要求。

(7)隧道衬砌中的埋设件采用预埋或预留孔(槽)方式设置,连接部位采取有效的密封和防渗漏处理措施,外露部件应采取有效的防腐蚀措施。

2.2.6 建筑材料的选择

建筑材料应满足现行《铁路隧道设计规范》(TB 10003—2016)、《铁路混凝土结构耐久性设计规范》(TB 10005—2010)的规定。

为满足混凝土耐久性要求,模筑混凝土及钢筋混凝土抗渗等级一般条件下不小于P8。钢筋混凝土中钢筋的混凝土净保护层厚度采用50mm,混凝土原材料和配比要求符合《铁路混凝土结构耐久性设计规范》(TB 10005—2010)的规定。在侵蚀性环境及有害气体环境下,衬砌的材料选择、性能、指标要求符合保证衬砌结构耐久性和运营安全的需要。

2.2.7 防水及排水

1)防水等级

本线隧道防水等级满足《地下工程防水技术规范》(GB 50108—2008)规定的一级防水标准。

2)防排水设计原则

隧道防排水采取"防、排、截、堵结合,因地制宜,综合治理"的原则。在地下水发育且水文环境有严格要求的隧道,防排水采用"以堵为主,限量排放"的原则,达到防水可靠、经济合理的目的。

为防止施工及运营期间地下水流失影响村民饮用水,隧道施工期间采用径向注浆堵水措施,施工期间应对村民饮用水来源加强观测,必要时可采取钻设深井取水措施。

3)暗洞防水设计

(1)隧道防水首先重视地表水的下渗,当浅埋隧道洞顶地表的沟谷、洼地积水对隧道有影响时,可采用疏导、填平积水洼地等措施,促使地表径流畅通,对废弃的坑穴、钻孔等应结合截、排水条件,对其回填并分层夯实封闭,顶部设置复合隔水层,以减少地表水下渗。

(2)隧道衬砌采用防水混凝土,抗渗等级一般地段不小于 P8,断层破碎带富水地段及 D2 环境作用等级下抗渗等级不小于 P10。

(3)防水层

①非瓦斯段

隧道初期支护与二次衬砌之间拱墙铺设分离式防水层,防水层采用厚度不小于 1.5mm 的 EVA 防水板,土工布重量不小于 350g/m²。

②高瓦斯段

瓦斯地段隧道初期支护与二次衬砌之间全环设置瓦斯隔离层,瓦斯隔离层由 EVA 防水板 + 闭孔型泡沫垫层(厚度≥4mm)组成。

(4)施工缝处理

①隧道环向施工缝一般按 8～12m 一道设置,并不得小于 5m;纵向施工缝在边墙两侧墙角处设置,设置于电缆槽盖板顶面以下 30cm 高程处。

②素混凝土衬砌边墙处纵向施工缝设置 ϕ16mm 接茬钢筋,接茬钢筋埋入和露出深度设计为 250mm,间距 20cm。

③环向施工缝采用中埋式橡胶止水带 + 背贴式橡胶止水带,仰拱环向施工缝中间预埋可维护注浆管。

④纵向施工缝设置中埋式橡胶止水带 + 制品型遇水膨胀橡胶止水条。

⑤双侧水沟施工缝表面涂刷 2 层水泥基渗透结晶型防水涂料防水,施工完成后在沟槽内侧沿接缝周边两侧各涂刷 20cm 宽度水泥基渗透结晶型防水涂料 2 层,施工缝位置应避开环、纵向排水管、拱墙及仰拱施工缝等。

⑥瓦斯工区环纵向施工缝表面均涂刷 2 层水泥基渗透结晶型防水涂料防水。

(5)变形缝处理

变形缝设置于明暗分界、基底软硬不均、活动断裂范围段,变形缝宽度 2cm。

变形缝采用中埋式钢边橡胶止水带 + 背贴式橡胶止水带防水,变形缝内缘以双组分聚硫密封胶封堵,其余空隙采用填缝材料填塞密实。

(6)隧道衬砌上的埋设件宜预埋。埋设件端部或预留孔底部的混凝土厚度不得小于 10cm;在水压或侵蚀性环境作用等级较高地段不应小于 25cm。

(7)附属洞室的防水等级与正洞一致,防水系统构成应与正洞防水系统连接牢固形成整体,并应加强工程连接处的防水措施。

4)暗洞排水设计

暗洞排水系统由衬砌背后排水系统、洞内水沟组成,隧道排水体系应满足隧道过水量要求。

(1)洞内水沟系统

①隧道内均设置双侧水沟,双线隧道需根据隧道内地下水情况考虑是否增设设中心

管沟。

②一月最冷平均气温低于-5℃，隧道进出口1000m范围段双侧水沟设置30cm厚聚氨酯泡沫保温层。

(2) 衬砌背后排水系统

①隧道二衬与初支之间设置环、纵向盲管，环向盲管采用ϕ50mm单壁打孔波纹管，单线隧道纵向盲管采用ϕ82/72mm双壁打孔波纹管，双线隧道纵向盲管采用ϕ110/90mm双壁打孔波纹管。

②环向盲管拱墙设置，每8m设置一环，地下水发育段环向盲管加密或成束设置，纵向盲管双侧墙角设置，设置于水沟底上方30cm高程处。环、纵向盲管均设置土工布包裹。

(3) 检查井

隧道洞身每隔30m设置检查井，洞口保温段（与双侧水沟保温范围一致）检查井设置30cm厚聚氨酯泡沫保温层。

(4) 衬砌背后排水系统与洞内水沟系统衔接

环纵向盲管分别单独引入双侧水沟，纵向盲管于每个施工缝处引入双侧水沟，便于盲管检修。

双线隧道双侧水沟与中心检查井通过ϕ100mm PVC横向导水管连接。

高瓦斯段环、纵向盲管通过三通连接，衬砌背后设置水汽分离装置，环、纵向盲管内水汽分离后水引入双侧水沟。分离后气体分别通过斜井和竖井排放。

5) 明洞及洞门防排水设计

(1) 明洞防水

①明洞衬砌外缘铺设外贴式防水层，防水层采用4cm厚自黏式防水层，防水层铺设基面施作3cm厚水泥砂浆找平层，防水层表面铺设3~5cm厚水泥砂浆保护层。

②明暗挖衔接处防水应将暗挖隧道防水板向明挖段延伸不小于1.0m，做好搭接处防水处理，

③明洞施工缝采用中埋式橡胶止水带+遇水膨胀止水条。

④明洞变形缝采用中埋式钢边橡胶止水带+遇水膨胀止水条。

⑤明洞回填土石表面设置黏土隔水层，无条件时采用复合式防水层。

(2) 明洞排水

①明挖隧道边墙脚外缘应设置纵向盲管，纵向盲管引入中心深埋水沟或双侧水沟。

②明洞顶开挖轮廓线外约5~10m处设置截水沟。

③明洞回填体表面设置不小于1%的排水坡倾向洞外或低侧排水天沟。

④路堑对称式明洞隧道顶部设置纵向排水沟，排水沟向洞门方向排水，如线路出洞为上坡，反坡排水坡不小于1%。

(3) 洞门防水

斜切式洞门外露段涂刷1.5mm厚渗透结晶型水泥基防水涂料，回填范围段防水与明洞防水措施一致。

6) 洞外排水

(1) 路隧相连段低洞口隧道内水汇至低洞口检查井并通过洞外暗管引至洞外保温出水

口处,洞外暗管每隔30m设置检查井一处,保温出水口应设置在背风、光照良好的地方。

(2)洞口段排水暗管不具备横向引出时,可顺延线路前行,待地形降低满足保温出水口设置要求时再横向引出。

(3)路隧相连隧道低洞口段洞外排水暗管顺线路前行时,如路基铺设无砟轨道,则路基范围隧道洞外排水暗管应设置于路基侧沟与接触网支柱间靠近路基侧沟处;如路基铺设有砟轨道,则路基范围隧道洞外排水暗管可设置于路基中央或路基侧沟与接触网支柱间靠近路基侧沟处。隧道洞外检查井不可设置于路基无砟轨道双线之间。

(4)洞外排水暗管采取1.5mm厚EVA防水板+2cm厚橡塑保温板包裹,线路路肩范围段排水暗管采用C20混凝土回填,其余段夯填土石回填。

(5)为防止路堑侧沟水流入隧道,在高洞口端设不小于2‰的反坡排水,并且在洞口前方修一道盲沟,以截排洞外水流,避免其流入洞内。

(6)隧道洞口边仰坡外侧5~10m设置截水天沟,截水天沟结合明洞截水天沟统一设置,截水天沟采用C30钢筋混凝土结构;土质地层截水沟沟底换填0.3m厚的三七灰土垫层,并设置1.5mm厚EVA防水板隔水。截水天沟两端与线路天沟顺接或引至地形低洼处,其坡度根据地形设置,但不应小于3‰,当纵坡过陡时应设计急流槽或跌水连接。湿陷性黄土地段截水天沟施作三七灰土前应对基础进行夯实,消除湿陷性。

(7)洞外排水宜避开不良地质体,以较短路径排到自然稳定的沟谷中。

(8)隧道浅埋段穿越常年流水沟谷、洞顶覆盖层较薄且受地表水渗漏影响时,沟底地表铺设30cm厚M15浆砌片石+30cm厚三七灰土垫层或清理地表,开沟疏导,封闭积水洼地。

2.2.8 抗震设计及国防要求

1)抗震设计

根据《铁路工程抗震设计规范》(GB 50111—2006),对地震动峰值加速度为$0.15g$单线隧道,$0.10g$、$0.15g$双线隧道范围段隧道应考虑验算,隧道洞门及洞口段衬砌、明洞、浅埋和偏压地段按抗震要求设计。具体设防措施如下:

(1)隧道洞门及洞口段衬砌、明洞、浅埋和偏压地段设防段长度一般不小于35m。

(2)设防地段的隧道结构采用带仰拱的曲墙式衬砌,其中双线Ⅳ~Ⅴ级、单线Ⅴ级围岩地段隧道二次衬砌采用钢筋混凝土。

(3)隧道洞门结构采用混凝土或钢筋混凝土浇筑。

(4)设防段与非设防段之间设置变形缝。

2)国防要求

长度≥5km(国防定义为重点隧道)的隧道洞口及洞身浅埋段,根据《铁路建设贯彻国防要求技术规程(试行)》(铁计〔2005〕23号)进行加强设防。隧道设防主要是对重点隧道顶部覆盖层厚度达不到隧道衬砌顶部岩层最小防护厚度时加强衬砌结构,其衬砌厚度按能承受冲击波压力0.2MPa(2kgf/cm²)计算。重点隧道洞门加强措施。

Ⅳ级及以下围岩内的阳城隧道、王家湾隧道、延安隧道、麻科义隧道、阳山隧道、临镇隧道、君子隧道、西坪塬隧道、喜家岭隧道、段家坪隧道、桌里隧道、如意隧道、集义隧道洞门端墙、翼墙、挡墙等应采用钢筋混凝土整体灌注,并按能承受冲击波压力 0.2MPa(2kgf/cm²)计算其抗力。洞门端墙应能承受冲击压力 0.2MPa(2kgf/cm²)计算其抗力。

2.2.9 防灾疏散与通风

1)防灾疏散

(1)隧道群的防灾疏散

根据规范要求,相邻隧道洞口距离小于400m时为隧道群,本线隧道群长度超过20km的段落共有两处,分别为DK240+848.85~DK265+446.3 段,隧道群长 24597.45m;DK445+513.45~DK466+151 段,隧道群长 20637.55m。

在薛家畔一号—瓦窑畔隧道群(DK240+848.85~DK265+446.3 段,总长 24.597km,共有 9 座隧道)中部 DK250+692~DK251+793 段设置紧急救援站,在背城隧道出口段、红石湾隧道进口段线路右侧设置平行导坑作为疏散通道,紧急救援站内疏散通道侧设置宽度为 2.3m 的疏散站台,紧急救援站与疏散通道之间每隔60m设置横通道1座。如图 2-7 所示。

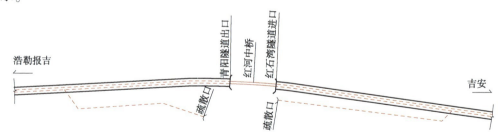

图 2-7 青阳—红石湾隧道群紧急救援站布置图

在喜家岭—桌里隧道群(DK445+513.45~DK466+151 段,总长 20.637km,共有 3 座隧道)中部 DK456+929~DK457+987 段设置紧急救援站,在段家坪隧道出口段、桌里隧道进口段线路右侧设置平行导坑作为疏散通道,紧急救援站内疏散通道侧设置宽度为2.3m的疏散站台,紧急救援站与疏散通道之间每隔60m设置横通道1座。如图 2-8 所示。

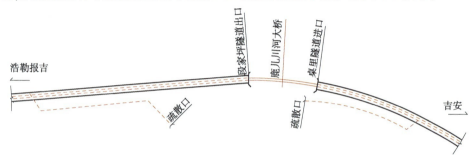

图 2-8 段家坪—桌里隧道群紧急救援站布置图

(2) 紧急出口、避难所、紧急救援站设计

阳城隧道(7110.9m)利用1号斜井(435m),王家湾隧道(7297m)利用1号斜井(270m),后瓦坪隧道(6290m)利用1号斜井(210m),君子隧道(8960m)利用1号斜井(405m),段家坪隧道(10724m)利用1号斜井(500m),禹门口隧道(5105.4m)利用横洞(275m)作为紧急出口。延安隧道(9196.5m)利用1号斜井(545m),麻科义隧道(8733.18m)利用2号斜井(640m),阳山隧道利用1号斜井(838m)、3号斜井(550m),临镇隧道(7074.44m)利用1号斜井(720m),段家坪隧道(10724m)利用2号斜井(1280m),桌里隧道(8629.8m)利用1号斜井(933m),如意隧道(11921.18m)利用1号斜井(2150m)、3号斜井(1190m),集义隧道(15417m)利用1号斜井(1466m)、3号斜井(1710m),万荣隧道(7683m)利用4号斜井(705m)设置避难所。

2) 通风

(1) 运营通风

根据《铁路隧道运营通风设计规范》(TB 10068—2010)要求,15km以上隧道设置运营通风。

本段仅集义、中条山隧道需设置运营通风,运营通风的设置结合牵引种类、隧道长度、线路平纵断面、道床类型、行车速度和密度、气象条件以及防灾通风等因素综合考虑确定。集义隧道运营通风需考虑瓦斯逸出的影响以及瓦斯通风备用量的影响。

(2) 防灾通风

①隧道设置事故通风系统,应兼顾运营通风使用。

②防火灾设备的设计能力,按全线同一时间内发生一次火灾考虑。

③当事故列车失去动力而停在隧道内时,根据疏散形式进行相应的气流组织,原则是结合疏散方式使人员能迎着新风撤离。

④隧道防灾与运营通风设计应充分利用已有斜井、横洞、联络通道等辅助坑道。

⑤事故通风及排烟设备选用高效低噪设备,以节约能源、注重环保。设备选型应按照安全可靠、技术先进、经济合理的原则,充分考虑设备国产化,并综合比较,择优选用。

(3) 主要技术标准

在避难所内疏散点设置正压送风,使人员疏散区最大限度地处于新风区;并保证火灾隧道内有2m/s以上、11m/s以下的烟气流速。

(4) 系统控制与运行模式

环控系统需要控制的内容为事故通风系统、防排烟系统以及兼做正常通风的设备控制。

控制方式:就地控制、就近站的综合控制室远程控制两种方式。

2.2.10 隧道轨下基础类型

轨下结构是铁路隧道安全、稳定运营的重要保障,设计、施工应重视隧道轨下结构的安全性、有效性,规范隧道仰拱的施作和确保仰拱底部基础施工质量。

(1) 无砟轨道长度大于1km和成段铺设设置。

(2) 双线隧道除禹门口隧道因活动断裂采用有砟轨道,其余双线隧道均采用无砟轨道。

(3)禹门口隧道穿越韩城活动断裂段设置为有砟轨道,按照大机养护断面考虑,其余段设置为无砟轨道,无砟与有砟轨道之间设置30m过渡段。

(4)无砟轨道高度630mm,隧道内轮廓预留轨重75kg/m、轨高646mm的改建需求。有砟轨道轨高766mm。

2.2.11 照明设置

(1)1000m及以上的直线隧道和500m及以上的曲线隧道设置照明设备。指示照明采用固定照明,作业照明采用移动照明。

(2)定点疏散点及临时避难所处应设置应急照明设施。

2.2.12 附属工程

隧道内应根据人员待避、养护维修要求及电力、通信、接触网等存放设备的需要设置相关洞室,洞室的设置应统筹考虑,综合利用。

1)电缆槽

隧道内设双侧电缆槽,电力电缆槽位于线路左侧,通信、信号电缆槽位于线路右侧,通信、信号电缆槽合设。

电缆槽尺寸为:单线隧道,净宽250mm,深315mm。双线隧道,净宽320mm,深300mm。电缆槽中间加隔板。

2)设备洞室

隧道内设置设备洞室和大避车洞,不设小避车洞和绝缘梯车洞。

大避车洞宜尽量与设备洞室合设,尽量减少洞室数量。当隧道内有辅助坑道与隧道交叉口、施工用横通道时可按绝缘梯车洞要求处理。

大避车洞应交错设置在隧道两侧边墙上,原则上400m左右设置一处,尺寸:4.0m(宽)×3.5m(深)×2.8m(中心高度);隧道长度为300~400m时,可在隧道中部设一个大避车洞,长度小于300m时,可不设大避车洞。

设备洞室根据专业要求设计。

3)余长电缆腔

隧道长度大于500m时,应在设电缆槽同侧的大避车洞内设置余长电缆腔,间距420m设一处;隧道长500~1000m时,可只在中间设置一处。

4)其余洞室

洞室应尽量设置在地质条件较好地段,避开衬砌断面变化处、变形缝处;洞室底面应与人行道或侧沟盖板顶面平齐。

洞室应设置衬砌,其结构类型、建筑材料应与正洞一致。

隧道内应根据站后要求设置设备洞室和预埋接地、过轨设施。

水沟及电缆槽施工宜采用定型组合钢模板或滑模成段浇筑。

沟槽穿越施工缝、变形缝处应进行防水处理,沟槽施工缝接头处应防水处理。

2.2.13 隧道修建对生态环境与水土保持的影响及采取的措施

1)生态环境的保护

(1)水资源保护

①洞顶有水塘、水库、河沟时,考虑因修建隧道而引起地表水流失等影响居民生活及农田灌溉的可能性。在易造成地表水、地下水缺失的环境中施工时,该地段采取"以堵为主,限量排放"的原则,防堵结合,以减少水源高程的损失。

②根据勘测设计提供的资料,施工前及早保水,采取拦堵截流等措施以减少水源高程损失。

③利用地形、地质等有利条件设置蓄水池,将未经污染的水流经沟、槽或专设管路提升,引入蓄水池后供给用户。

(2)植被保护

①隧道洞门的选择按照"早进晚出"的原则,尽量采用零仰坡进洞,以减少隧道洞口边、仰坡的刷方,少破坏或不破坏洞口的植被。洞口开挖坡面配合路堑边坡的防护,选择适宜的树种、草种,达到防护工程、改善路况、绿化环境目的。

②工程竣工时,须休整、恢复受到破坏的植被。

③隧道洞口结构及附属设施考虑当地景致协调,有条件时,边仰坡防护采用植草及栽种灌木等措施,灌木采用自然式种植。

(3)施工便道及施工场地布置

①对于施工场地布置,应事先统筹规划、分期安排,在水资源保护区不得取土、弃土、破坏植被等,且不得设置拌合站、洗车台、充电房等,并不得堆放任何含有有害物质的材料和洗渣场等。

②施工便道设置不得破坏坡脚,以避免造成工程滑坡;对于洞口及附近存在岩堆等不良地质的在设计中提请施工单位不得随意布置施工便道和施工场地。

2)环境污染防治

(1)污水防治

①施工中采取清污分流。

②利用隧道洞外自然沟壑地形,设置污水处理设施。经处理后的水质,应视接纳水体的功能,符合相应的排放标准。

(2)烟气污染防治

隧道施工烟气污染主要来自施工发电锅炉,其次是运输汽车和以柴油为燃料的动力机械。因此在选择设备型号时,必须对环境保护配套设施予以足够重视,并要求其达到国家或地方规定的标准。

(3)粉尘污染防治

①洞外爆破采取定向松动爆破,无声振破等新技术,洞内采用光爆。

②散装材料采用密闭罐运输、存放。

③必要时搅拌机和弃渣场四周设隔挡建筑,既可隔声又可防尘。

(4)施工噪声污染防治

隧道施工噪声来自于爆破,空压机、装砟机、运输机、混凝土搅拌机、卷扬机、发电机,木工用的截木机、刨木机、锯木机和车、铣、钳、刨等机具。噪声的控制途径一般从三个方面考虑:降低声源噪声、在噪声传播途径上采取措施、在受噪声危害采取防护措施等。

(5)振动的防治

振动是声源激发固体构件并伴随噪声同时产生的。隧道施工引起的振动,主要是爆破(冲击振动)和机械产生的振动。

①对于混凝土搅拌机、球磨机、抽水机、空压机、碎石机等的基础宜埋入半地下,并铺设砂石垫层以减轻振动影响。

②通过试验在不同的岩层选择爆炸药种。

③调整所用炸药的药量。

④合理选择爆破方法。

⑤调整爆破时间。

3)弃渣处理

本线隧道弃渣应优先考虑利用,如用于混凝土骨料、路基和车站填方以及地方单位利用。如不能利用则根据隧道附近地形和水文条件,通过弃渣方案研究,明确弃渣地点,弃渣场占地类型,并根据场地类别,设置永久的渣场防护工程,并做好排水设施,防止水土流失,恢复渣顶面植被。

4)弃渣场地设计

(1)对渣场底面进行平整,位于山坡的渣场应作坡面处理,并对弃渣的稳定性进行检算,避免出现压滑现象。

(2)弃渣场底部设置完善的排水系统,根据渣场汇水流量计算,设置相应管径的排水管排水。

(3)渣场顶面回填厚度不小于50cm的种植土,并植草绿化。

(4)渣场坡面采用护坡的形式,并设置永久挡护工程。

2.2.14 辅助坑道

1)辅助坑道设置原则

为了能满足工期的要求,结合地形、地质条件、环境要求,考虑逃生疏散的需要,本线长隧道考虑设置辅助坑道。

(1)对于水文地质复杂的隧道优先选择有利于排水的横洞或平导。

(2)斜井优先采用无轨运输方式,特别困难时可考虑有轨运输方式。

(3)根据斜井承担的施工正洞任务量对斜井单车道或双车道形式进行比选。当一般斜并承担1个正洞工作面时,采用单车道无轨运输辅助坑道;当承担2个正洞工作面时,采用双车道无轨运输辅助坑道。

(4)斜井与正洞相交处在斜井内设置井底车场,井底车场长度为30m,若选择单车道要考虑每150~200m范围设置一处错车平台,错车平台的长度为25 m,井底车场及错车平台的纵坡为3‰。

(5)井底车场与隧道中线连接处的平面交角宜采用40°~45°,当确实因为地形以及斜井位置原因角度偏大或偏小时,可以将斜井设置成曲线形式。

(6)如果地形条件允许,斜井尽量按照主攻方向(上坡方面)进行单方向掘进,以减少施工设备及施工管理。

2)辅助坑道横断面设计

(1)斜井断面内轮廓设计考虑台车及运输车辆尺寸,并满足使用过程中通风管路的布置,斜井均考虑人行道宽度。

(2)无轨运输斜井按单车道断面、双车道断面设计,井底设置调度车场。单车道断面设计时(图2-9),断面尺寸为500cm(宽)×600cm(高);双车道断面设计时(图2-10),断面尺寸为730cm(宽)×633cm(高)。

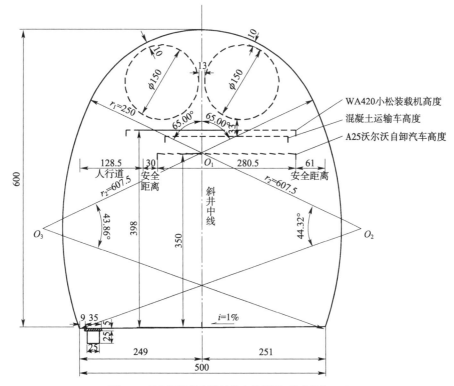

图2-9 无轨运输单车道斜井内轮廓图(尺寸单位:cm)

(3)辅助坑道洞口段及与正洞交叉口段应设置模筑衬砌;后期运营中作为辅助工程的辅助坑道设置模筑衬砌;断层、浅埋、偏压等不良地质段设置模筑衬砌。其他段原则上采用喷锚支护。

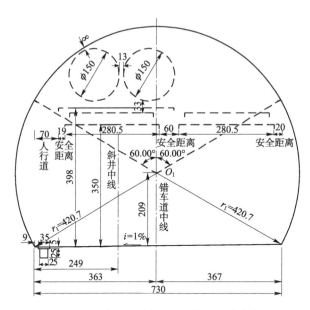

图 2-10 无轨运输双车道斜井内轮廓图(尺寸单位:cm)

3)衬砌设计参数

隧道辅助坑道设计衬砌参数见表 2-7 与表 2-8。

单车道辅助坑道支护参数 表 2-7

分类	围岩级别	喷锚支护									二次衬砌	
		喷混凝土(cm)	锚杆			钢筋网			格栅钢架		拱墙(cm)	铺底(cm)
			部位	长度(m)	间距(环×纵)(m×m)	部位	直径(环×纵)(mm×mm)	间距(cm×cm)	形式	间距		
单车道	喷锚衬砌	Ⅱ	拱墙5	局部	2	—	—	—	—	—	—	20
		Ⅲ	拱墙10	拱墙	2	1.5×1.5	—	—	—	—	—	20
		Ⅳ	拱墙20	拱墙	2.5	1.2×1.2	拱墙	φ8×φ6	25×25	H130	拱墙1.2	20
		Ⅴ	拱墙22	拱墙	3	1.2×1.2	拱墙	φ8×φ6	20×20	H150	拱墙1.0	35
		Ⅳ土	全环20	边墙	2.5	1.2×1.2	拱墙	φ8×φ6	20×20	H130	拱墙1.2	36
		Ⅴ土	全环22	边墙	3	1.2×1.2	拱墙	φ8×φ6	20×20	H150	拱墙1.0	34
	模筑衬砌	Ⅱ	拱墙5	—	—	—	—	—	—	—	25	25
		Ⅲ	拱墙8	拱部	2	1.5×1.5	—	—	—	—	25	25
		Ⅳ	拱墙20	拱墙	2.5	1.2×1.2	拱墙	φ6×φ6	25×25	H130	拱墙1.5	30	25
		Ⅴ	拱墙22	拱墙	3	1.2×1.2	拱墙	φ8×φ6	20×20	H150	拱墙1.0	30	35
		Ⅳ土	全环20	边墙	2.5	1.2×1.2	拱墙	φ8×φ6	20×20	H130	拱墙1.2	30	36
		Ⅴ土	全环22	边墙	3	1.2×1.2	拱墙	φ8×φ6	20×20	H150	拱墙1.0	30	34

双车道辅助坑道支护参数   表2-8

分类	围岩级别	喷锚支护									二次衬砌	
		喷混凝土(cm)	锚杆			钢筋网			格栅钢架		拱墙(cm)	铺底(cm)
			部位	长度(m)	间距(环×纵)(m×m)	部位	直径(环×纵)(mm×mm)	间距(cm×cm)	形式	间距		
双车道	喷锚衬砌 Ⅱ	拱墙10	拱部	2	—	拱部	φ8×φ6	25×25	—	—	—	20
	Ⅲ	拱墙15	拱墙	2.5	1.5×1.5	拱墙	φ8×φ6	25×25	H130	局部	—	30
	Ⅳ	拱墙20	拱墙	3	1.2×1.2	拱墙	φ8×φ6	20×20	H130	拱墙1.0	—	30
	Ⅴ	拱墙25	拱墙	3	1.2×1.2	拱墙	φ12×φ10	20×20	H180	拱墙0.8	—	40
	Ⅳa土	全环20	边墙	3	1.2×1.2	拱墙	φ8×φ8	20×20	H130	全环1.0	—	50
	Ⅳb土	全环25	边墙	3	1.2×1.2	拱墙	φ12×φ10	20×20	H180	全环0.8	—	50
	Ⅴ土	全环25	边墙	3	1.2×1.2	拱墙	φ12×φ10	20×20	H18	全环0.6	—	50
	模筑衬砌 Ⅱ	拱墙5	局部	2.5	—	—	—	—	—	—	30	30
	Ⅲ	拱墙10	拱墙	2.5	1.5×1.5	拱墙	φ6×φ6	25×25	—	—	30	30
	Ⅳ	拱墙20	拱墙	3	1.2×1.2	拱墙	φ6×φ6	20×20	H130	拱墙1.2	35	40
	Ⅴ	拱墙23	拱墙	3	1.2×1.2	拱墙	φ12×φ10	20×20	H150	拱墙1.0	40	50
	Ⅳa土	全环20	边墙	3	1.2×1.2	拱墙	φ8×φ8	20×20	H130	全环1.0	35	50
	Ⅳb土	全环23	边墙	3	1.2×1.2	拱墙	φ12×φ10	20×20	H150	全环0.8	40	52
	Ⅴ土	全环23	边墙	3	1.2×1.2	拱墙	φ12×φ10	20×20	H150	全环0.6	40	52

2.2.15 施工组织设计

1)施工方法

(1)正洞施工方法

隧道工法的选择应本着安全可靠、施作简便、快速施工、及时封闭、减少扰动围岩、充分发挥围岩自承能力的原则确定;根据围岩情况开挖方法选择顺序为全断面法、两台阶法、三台阶法,必要时采用CD工法。

施工开挖应尽量机械化作业,软岩、土石界面及老黄土等地段可采用铣挖机、悬臂掘进机开挖。

施工应严格遵守软弱围岩不良地质地段"早预报、预加固、严排水、短进尺、弱爆破、强支护、快封闭、勤量测"的原则,做到"一强化、两紧跟、三超前、四到位"(一强化:强化量测;两紧跟:钢架紧贴掌子面,仰拱紧跟下台阶;三超前:超前预报、超前加固、超前支护;四到位:工法选择到位、支护措施到位、快速封闭到位、衬砌质量到位)。

仰拱与下台阶宜同步开挖支护,一次到位。

(2)辅助坑道施工方法

辅助坑道Ⅱ、Ⅲ级围岩采用全断面法施工,Ⅳ、Ⅴ级围岩采用台阶法施工。

2）施工进度指标

（1）正洞施工进度指标

正洞施工时,各级围岩施工进度指标见表2-9。

正洞施工各级围岩施工进度指标　　　表2-9

隧道断面	围岩级别	凿岩台车+湿喷机械手		湿喷机械手		普通配置	
		工法	施工进度（m/月）	工法	施工进度（m/月）	工法	施工进度（m/月）
双线隧道	Ⅱ	全断面	180（160）	全断面	150（140）	全断面	140（130）
	Ⅲ	短台阶法	140（120）	台阶法	110（100）	台阶法	100（90）
	Ⅳ	短台阶法	80（70）	台阶法	70（70）	三台阶法	70（60）
	Ⅴ	—	60	三台阶临时横撑法	50	三台阶临时横撑法	40
单线隧道	Ⅱ	全断面	160（140）	全断面	130（120）	全断面	120
	Ⅲ	全断面	140（120）	全断面	110（100）	全断面	100
	Ⅳ	短台阶法	80	台阶法	70	台阶法	60
	Ⅴ	—	50	台阶法	50	台阶法	40

注：1.括号内为通过斜井或反坡施工段施工进度指标。
　　2.隧道采取径向注浆、帷幕注浆、超前管棚等加固措施以及采用CD法、双侧壁导坑法时,应结合工序需要时间适当折减施工进度。
　　3.暗洞水泥土挤密桩加固段进度指标按照30m/月选取。
　　4.水平旋喷桩施工段进度指标按照15m/月设计。

（2）辅助坑道施工进度指标

辅助坑道施工时,各级围岩施工进度指标见表2-10。

辅助坑道施工各级围岩施工进度指标　　　表2-10

围岩级别	Ⅱ级围岩	Ⅲ级围岩	Ⅳ级围岩	Ⅴ级围岩
双车道斜井	220	200	160	80

3）施工组织

（1）长度小于1km的隧道选在低洞口段单向施工,并结合隧道所在的位置综合考虑。长度大于1km的隧道进出口同时施工,如进出口不满足施工工期时应增设辅助坑道。

（2）隧道正洞及辅助坑道施工运输均采用无轨运输。

（3）隧道施工通风结合施工机械以及独头施工长度确定隧道施工通风方式。独头通风长度较短时可采取压入式通风,独头通风长度较长时可采取混合式通风。设置斜井段,进出口工区与斜井贯通后,可采取巷道式通风。

（4）根据设计纵坡采用自然排水或反坡时配备足够的水泵排水。

2.2.16　辅助措施

超前支护及围岩加固、监控量测和超前地质预报等隧道施工辅助措施是实现隧道安全施工的各项管理目标、确保工程质量的重要手段,是铁路设计文件的重要组成部分,是铁路隧道施工作业中的关键环节,必须纳入工序管理。

1)超前支护与加固

对浅埋、偏压等地形、地质条件较差的隧道洞口、洞身段先预加固围岩后再开挖,视地质条件采用地表砂浆锚杆、地面预注浆、地表旋喷桩、锚固桩等加固围岩,网喷混凝土或砂浆锚杆等加边仰坡,并根据具体围岩情况设置长管棚、超前小导管等超前支护措施。

软弱围岩地段预加固措施见表2-11。

软弱围岩地段预加固措施　　表2-11

序号	项目	主要作用	主要设计参数	适用条件
1	洞口段超前φ108大管棚	加固周边一定范围围岩,与钢架组合成预支护系统,防止洞口软弱围岩坍塌,创造进洞条件	φ108热轧无缝钢管,长20~40m,外插角1°~3°,纵向搭接长度大于3m,压注水泥浆液	Ⅳ级及以下围岩进洞段,或洞口段地表有重要建筑物、地表沉降要求高的地段
2	超前φ89中管棚	加固周边一定范围围岩,与钢架组合成预支护系统,控制软弱围岩变形、坍塌、掉块	φ89热轧无缝钢管,长10m,外插角3°~5°,纵向搭接长度大于3m,压注水泥浆液	洞身浅埋段,或穿越受沉降影响较大的构筑物地段、断层破碎带
3	超前φ159中管棚	加固周边一定范围围岩,与钢架组合成预支护系统,控制软弱围岩变形、坍塌、掉块	φ159热轧无缝钢管,外插角3°~5°,纵向搭接长度大于3m,压注水泥浆液	穿越地表重要构筑物地段,且埋深较小
4	超前小导管	加固周边一定范围围岩,与钢架组合成预支护系统,控制软弱围岩变形、坍塌、掉块	φ42热轧无缝钢管,外插角10°~15°,搭接长度不小于1m,压注水泥浆液	Ⅳ级、Ⅴ级围岩地段、断层破碎带
5	双层密排小导管	加固周边一定范围围岩,与钢架组合成预支护系统,防止洞口软弱围岩坍塌,创造进洞条件	φ42热轧无缝钢管,φ42热轧无缝钢管,外插角10°~15°,搭接长度≥1.0m,压注水泥浆液	土石分界段,拱顶极其破碎段
6	径向注浆	隧道开挖后通过全断面径向注浆,降低围岩渗透系数,控制围岩涌水量,达到堵水效果	通过φ52钻孔注浆,孔口设置孔口管,注浆加固开挖轮廓线外3m范围内岩体	地下水发育地段,较高水压、水量较大、涌水量大于控制值,但开挖后围岩能稳定,以及地表村庄段
7	超前周边注浆	通过向隧道周边围岩压注浆液,以形成一定厚度的筒状封闭加固区和堵水区,以达到加固围岩和堵水的目的	孔口管直径不小于110mm,终孔直径不小于91mm,每循环20m,搭接长度3m,加固范围隧道轮廓线外3m范围	有突、涌水风险地段或排水对周边环境影响较大地段

续上表

序号	项目	主要作用	主要设计参数	适用条件
8	帷幕注浆	通过向隧道坑道及周边围岩压注浆液,形成一定厚度的筒状封闭加固区和堵水区,以达到加固围岩和堵水的目的	孔口管直径不小于110mm,终孔直径不小于91mm,每循环20m,搭接长度3m,加固范围隧道轮廓线外3m范围	有突、涌水风险地段或排水对周边环境影响较大地段
9	基底水泥土挤密桩	通过强夯隧底桩孔内水泥土填料来挤密粉质黏土或黄土地层,改变地层特性,且桩顶设一垫层,以提高基地的承载力和整体稳定性	桩距1.0~1.2m按梅花形布设,桩顶垫层为三七灰土,厚0.5m	基底承载力不满足要求的黄土地段
10	钢管桩	加强基底承载力	$\phi 90$ 钢管,间距 $1m \times 1m$	富水黄土地段
11	水泥土搅拌桩	通过水泥与软土搅拌混合加固,加固软弱地层围岩	$\phi 1000 \times \phi 1000$	软塑、流塑地层隧道穿越段

2)监控量测

(1)监控量测必须纳入工序管理,保障施工安全,为修正设计、调整施工方法、指导二衬施作时机提供依据。

(2)监控量测分必测项目和选测项目,选测项目按隧道工程实际需要进行施作,一般包括洞内、外观察,拱顶下沉,水平收敛及地表沉降等。

(3)监测频率

①洞内、外观察应每施工循环记录1次,必要时加大观察频率。

②拱顶下沉和水平收敛监测频率为1次/d,地表沉降监测频率为1次/(1~3)d。出现异常情况时,适当加大监测频率。

③当净空变形趋于稳定时,其监测频率按表2-12进行,在初期支护稳定后,可停止该断面的净空变形监测。在二次衬砌施工通过监测断面2B距离后(B为该断面隧道开挖宽度),且地表沉降变形时态曲线已经收敛,可停止该断面地表沉降监测。

变形趋于稳定时的监测频率　　　　　　表2-12

支护状态	平均变形速率	持续时间	监测频率
初支全环封闭	<2mm/d	>3d	1次/3d
初支全环封闭	<1mm/d	>7d	1次/7d
初支全环封闭	<0.5mm/d	>15d	1次/15d

注:初期支护稳定须同时满足以下条件:①初期支护表观现象正常;②变形时态曲线已经收敛;③拱顶下沉和水平收敛平均变形速率小于0.5mm/d,且持续1个月以上。

(4)监测管理及对应措施

采用变形总量、变形速率、初期支护表观现象和变形时态曲线等四项对隧道施工安全进行综合等级管理。变形总量与变形速率应控制在管理等级范围内,及时巡视观察初支表观有无异常,同时结合变形时态曲线形态进行综合分析处理。

①变形总量管理值及管理等级应按表2-13和表2-14确定。

一般地段变形总量管理等级　　　　　　　　　　　　　　　　　　　　表 2-13

变形总量(mm)					
管理等级			正常(绿色)	预警二级(黄色)	预警一级(红色)
拱顶下沉	单线正洞单车道辅助坑道	Ⅲ	<20	20~25	≥25
		Ⅳ	<48	48~64	≥64
		Ⅴ	<60	60~80	≥80
	双线正洞双车道辅助坑道	Ⅲ	<25	25~35	≥35
		Ⅳ	<72	72~96	≥96
		Ⅴ	<90	90~120	≥120
水平收敛	单线正洞单车道辅助坑道	Ⅲ	<10	10~15	≥15
		Ⅳ	<30	30~45	≥45
		Ⅴ	<40	40~55	≥55
	双线正洞双车道辅助坑道	Ⅲ	<10	10~15	≥15
		Ⅳ	<35	35~50	≥50
		Ⅴ	<45	45~60	≥60
地表沉降			<90	90~120	≥120

黄土地段变形总量管理等级　　　　　　　　　　　　　　　　　　　　表 2-14

变形总量(mm)			
管理等级	正常(绿色)	预警二级(黄色)	预警一级(红色)
拱顶下沉	<75	75~150	≥150
水平收敛	<35	35~50	≥50
地表沉降	<90	90~180	≥180

注:本表不适用于特殊施工工法(如盾构、预切槽法等)隧道。

②变形速率管理值及管理等级应按表 2-15 和表 2-16 确定。

一般地段变形速率管理等级　　　　　　　　　　　　　　　　　　　　表 2-15

变形速率(mm/d)			
管理等级	正常(绿色)	预警二级(黄色)	预警一级(红色)
拱顶下沉	<5.0	5.0~10.0	≥10.0
水平收敛	<3.0	3.0~6.0	≥6.0
地表沉降	<5.0	5.0~10.0	≥10.0

黄土地段变形速率管理等级　　　　　　　　　　　　　　　　　　　　表 2-16

变形速率(mm/d)			
管理等级	正常(绿色)	预警二级(黄色)	预警一级(红色)
拱顶下沉	<10.0	10.0~20.0	≥20.0
水平收敛	<5.0	5.0~10.0	≥10.0
地表沉降	<10.0	10.0~20.0	≥20.0

注:本表不适用于特殊施工工法(如盾构、预切槽法等)隧道。

③各管理等级对应的措施应按表 2-17 确定。

各管理等级对应措施　　　　表 2-17

管理等级	对应措施
正常(绿色)	正常施工
预警二级(黄色)	加强监测,密切关注发展情况,分析原因,调整施工,使隧道变形趋稳,并制定应急方案和对策
预警一级(红色)	暂停施工,加强监测,启动应急预案,采取相应工程措施

④隧道施工过程中应对隧道初期支护表观进行观察,当初期支护出现表 2-18 所述现象时,应及时进行信息反馈,并采取相应工程措施。

需要采取工程措施的初期支护表观现象　　　　表 2-18

序号	初期支护	表观现象
1	喷混凝土	初期支护混凝土出现开裂、剥落、掉块等现象 ①纵向开裂超过 3 榀钢支撑间距; ②环向开裂超过已施工支护周长的 1/3; ③裂缝宽度超过 0.5mm
2	钢拱架等	扭曲、异响、拱脚下沉等

⑤根据回归后位移时态曲线的形态判断对应的管理等级时,应按照表 2-19 确定。

当变形处于初期匀速变形阶段和平稳发展阶段时,隧道处于相对安全的状态;围岩变形过程中,在围岩不失稳的正常情况下,在量测断面附近进行开挖施工时,受施工扰动,存在一定的变形加速现象,属于正常加速,其余变形加速属于异常加速。异常加速是围岩失稳的征兆,隧道施工安全存在威胁,应进行预警。如图 2-11 所示。

图 2-11　变形时态曲线特征图

变形时态曲线在管理等级中的体现　　　　表 2-19

序号	管理等级	体现
1	正常(绿色)	无变形异常加速,变形特征曲线趋于收敛
2	预警二级(黄色)	变形异常加速,变形特征曲线无收敛迹象,日均变形速率差值连续 2d 增大,且均大于 2mm/d 时
3	预警一级(红色)	变形异常加速,变形特征曲线无收敛迹象,日均变形速率差值连续 3d 增大,且均大于 2mm/d 时

3)超前地质预报

(1)超前地质预报的目的是确定隧道施工掌子面前方突(涌)水(泥)、坍方、瓦斯等地质灾害风险源的位置、规模、性质等工程地质及水文地质条件,为隧道工程设计和施工方案的制订与风险防范提供依据。

(2)超前地质预报应在收集、分析地质勘查成果资料的基础上,结合开挖方式、地质复杂程度、不同的地质问题,采用地质调查与勘探相结合、物探与钻探相结合、长距离与短距离相结合、地面与地下相结合、超前导洞与主洞相结合的方法确定掌子面前方及周边一定范围的地质情况,达到节约成本、节省时间、规避施工风险的目的。

(3)超前地质预报应遵循"简单地质条件从简判定、复杂地质条件由简入繁、特殊地质条件多手段验证"的原则;常用的超前地质预报方法主要有地质素描、超前地质钻探与加深炮孔、地震波反射法、地质雷达、洞内外水文监测等。

①地质素描适用于各种地质条件下隧道的超前地质预报。

②超前地质钻探与加深炮孔适用于各种地质条件下的隧道超前地质预报。富水软弱断层破碎带、富水岩溶发育区、煤层瓦斯发育区、重大物探异常区等地质条件复杂地段必须采用。

③地震波反射法适用于划分地层界线、查找地质构造、探测不良地质体的厚度和范围。

④洞内外水文监测适用于富水软弱断层破碎带、富水岩溶区等基岩裂隙水、岩溶水发育地段。

⑤不良地质主要有高地应力、瓦斯、高地温及放射性等,针对性地采用地应力测试、瓦斯监测、地温测试、放射性测试等措施,并做好应急处理预案。

4)基底处理

(1)隧道基底处理措施结合地层特性和隧道施工组织要求,本着施工安全、便利,加固效果可靠,经济合理的原则综合确定。

(2)基底加固按照先封闭后加固的原则实施,基底加固前初期支护仰拱预留加固孔洞。

(3)基底加固措施

①水泥土挤密桩适用于处理地下水位以上的湿陷性黄土及含水率小于24%的黄土、承载力不足的普通黄土、素填土等地基加固。水泥土挤密桩直径为350~450mm,采用等边三角形或正方形布置,间距为桩径的2~2.5倍,并根据加固后检验效果及时调整。

②换填垫层适用于明挖段基底浅层软弱基础以及不均匀地基的处理。

换填垫层厚度为小于3m,具体根据换填软弱土层深度或下卧土层承载力确定。

换填垫层宽度满足压力扩散要求。

换填垫层材料采用级配碎石或C15混凝土等。

③旋喷桩适用于富水黄土、素填土、粉土、砂土、淤泥质土、碎石土等地基加固。旋喷桩桩径为500~700mm,旋喷桩间距及深度具体结合现场施工条件及地质条件确定。

④钢管桩适用于土石界面富水软土、黄土、素填土等地层加固。钢管桩采用$\phi 89$mm或$\phi 108$mm钢花管,间距结合注浆压力、注浆扩散半径确定,钢管桩端头深入稳定、强度高的岩层不小于0.5m,钢管桩顶伸入二衬仰拱。

2.2.17　与其他专业的设计接口意见

1）隧线分界里程的确定

(1) 斜切式洞门,以洞门斜切面与左线内轨顶面的交点里程取整,为洞口里程和隧线分界里程。

(2) 无挡翼墙端墙式或柱式洞门,以隧道洞口里程分界。

(3) 翼墙式洞门,按翼墙终点里程加 1m 后取整分界。如一侧为翼墙、另一侧为挡墙时,当翼墙长度大于挡墙长度时,按翼墙终点里程加 1m 后取整分界;否则,按挡墙终点里程分界。

(4) 当两侧为挡墙时,挡墙长度 7m。

(5) 当洞门挡墙与路基挡墙相接时,设计时与路基专业联系,以协调挡墙形式。

2）与路基专业接口

(1) 一般情况下以埋深 35m 为界,埋深大于 35m 的设计为隧道,埋深小于 35m 可根据具体工点区别对待;在隧道与路基连接处设置路隧过渡段。

(2) 隧道洞口防护及洞门应与相邻路基边坡相互协调,考虑路基边坡与洞口边坡的需要,洞口边坡到仰坡转换的需要,洞内外边坡衔接宜在洞外 5~10m 范围逐步过渡。

(3) 出洞为上坡时,应在隧道洞口外设置截水设施,避免路基排水进入隧道;隧道出洞为下坡时,路基排水沟应考虑承接隧道排水的需要,使洞内外排水沟顺畅衔接,保证隧道内地下水能顺利流出。

3）与桥梁专业接口

隧桥相连地段综合考虑地形、地质条件、桥梁结构、隧道洞门结构等因素,应做好系统设计、合理安排施工工序,防止相互干扰,后期施工应加强对先期工程的保护。

隧桥相连时应尽量分开设计,特殊地段桥梁可伸入隧道内。合理设计隧桥连接方式及施工工序,统筹考虑隧道洞口、桥台基坑,必要时对洞口稳定性进行检算。

由于隧、桥断面宽度存在差异,隧桥衔接处应在桥台范围进行沟槽过渡,平顺连接,统筹隧桥排水,并在隧桥衔接处设置截水设施将水引排;电缆槽过渡应顺畅,其转弯半径应满足相关专业电缆铺设要求。

桥台开挖及防护应考虑隧道洞门安全、稳定的需要,不得采用放坡开挖,向隧道方向两侧及端头应设置挡护,设置抗滑桩时应结合隧道洞口防护及洞门设置的需要。

4）与通信、信号、电力和接触网的接口

根据四电提出的要求,进行洞室预留、过轨设计和预埋接触网滑槽等。

5）与地质专业接口

对全线地质复杂、地下水发育的隧道,均应开展施工综合超前地质预报。

6）与轨道专业接口

无砟轨道隧道与洞外碎石轨道衔接地段,设置过渡段。

2.3 重难点工点设计

2.3.1 粉细砂地层

1) 分布情况

(1) 万荣隧道

万荣隧道位于万荣县荣河镇附近,该段主要为渭汾断陷的峨眉台地隆起形成的黄土塬,地表大多已辟为耕地及果园,台地边缘地形起伏较大,V 字形冲沟发育。隧道多处地段地质条件较差,设置 5 座斜井;除 2、3 号斜井之间局部地段存在 360m 粉细砂层外,主要集中在进口至 2 号斜井之间长度 1120m 的段落。

(2) 王家湾隧道

王家湾隧道全长 7288m,最大埋深 220m。地形较为复杂,V 字形冲沟发育,呈树枝状分布,形成沟壑纵横、支离破碎,为典型的黄土高原侵蚀性梁峁沟谷地貌类型。DK270+372～+835 段隧道洞身穿越细砂层,长度 463m。

(3) 其他隧道

除上述隧道外,薛家畔、阳城、红石湾、新窑、银山 1～3 号等 7 座隧道穿越区域均不同程度存在砂层。

2) 设计重难点

粉细砂是第四纪时期所形成的松散沉积物,具有颗粒单一、黏聚力低、抗剪强度低等特质(图 2-12)。粉细砂具体的物理特性概述如下。

图 2-12 粉细砂段开挖面情况

(1) 物理特性差

粉细砂的粒径分布均匀,且粒径范围很小,粉黏粒含量较少,表面活性低,无聚性,具有明显的非塑性,砂中的天然含水率很低,具有较强的非亲水性。一般天然不良级配,抗剪性能也较差;在外界荷载作用下,很容易变形,其滑移破坏往往具有突然性。

(2) 变形量大

隧道开挖后,砂层溜塌严重,自稳能力差,初期支护变形量大。

(3) 变形速率快、具有不对称性

隧道开挖后,围岩变形较快,如不加以控制很快就会出现岩块冒落、初支结构破坏等现象。变形后隧道轮廓线基本上不对称,同一断面上拱顶沉降远大于水平收敛;变形破坏在方向上的差异性往往导致支护结构受力不均。

(4) 围岩扰动范围大

干燥粉细砂灵敏度高,具有极强的流动性,一旦在前方开挖扰动过程中发生流砂等情况,会促使断面外部砂层呈现漏斗形扩散状态,即在后方初期支护背后形成较大空腔,影响工程质量同时,还会留下安全隐患。

(5) 具有流变性

原状砂层密实且颗粒粒径小,致使采用传统注浆加固的效果不佳;受开挖扰动后立即形成流砂及涌砂状态,短时间内即形成堆积体,无阻挡封闭时间,无法设置核心土控制流砂现象发生。

(6) 变形时间长、有明显的蠕变性或蠕变加突变

隧道围岩变形的持续时间长,初期支护施作完成很长一段时间内,围岩变形仍持续发展,应力重分布达到平衡的时间长。甚至随着开挖的扰动,变形呈现加速发展的趋势,表现出明显的蠕变特性。

(7) 砂层含水率对掌子面稳定性的影响

开挖初期围岩含水率不大,处于短暂稳定状态;当含水率超过10%,稳定状态发生变化;含水率达到18%时,围岩发生流变,易出现涌水、涌泥、涌砂现象。因此,不解决降水问题,无法进行隧道施工。

总之,粉细砂属于一种无黏性细粒土,其稳定性和颗粒本身的物理特性、颗粒在空间的分布堆积方式以及由此产生的颗粒间相互作用、颗粒孔隙比、质量、体积、密实度等因素有关外,还会因外界条件的改变而发生变化。

3) 主要针对性设计措施

(1) 水平旋喷桩技术

采用水平旋喷桩超前加固技术(图2-13),旋喷桩直径600mm,桩间距400mm,每一循环桩长15m,搭接3m,外插角3°~5°,拱墙周边旋喷桩布置根据砂层所处范围布设。必要时为提高水平深层预加固咬合桩抗剪强度,拱部砂层厚度较大需在拱部旋喷桩内插$\phi 89$mm钢管,钢管环向间距160cm。

掌子面水平向旋喷锚固桩,长度为9m;按隧道断面等腰三角形布置,间距3m×3m,砂层

断面内布设。

(2) 斜向旋喷锁脚桩技术

为保证隧道初期支护受力稳定,在钢架的拱脚处设置斜向旋喷支撑桩(图 2-14),以提高钢架的基础稳定性,桩长 4~6m,内插 2 根 ϕ42mm 锁脚锚管,锁脚锚管长度为 4m。

图 2-13　旋喷桩施工　　　　　图 2-14　锁脚旋喷桩施工

粉细砂层先采用水平旋喷桩进行超前预加固,然后采用三台阶环形开挖预留核心土法进行施工。

(3) 洞内降水

针对流塑状地层,为确保隧道安全施工,必须考虑地层的加固。而富水的粉细砂层采用超前帷幕注浆,经现场实施验证,加固范围有限,且施工扰动又诱导地下水渗透,施工进展缓慢。采用超前水平旋喷桩加固,施工进展慢,通过洞内真空降水等辅助措施,能将粉细砂含水率保持在一定范围,且在短时间内维持围岩稳定,后续应促进初期支护快速封闭成环。

洞内降水采用真空轻型井点降水为主,并辅以集水坑的降水方案,开挖采用三台阶临时仰拱法施工。真空降水根据地层条件主要采取以下措施:

①边墙超前真空降水

边墙超前深孔降水沿各台阶两端按纵向间距 0.5m 布孔,管长 6m。

②掌子面超前真空降水

掌子面各台阶底部斜向前按间距 0.5m 布孔一排,管长 9m。

③开挖台阶处降水

竖向深孔降水在台阶上垂直向下布置,横向间距 1m,纵向间距 3.0m。

④仰拱大口井或集水坑集中降水

掌子面附近设集水坑,将施工污水汇集于坑内,用污水泵排至地面沉淀池,经沉淀后排入自然沟谷。洞内降水采用人工挖直径 800 mm 的集水井,集水井设置间距根据洞内水量情况确定,一般每 5m 设一个,井深随水位变化调整。

每排真空降水管采用 ϕ75mm 主管连接,主管接入真空泵。支管采用 ϕ32mm 包双层 100 目滤网。支管和主管之间设集合器,集合器采用 ϕ75mm PPR 管或钢管制作,并在连接部位加设阀门,控制井管降水,支管和集合器采用 32mm 钢丝软管连接,主管和真空泵连接采用75mm钢丝软管连接。

考虑到轻型井点管超前施作对隧道开挖施工干扰较大,所以真空轻型井点降水超前管根据砂层含水情况,必要时设置,随着掌子面向前开挖循环施作。

(4)超前密排小导管

水是影响地下工程中岩体稳定性的重要因素之一,一定含水率的粉细砂掌子面存在短期的稳定,这是因为粉细砂颗粒间由于水的作用存在黏聚力。在强度理论中,土的抗剪强度可表达为 $\tau_f = c + \sigma\tan\varphi$,式中并未考虑含水率对土体抗剪强度的影响;但一些学者对砂土抗剪强度影响因素进行了研究,表明含水率对砂土黏聚力的影响存在界限值,一般含水率在8%~15%的粉细砂存在一定黏聚力,能维持掌子面短期稳定。当含水率过低或者过高时,粉细砂层均易失稳,呈现流沙状。

基于砂层具有短期稳定性的能力,采用超前密排小导管支护(图2-15)配合钢架和掌子面小导管进行加固。

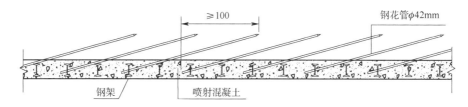

图2-15 超前密排小导管支护示意图(尺寸单位:cm)

材料:钢管采用外径42mm、厚3.5mm、长3.5~4m的热轧无缝钢管。

为便于超前小导管插入围岩内,钢管前端宜做成尖锥状,尾部焊上箍筋。

间距:钢管环向间距为20cm,相邻两排的搭接长度不小于100cm。

外插角:10°~15°。

施作范围:拱部150°。

注浆材料:水泥浆。

注浆参数:水灰比可采用0.5:1~2:1;注浆压力:0.5~1.0MPa。

(5)初支背后充填注浆

受粉细砂分布影响,初期支护的地层存在地下水或地层不密实区域,为减弱或避免地下水流失带走细颗粒,保证隧道洞室稳定,需对初期支护背后地层进行注浆加固,注浆加固采用后注浆方式。

后注浆是指在开挖施工及初期支护完成后,对开挖面不能满足工程质量要求时采取的一种注浆措施,根据地质条件可采用径向注浆、局部注浆和补充注浆等方式。

注浆孔按浆液扩散半径2m设计,注浆孔按梅花形布置;孔口环向间距约170cm,孔底环向间距约250cm,纵向间距200cm。注浆孔孔径52mm,孔口管采用 ϕ50mm、壁厚3.5mm的热轧无缝钢管,钢管长1m,孔口管应埋设牢固,并有良好的止浆措施。注浆采用普通纯水泥浆,水灰比0.5:1~2:1(具体现场试验确定),注浆压力按0.1~0.5MPa。注浆顺序宜由下往上,按两序孔进行,即先跳孔跳排注单序孔,然后注剩下的二序孔。

4）小结

粉细砂所处隧道部位不同、砂层分布厚度不等、分布不具有规律性，通过现场对粉细砂地层物理性质和力学性质分析以及含水率等情况分析，现场针对性的采取不同处理措施。

（1）干燥的粉细砂地层

干燥的粉细砂地层，注浆浆液扩散小、可注性差、效果差，达不到加固地层要求，无法控制掌子面前方地层位移，施工中常发生漏砂、坍方等现象，施工风险大。

施作超前水平咬合旋喷桩预加固，相当于在开挖轮廓线外形成连续隔离墙，起到隔断与加固砂层的作用，防止砂层滑落、坍塌；同时通过周边和正面的旋喷桩控制掌子面前方先行位移及掌子面挤出位移，起到了壳体和锚固桩的作用。设置核心土减低了对砂层扰动，缩小了施工临空面，起到了保护围岩、杜绝掌子面挤出等效果。

掌子面上台阶锚固桩、初期支护钢架拱脚斜向锁脚桩等新技术，达到控制掌子面挤出变形和初期支护整体沉降、净空收敛变形的目的，为钢拱架提供了强有力的支撑与约束，同时为三台阶施工创造了条件，实现了新意法理念和机械化施工目标。

（2）一定含水率的粉细砂地层

同砂性土边坡类似，不同含水率对掌子面稳定性存在较大影响。就砂粒本身而言，其吸水量很小，主要是颗粒间由于水的作用存在黏聚力。

密排小导管超前预支护施工能够使导管与钢架连成一体，共同形成预支护体系，提高围岩自身的稳定性；其施工工艺简单，技术难度低，方便施工，不受场地限制，可缩短初期支护封闭时间。

（3）饱和、富水的粉细砂地层

饱和、富水粉细砂层采用超前真空降水措施，将地层含水率控制在10%～15%，确保开挖土体时地层暂时的稳定。

对含水地层采取"重降水、密导管、强支护、辅注浆、快挖快支快封闭"为主的工程原则，必要时采用洞内水平旋喷桩加固。

2.3.2 异形盾构隧道

白城隧道位于靖边县内，西起熊家峁，东至石干沟，其北侧为萝莉窑子，南侧为东敖包疙瘩。隧道进口里程为 DK206+365，出口里程为 DK209+710，隧道全长 3345m，为单洞双线隧道，隧道最大埋深约为 81.05m。

平面范围内隧道全段位于直线上。隧道设计纵坡为人字坡，坡度依次为4.5‰、-3‰、-1‰。

隧道 DK206+588～DK209+610 段采用异形盾构开挖，盾构段长 3022m。隧道进出口位置均位于沙漠边缘，地面开阔（图2-16），能满足盾构安装、调试及开始掘进或结束掘进、回收的要求。隧道进口 DK206+588 处洞顶覆土 7m，出口 DK209+610 处洞顶覆土 6m，基本满足盾构进出洞覆土厚度不小于 $0.5D$～$0.7D$（D 为盾构机直径）要求，出口覆土相对较薄，施工阶段可在顶部局部覆盖土体增加拱部覆土压力。白城隧道工法分段示意见图2-17。

图 2-16　白城隧道进口及盾构组装场地

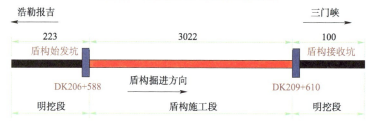

图 2-17　白城隧道工法分段示意图(尺寸单位:m)

1)设计支护参数

(1)隧道限界及盾构内轮廓

全隧位于直线段,线间距4.0m,建筑限界采用"隧限-2B",接触网刚性悬挂,道床为无砟轨道,同时考虑站后管线、电缆槽预留,以及盾构施工误差、结构变形以及安全富余量12cm等。根据上述要求,盾构施工段落隧道内轮廓轨面以上有效净空面积为66.1m^2,内轮廓总面积81.27m^2(图2-18)。

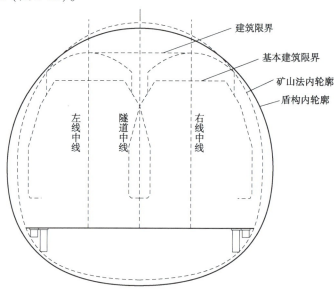

图 2-18　异形盾构隧道内轮廓对比图

(2) 管片结构形式

盾构隧道采用马蹄形断面，外轮廓跨度为 11.54m，高度为 10.59m，采用单层衬砌结构平板形管片。通用的管片环类型，管片厚度采用 500mm，环宽 1600mm。

(3) 管片拼装

管片拼装方式主要为错缝拼装，采用"7+1 分块"拼装方式(图 2-19)。采用 R 衬砌环 + F 衬砌环设计，考虑盾构穿越段为直线段，为减少设计工作量和钢模具数量，楔形量为零。7+1 块结构刚度大，对结构变形控制有利，管片最大块与最小块质量差 6.15t。

图 2-19 异形盾构隧道管片拼装

接缝之间采用螺栓连接，防止接头两边错动，有效地承担接头处的剪力。设计采用斜螺栓连接。每环环向接缝采用 50 只 M30 纵向斜螺栓连接，以承受隧道纵向弯矩，提高纵向刚度；块与块之间以 2 根 M36 环向斜螺栓连接，使纵缝成为具有一定抗弯刚度的弹性铰。螺栓机械强度等级均采用 5.8~8.8 级。

管片配筋分浅埋、中埋和深埋三种类型，通过计算以验证结构设计的合理性、可行性。

2) 设计重难点

(1) 隧道位于毛乌素沙漠边缘，地形平缓，盾构管片最大埋深 81.05m；洞身黄土为砂质新黄土，砂性较重，稳定性较差，进出口地势较为平缓，存在长距离浅埋段，且穿越风积砂层，施工时存在掌子面失稳、拱顶坍塌的风险。

(2) 隧道洞顶 DK206+947.5 线路左侧 8m 及 DK206+996 线路右侧 28m 有高压电塔，覆土约 20m；DK207+143.5 下穿包茂高速公路，覆土约 28m；DK206+624.6 下穿天然气管道；DK206+693 下穿白城子供水管线，覆土 8~9m。

(3) 管片采用错缝拼装，合理分块设计

盾构隧道是以若干段折线(最短折线长度为一环衬砌环宽)来拟合设计的光滑曲线；线路拟合是通过不同的衬砌环组合来实现。一般有楔形衬砌环与直线衬砌环的组合、左右楔形衬砌环和通用型管片三种管片组合方法来模拟线路。通过比较、分析，设计采用通用楔形环、2/3 搭接纵向插入的错缝拼装方式。

衬砌环的分块在满足施工机械能力的前提下,应尽量减少纵向、环向接缝。在盾构机拼装能力允许的前提下,结合管片的力学特征、分块数、结构的稳定性和施工的便利性、安装速度以及参考国内成功大盾构施工经验,设计采用 7+1 模式。分块形式为 5A(49.09°)+2B(49.09°)+K(16.37°),一环内纵向采用 22 个等圆心角布置。最大块质量为 9.23t,最小块质量为 3.08t,质量差为 6.15t。

(4)洞室设计

根据《铁路隧道设计规范》(TB 10003—2016)要求,隧道长度大于 500m 时,应在设电缆槽同侧的大避车洞内设置余长电缆腔,间距可为 420m 或 600m,因此大避车洞的设置可按照 600m 进行优化,并通过加深通信和电力洞室,使大避车洞与通信电力洞室共用,达到减少大避车洞的目的。优化后,大避车洞数目可由原设计 12 个减少至 6 个。

设备洞室段采用特殊管片,一般开洞处可采用钢管片、钢管片+混凝土管片以及混凝土切割管片。钢管片在国内外曾广泛应用,但加工精度要求高、造价高、防腐防锈处理难度大,影响结构耐久性;钢管片+混凝土管片需提前调整盾构姿态,保证开口就位精度,投资较钢管片少;混凝土管片造价最低,开洞灵活,但管片较厚,切割难度大。通过分析暂定采取管片直接凿除方案,一次凿除宽度 3m,即中间一环,两侧各半环,凿除高度 2.8~3.4m,凿除后沿管片开洞周圈设置封闭加强环。开洞前管片内部架设临时钢支撑,纵向每环架设 1 榀,架设长度不少于 8 环。电力洞室断面较大,采取内部扩挖的施工方案。

3)关键性设计措施

(1)马蹄形盾构衬砌管片

圆形管片结构优点是受力合理、施工摩阻力小、管片拟合度好,但空间利用率低,轨下实施工序干扰大。若为满足防灾疏散功能设置了轨下空间,其优势明显,但山岭铁路隧道若采用圆形,其轨下多被素混凝土填充,掘削土量大,回填圬工量大,投资高。因此采用的内轮廓与山岭隧道矿山法施工的隧道内轮廓一致,管片不能旋转拟合,为到达错缝拼装要求,管片采用 R、F 两种形式(奇数环、偶数环),实现了软弱土质隧道机械化要求。

从表 2-20 可以看出,单延米开挖土方对比:无砟方案异形盾构较圆形盾构减少约 7.1m^3,有砟方案异形盾构较圆形盾构减少约 10.5m^3。轨下回填混凝土对比:无砟方案异形盾构较圆形盾构减少约 4.2m^3,有砟方案异形盾构较圆形盾构减少约 10.3m^3。因此从投资角度考虑,异形盾构较圆形盾构更经济,且断面越大或断面越不规则的情况下异形盾构优势越大。

盾构内轮廓面积比较(单位:m^2) 表 2-20

项	目	轨面以上有效净空面积	轨面以下有效净空面积	全部净空面积
无砟	异形盾构	66.1	15.1	81.2
	圆形盾构	69	19.3	88.3
有砟	异形盾构	73.6	18.6	92.2
	圆形盾构	73.8	28.9	102.7

(2)盾构始发技术

城市隧道中,负环钢管片和反力架是盾构始发期间为盾构机掘进提供反作用力的结构,在盾构井内需先组装后拆除,施工工序繁琐,作业时间长且投资高。白城隧道的设计考虑盾构整体始发、洞口场地及运输、出渣等要求,管片拼装不考虑反力架结构和负环钢管片,盾构负钢筋混凝土管片直接作用在已施工的明洞衬砌结构上,管片与衬砌无缝对接,便于施工组织,保证施工安全和整体质量,节约施工工期、降低施工成本,可取得较好的经济效益和社会效益。

盾构掘进前施工明洞,主要考虑盾构掘进前完成除盾构机组装、解体段以外的明洞段衬砌及回填(含洞门及附属工程)。

(3)盾构接收技术

出口掌子面为粉细砂层,稳定性较差,在开挖后含水率降低,稳定性迅速变差,故采用搅拌桩加固。旋喷桩加固隧道轮廓线外 3m 范围,纵向加固长度为 5m。水泥土搅拌桩参数为 $\phi 850@600$。盾构出洞前施作钢筋混凝土端墙(图 2-20),以满足出洞要求。盾构出洞如图 2-21 所示。

图 2-20　盾构出洞前洞门结构

图 2-21　异形盾构出洞实景

(4)配套出土

出土设备方面,在圆形盾构机设备基础上新增了螺旋输送机,采用双螺旋输送机出土,连续皮带机运渣,仰拱栈桥同步进行仰拱填充,不仅能更好地调节开挖土质层土仓压力,还可大大提高盾构机掘进出土的效率。

4)小结

白城隧道地处我国毛乌素沙漠与黄土高原交界处,土质松软,采用矿山法施工,施工效率低且易出现坍方塌陷等施工风险,而采用马蹄形盾构法施工在砂质新黄土掘进,通过盾构姿态控制、管片背后二次注浆、机械整体运转、皮带机连续出土等技术,先后成功穿越浅埋层、天然气管道、供水管线、包茂高速公路、风积砂层等重大风险源地带,在规避坍方塌陷风险的同时,提高施工效率。

马蹄形盾构体现的不仅仅是断面、外观上的变化,更反映了工法、技术上的革新,它能够最大限度增加空间利用率,采用马蹄形断面较圆形断面内轮廓可减少约 $7.1m^2$,马蹄形断面可显著减少传统盾构的仰拱底部混凝土圬工方,节省工程投资,是黄土隧道开挖新模式。

马蹄形盾构技术在山岭隧道成功应用,对于推动我国形成自主知识产权的超大异形盾构施工技术、提升我国高端设备国际竞争力具有重要意义。

2.3.3　黄土地层

黄土是一种特殊的第四系松散堆积物,含大量粉粒,结构疏松,孔隙比大,垂直节理发育,具有湿陷性、溶蚀性、易冲刷和各向异性等工程特征。黄土地貌V形冲沟两侧,边坡陡峻近乎直立,大部分沟谷深切,深达数十米,受制于线路顺直度、地形、桥台进洞及洞门形式等,洞口段出现大量高边坡。

蒙华重载铁路穿越黄土隧道63座,洞口黄土直接暴露于大自然,土体强度易受环境改变的影响(尤其地表水),加之垂直节理等在土体内部形成不利结构面,受工程地质、水文地质条件及人为因素(施工场地、便道修建扰动边坡坡脚)等影响,尤其靖边段以白垩系砂岩为基础的沙漠黄土过渡段,冲洪积次生黄土在隧道洞口施工过程中易发生溜塌、滑坡,往往造成难以成洞的被动局面。洞口边坡稳定及边坡防护是影响施工和运营安全的一项突出问题。

黄土坡面存在节理裂隙,地表水下渗侵蚀而切割下部坡体,在自重应力或其他因素作用下,坡脚临空后上部失去支撑而发生由下而上的逐层溜塌(图2-22)。溜塌发生后,会形成一定的临空条件,后缘极易拉裂,地表水下渗,造成坡体加重、强度降低,在外力诱发下极易发生滑坡灾害。

图2-22　地表溜塌地貌

1) 设计重难点

(1) 黄土破坏特征

现场踏勘表明,含水率小的黄土多为边坡陡峭,破坏形式为坡脚扰动引起的边坡溜塌;饱和黄土现场地形、地貌多较平缓,破坏形式为滑坡。

黄土边坡稳定受多种因素影响,包括边坡高度和形态、砂黄土颗粒组成和力学性质、降雨作用、与下卧层的接触关系等因素,它们都不同程度地制约着砂质黄土边坡的稳定性。

松散的新黄土和密实的老黄土发生的变形不同,一般近代坡积的松散新黄土最不稳定,而阶地上部洪积和冲积的黄土则较稳定。

(2)边坡稳定性差

黄土构造节理存在的影响,该边坡较发育的垂直节理和次发育的斜节理会不同程度地影响边坡稳定,抗剪强度是边坡稳定的控制性指标。

洞口多为两山夹一冲沟、桥隧相连,施工场地、便道布置困难,人为削切黄土坡体的坡脚形成临空面,其边坡表面存在被扰动的松散土体,边坡表层生态脆弱,植被稀少,土体松弛掉块、掉土,致使坡面剥落或局部坍塌。

逢雨季和春季解冻消融时期,土体遇水顺节理胀缩,迅速崩解,强度急剧降低,地表多出现塑性溜塌。调查资料显示阴坡比阳坡发生溜塌现象多。主要原因在于阳坡光照时间长,坡面水分蒸发多,坡面干燥;而阴坡光照少,坡面阴暗潮湿。根据现场地质调查,坡体前缘形成的临空面,致使局部坍塌、坡面冲刷以及坡顶地面出现近平行于边坡走向的张性裂缝,这些不良现象均是边坡失稳的前兆。

(3)洞口成洞差

洞口存在浅埋、偏压和软弱围岩破碎,局部洞口地形与隧道轴线斜交,加之地质条件差,仰坡内存在陷穴、黄土湿陷性等不利因素,一旦仰坡发生溜塌等问题,后期处理极其困难,高陡仰坡成洞困难。

地表水的入渗,自上而下地影响抗剪强度,开挖破坏原山体坡面的平衡状态,也改变地下水渗流方向;加之黄土存在多个软弱面,互相切割成棱状体。隧道开挖形成临空面,受开挖扰动和支护不及时的影响,在重力的作用下上部的棱状体坍落形成坍方,故破坏具有突然性。

2)主要针对性设计措施

(1)成因分析

工程活动:施工单位为设置施工场地、便道,人为扩大边坡坡脚,且开挖坡度过陡,形成陡坡后支挡措施不足或不及时,边坡自稳性较差。

前缘减载:局部的原始边坡较陡,坡面稳定处于基本稳定或欠稳定状态,后因边坡坡脚的开挖,使前缘阻力减小,破坏土体极限应力平衡状态。

地质条件:砂质新黄土,结构较为松散,黏聚力差,透水性较好,易因大气降水渗入而致使岩土体抗剪强度降低,稳定性下降,使斜坡地带的松散物质储备了较大势能;施工中若临空面封闭不及时,给边坡失稳提供了条件。

水的作用:水是影响黄土边坡稳定性最重要的影响因素之一,地表水下渗,降低土体的抗剪强度,导致坡体变形,诱发潜在溜塌、滑坡等不良地质体。

(2)设计原则

隧道洞口设计和施工一直是隧道工程建设的重点和难点。蒙华铁路隧道的设计与施工遵循"零开挖"的新理念,提倡早进洞、晚出洞,采取一些辅助工程措施或施工方法,坚持最大限度地保护、最小程度地破坏、最强力度地恢复,使工程建设顺应自然、融入自然。

诱发的不良地质体突发性强、破坏性大,尤其发生在隧道洞口段的滑坡,如得不到彻底的处治,将对隧道施工及运营带来极大的安全隐患。

针对洞口段围岩自稳条件差、边仰坡存在滑塌、滑坡等不良现象,秉持"先稳坡、后进洞、预防为主,综合整治"的原则,采用减少边仰坡开挖、控制开挖高度、保护坡面植被等有效措施。目前常用的方法有接长明洞、护拱法、支挡、截排水、锚固、上方减压、坡脚反压以及超前小导管、长管棚等辅助进洞措施,或这些措施的组合。

(3)黄土顺层溜塌治理技术措施

①防护桩及反压回填

对已发生溜塌、滑坡的边坡,需加强地质勘查,进一步查明地质情况、失稳范围和稳定状态等,进行稳定性评价。对开挖便道或施工场地引起的边坡坡脚临空后,上部土体因重力作用产生坡面顺层滑动而导致的地质次生灾害,治理的思路首要是稳固坡脚。本线洞口多为陡峭的地形、地貌,设置反压坡脚的空间不易施作,为此结合地形、地貌要求,设置防护桩和反压回填土两种措施稳定坡脚。

反压回填是通过在边坡坡角填方加载,增大抗滑段的摩阻力或增加抗滑段的长度,提高边坡稳定系数,是一种施工成本低、见效快的边坡处理措施。在边坡坡脚处若存在堆填的空间,应填筑大量土石进行反压。碎石土回填应分层夯实,每层厚度不大于50cm,压实度应达到重型击实试验法测定的最大干密度的90%,回填到位后及时施作50cm厚黏土隔水层,回填高度及黏土隔水层坡度根据实际地形做相应调整。

②清方

墩梁2号隧道进口拱顶上方土体溜塌后破坏较为严重,且隧道拱顶上方溜塌体存在陡坎现象,采取相关措施无法对拱顶土体进行稳固,因此采取清方方案。

现场施工时只对隧道拱顶以上溜塌体进行清除。桥隧分界里程前移10m,保证清方后仰坡坡脚土体的稳定。明暗分界不再按照原始施工方式设置直立面,直接在现场溜塌土体上,设置套拱,护拱暗挖直接进洞。

(4)黄土错落治理技术措施

①柳湾2号隧道

在错落体外周圈施作截排水措施,同时洞口先进行回填反压,保障错落体不再继续发展扩大。在错落体下方施作抗滑桩,保障错落体安全。在回填反压体上施作一环水平旋喷桩(图2-23),穿透回填反压体和错落体。洞口设水平旋喷桩,在水平旋喷桩的保护下,隧道从洞内向洞外依次穿过错落体和反压体出洞。实际施工开挖后,拱顶最大沉降量62mm,水平收敛25mm,效果较好。

②薛家畔1号出口

线路左侧利用弃渣及防护桩对溜塌体进行治理。隧道出洞采用护拱暗挖出洞,避免明暗分界处掌子面直立引起仰坡失稳。考虑仰坡是挂壁砂性黄土,稳定性差,且两侧隧道距离较近,因此两隧道之间设置明洞连接,明洞设置于涵洞上,明洞顶部设置局部混凝土反压隧道仰坡,保障隧道出洞仰坡安全。

图 2-23 现场水平旋喷桩施工

(5)黄土滑坡处理技术措施

①岳家 1 号隧道

坡脚左侧 30m 设抗滑桩,抗滑桩采用 C40 钢筋混凝土现浇,桩长 22m。抗滑桩桩截面为 2m×3m,桩间距 5m。桩施工时设置 C20 钢筋混凝土锁口与护壁。位于路基本体以外的桩,桩顶至地面回填夯实三七灰土。滑坡后缘采取清方减载处理。隧道穿越滑坡段采用明挖法施工。

②青化砭 1 号隧道

在滑动方向沟内回填弃渣,阻止滑动体向沟心方向滑动。隧道洞门前移约 20m,施作套拱后回填反压,在套拱及反压土体作用下对边仰坡零扰动出洞。

③刘坪隧道出口

隧道洞口接长明洞,对溜坍体坡脚反压回填。为治理不稳定边坡,隧道出口洞顶范围内增设方形锚固桩 25 根,截面尺寸为 2.5m×2m,桩长 24~30m。

抗滑桩穿越含水率高的黄土段落时,施工主要难点是桩顶 8m 以下的黄土段落,为新老黄土交错段落,存在水囊,成孔困难。土体含水率高,无法成孔,且机械振动对坡体存在安全隐患。

为此,锚固桩挖孔前采用旋喷桩对桩身周围黄土进行加固,固结后的土体作为锚固桩帷幕,起到止水作用,旋喷桩桩径 0.6m,间距 0.5m。采用水磨钻配合风镐开挖的方式。左侧 30m 设抗滑桩,抗滑桩采用 C40 钢筋混凝土现浇,1 号~14 号桩均采用 I 型桩,长 22m。抗滑桩桩截面为 2.0m×3.0m,桩间距 5.0m。桩施工时设置 C20 钢筋混凝土锁口与护壁。位于路基本体以外的桩,桩顶至地面回填夯实三七灰土。

④姚店隧道

滑坡体前缘采用 26 根抗滑桩防护,洞口明暗交界处设置 8 根锚固桩,其中 8 根桩长 20m,剩余桩长 30m。锚固桩截面尺寸为 2.5m×3.0m。施工采用三台阶法,超前支护采用 40m 长双层 ϕ159mm 长管棚。

(6) 零开挖进洞,确保隧道洞口安全

黄土隧道洞口土体稳定性差,结合地形、地貌,采用洞口管棚、洞口套拱、反压回填、洞口锁扣等措施,实现了零扰动进洞。隧道洞口套拱和洞口导向墙如图 2-24 和图 2-25 所示。

图 2-24　隧道洞口套拱

图 2-25　隧道洞口导向墙

施工引起洞口土体发生扰动,常规的措施难以确保成洞,需提前进行地层加固。但黄土地层注浆效果差,设计中采用在回填反压体上施作一环水平旋喷桩加固,在水平旋喷桩的保护下,成功穿过错落体,取得较好的效果。柳湾 2 号隧道进口设水平旋喷桩,施工开挖后拱顶最大沉降量 62mm,收敛 25mm,效果较好,后应用推广到其他洞口存在溜塌体的隧道,如柳湾 1 号、银山 2 号等。

(7) 洞内处理措施

洞内施工采取三台阶临时仰拱法施工,各台阶之间间距不大于 2.5m,上台阶临时仰拱紧贴掌子面,洞内施工各工序应及时封闭成环,尽可能控制沉降收敛,减少对仰坡坡体的扰动。洞口段在开挖长度达到 1~1.5 倍洞径时,初支必须全断面封闭成环,形成锁口圈。短进尺、强支护、紧衬砌、勤量测、早进洞、晚出洞。

洞内辅助措施根据地质条件采用帷幕注浆、水平旋喷桩、超前小导管等措施,确保隧道施工安全。

(8) 其他措施

隧道洞口段不良地质体处理及其他工序施工前,对坡体周边的陷穴、裂缝进行妥善处理,并在隧道开挖边线外设置截水沟,以截流滑坡体区外地表水,减少地表水对不良地质体稳定的影响。

3) 小结

边/仰坡失稳与地形地貌、地应力、黄土特性、地质构造、地下水以及坡型设计、施工扰动和自然条件等内部和外部因素相关;内部因素对黄土边坡不稳定性起着决定作用,外部因素导致了不稳定性的不断深化,二者相互作用,使黄土边坡发生变形破坏。

隧道选线应尽可能绕避倾斜软层、滑坡等不良地质体,无法绕避时,应充分进行技术方案论证。施工前,应通过地质钻孔等手段查明不良地质体的性质、地层分布等。边坡治理工程措施应充分吸取当地成功的治理经验,做到一次治理,不留后患,方案可行,技术可靠,经济合理。

黄土地段地形陡峭，洞口一般都是桥隧相接，设计加强专业衔接，尽可能仰坡零刷方进洞，减少对边坡坡脚扰动；施工组织应考虑施工场地、施工便道对边坡稳定性的影响，尽可能采取回填创造场地的方式。

隧道进洞要求"一洞、一研究、一方案"，采取以挡翼墙为主的洞门结构形式，利于稳定仰坡，严禁大刷方、水钻施工。隧道洞口存在溜塌体等不良地质时，先治理后开挖；确保设计方案具有针对性，不良地质的治理结合清方减载、回填反压、抗滑桩、防护桩等措施提高其稳定系数后，再考虑护拱暗挖、水平旋喷桩预支护、大管棚超前支护等进洞措施，选择最利于现场实施和安全的方案，做到万无一失后方可开始暗洞施工。

2.3.4　富水黄土地层

富水黄土是一种特殊性岩土，其分布主要与沟谷地形有着密切的关系。由于长期处于饱和状态，多呈软塑和流塑状，承载力低，压缩性较高，成为软弱地基，易出现地基不均匀沉降，威胁隧道施工安全。

富水黄土分布具有一定的规律性，多位于黄土梁洼地貌单元上，尤其是洼地分布更为广泛。地层结构多呈现层状结构，土体较疏松。

蒙华重载铁路沿线路自北向南，黄土颗粒逐渐变细，黏粒增加。总体来说延安以北隧道主要通过地层为风积砂质新黄土为主，下伏次生黄土、砂层，隧道稳定性极差；延安以南隧道主要通过地层为黏、砂质老黄土互层组合地层，围岩稳定性逐渐变好，但不具备典型黄土隧道的自稳特性，加之部分隧道段落受淤积坝修建造成地下水水位上升，围岩软化，增加了施工难度和风险。

阳城隧道1号斜井、王家湾隧道浅埋段、小南源隧道浅埋段为饱和次生黄土（冲洪积层），主要受淤积坝和古冲沟影响，地下水位抬升后软化围岩。阳城隧道出口、刘坪隧道进口、岳家3号隧道出口、姚店隧道进口、郭旗隧道进口、郑庄隧道斜井、小南源隧道1号斜井至出口、西坪塬隧道等，为饱和砂质新、老黄土，主要受砂、黏质互层状地层组合，古土壤隔水地层产状及下伏隔水层影响，叠合后期淤积坝共同影响。

1）设计重难点

（1）富水黄土材料特性

富水黄土具有软土的特征，有较高的灵敏度，但不能单纯地以液性指数大于1来判定它就是流塑土，也不可按一般软土定性。它既不同于淤泥质土，也区别于新近堆积黄土。它的含水率接近液限，但孔隙比、压缩系数都低于一般软土。饱和黄土的压缩性反映土受力后土的变形特征，一般饱和黄土的承载力值为70～180kPa。

黄土的抗剪强度是黄土强度的重要指标之一，黄土抗剪强度具有明显的特殊性，受应力、含水状态、土体结构等众多因素的影响。饱和黄土受水的影响非常强烈，当土体含水率增大时，以及达到饱和含水率时，其强度与稳定性会明显降低。因此，在富水黄土隧道中施工，较其他隧道困难很多，造成围岩和基底黄土软化，拱脚位移过大，严重时引起失稳和坍方。

(2) 变形特性

在富水黄土隧道中,刚开挖后围岩承载能力较高,随着时间推移,围岩受水浸湿,由于黄土的崩解性和内部天然裂隙的存在,围岩会发生下沉,要及时施作仰拱,封闭底板围岩,避免作用于支护结构上的围岩压力增大,保证受力稳定。应避免地下水和施工用水侵入基底,减弱行走机械的扰动,避免基底湿陷和软塑层的形成。初期支护要及时封闭岩面,加固和支护围岩,使围岩在变形过程中逐渐达到稳定。

隧道埋深较浅时,围岩破碎松散,地表水下渗严重,施工时易出现地表下沉、地面开裂等问题,影响隧道施工质量、进度及安全。

(3) 稳定性差

自然界中黄土的含水率很低时,黄土陡坎较高,是因为具有高黏聚强度,但浸水以后,土颗粒间的胶结作用遭到破坏,黏聚力大幅降低,陡坎很快崩塌。黄土黏聚力 c 随含水率 w 变化呈现一定的曲线关系,且含水率在 10% ~ 12% 时达到峰值,将这个范围的含水率称为特征含水率。当含水率小于特征含水率时,黏聚力 c 随含水率 w 增加而增大;当含水率大于特征含水率时,随着含水率的增加黏聚力 c 迅速减小。引起这种变化的主要原因是固化黏聚力发生变化,固化黏聚力取决于颗粒之间存在的胶结作用。当含水率持续增大时,这些胶结物质就会逐步溶解在水中,使其胶结作用逐渐消失,导致黏聚力不断降低。

富水黄土隧道在开挖后,很快出现类似于"出汗"状的表面渗水,原来坚硬、硬塑状态黏质粉土随即变成可塑、软塑状,强度大大降低。表面渗水流淌到开挖底面时,底面黄土迅速积水软化,特别是在开挖机械反复碾压和振动作用下,软化现象更为严重,以致完全呈流塑状态,使得后续施工极其困难。同时,承载力明显不足,以致拱脚下沉、拱顶地层松弛,拱顶压力骤然增大,导致拱架变形、混凝土开裂,掌子面及拱顶出现掉块及局部坍塌或流土、流泥等现象。

(4) 运营排水

隧道长期排水是否会带走土壤中的细颗粒而导致隧道结构和围岩之间产生空洞(溯源侵蚀),影响隧道结构的受力状态;隧道排水系统是否会因为土壤中细颗粒的流失而阻塞、失效,作用在隧道衬砌上的地下水压逐渐上升,引起结构的逐渐破坏;富水黄土隧道运营中能否满足无砟轨道沉降控制要求,如果施工时隧道基础处理不好,很容易于隧底形成泥化现象,从而影响隧道的正常使用。

2) 主要针对性设计措施

(1) 地面处理措施

①地表水泥土搅拌桩

郑庄隧道洞身穿越浅埋冲沟,洞顶覆土 4.5 ~ 6m,为第四系全新统人工填土及素填土,其下黏质新、老黄土,含水率大,工程地质条件差,为Ⅵ级围岩,采用了 $\phi 800@750$ 水泥土搅拌桩加固,水泥浆喷射搅拌法施工(二次复搅),水泥掺入比为 17.6%。

② 地表袖阀管注浆加固

小南源隧道洞身冲沟浅埋段,受淤地坝影响,地下水上升至隧道洞顶,黄土呈流塑状,含大量姜石,部分浅埋地段采用袖阀管注浆加固。五原隧道滑坡原地貌为 V 形冲沟,隧道在滑坡体下面穿越,隧道穿越富水软弱土层,在地表利用水囊式止浆塞实施后退式分段注浆工艺(双塞),对隧道洞身开挖区域及开挖轮廓线外一定范围进行了充填、劈裂注浆加固。

(2)洞内处理措施

① 帷幕注浆

刘坪隧道出口上台阶进洞 11m 后,掌子面出现饱和黄土,溜塌严重,稳定性较差,山坡发育有裂缝,洞内采用了帷幕注浆方案进行堵水。

帷幕注浆每循环施作 20m,预留 5m 用做下循环注浆止浆墙,首循环注浆前先施作 3m 厚 C25 混凝土止浆墙。注浆范围为隧道开挖轮廓线外 3m,单孔有效扩散半径 2.5m。注浆开孔如图 2-26 所示。开孔直径 110mm,长度 3m,孔洞剩余部分直径均为 91mm,孔口管直径 108mm,壁厚 5mm 的热轧无缝钢管,管长 3m。注浆采用水泥-水玻璃双液浆,浆液配比:$W:C$ 为 $0.6:1 \sim 1.5:1$,$C:S$ 为 $1:0.3 \sim 1:1$,水玻璃浓度 $35 \sim 40 Be'$,具体配比通过现场试验确定。帷幕注浆终孔示意图见图 2-27。

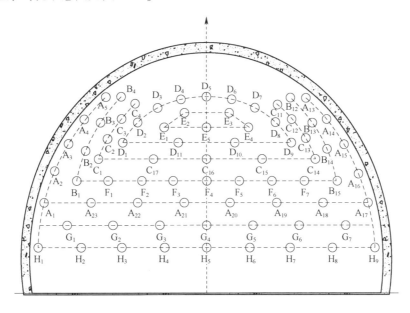

图 2-26 帷幕注浆开孔示意图

② 水平旋喷桩

小南源隧道以砂质老黄土为主,围岩受地下水浸泡,土体变软,埋深 80m,洞内采用水平旋喷桩。旋喷桩直径 600mm,桩间距 400mm,桩间咬合 100mm。每循环施作长度 11.5m,开挖 10.5m。喷射压力为高压水 $25 \sim 30MPa$,浆液 $0.5 \sim 0.7MPa$。注浆后退速度 $15 \sim 20cm/min$,外插角 $5° \sim 8°$。

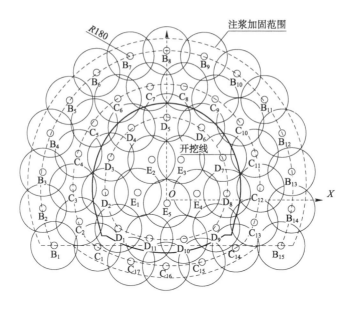

图 2-27 帷幕注浆终孔示意图

(3) 隧道地基加固

①加固要求

饱和黄土因为工程性质较差,地基承载力低,必须经过地基处理。地基的处理,应针对不同的自然条件和工程特点,本着"因地制宜、经济合理"的原则,采取适当的处理措施,必要时考虑综合处置方案,以达到承载力要求。

考虑到安全、经济与科学合理性,对不同类别的地质条件和隧道提出了不同的地基处理要求。从工程地质学角度看,饱和黄土可采用各种方法进行加固处理,改善其工程性质,就本质来说,可分为机械(物理)处理及化学加固。国内外通常采用的黄土地基处理方法有换填、挤密桩、注浆加固等。

②换填

换填是指用物理力学性能较好的岩土材料置换天然地基中部分或全部软弱土体,以形成双层地基或复合地基,达到提高地基承载力、减小沉降的作用。其加固机理是通过垫层的应力扩散,减少垫层下天然土层所承受的压应力,从而减小地基土的沉降。

换填垫层厚度一般在 0.5~3.0m,主要适用于处治浅层软弱土地基。明挖段换填深度可以较深,暗挖隧道确保施工安全和施工工艺控制,换填厚度一般不超 1m。

③桩体挤密

桩体挤密法包括动力挤密桩、静力挤密桩(预制桩)等,其加固机理主要是利用桩体对桩周土的挤密作用,使地基土与桩形成复合地基,以改善地基力学性能,提高黄土地基承载力和整体稳定性。散体材料桩单桩承载力主要取决于桩周土体所能提供的最大侧限摩阻力,主要适用于在设置桩体过程中桩间土能够振密挤密,桩间土强度能够较大提高的土层,可以用在含水率较小的软弱黄土层,对于饱和度大于 70% 的软弱黄土层并不适用,而且可能产生较大的工后沉降。

水泥土挤密桩通过成孔过程中的横向挤压作用,桩孔内的土被挤向周围,使桩间土得以挤密,然后将备好的水泥土分层填入桩孔内,并分层捣实至设计高程。桩体与挤密的桩间土组成复合地基,共同承受上部荷载。

为了使隧道基底的压力均匀地传递至挤密桩,在隧底与挤密桩桩顶之间设置一定厚度的三七灰土换填层。挤密桩设计参数:直径0.5m,桩底深至老黄土地层约2m,仰拱底部间距1.2m×1.2m,边墙底部间距1m×1m,梅花形布置;桩长度在5~12m之间。桩间土消除湿陷性,湿陷系数不大于0.015;桩间土平均挤密系数不小于0.93,最小挤密系数不小于0.88。

④注浆固化

注浆固化是指向土体中灌入或拌入水泥、石灰、水玻璃、泥浆或其他化学固化浆液材料,在地基中形成增强体,以达到地基处理的目的。从施工工艺上看,主要有钢管桩、袖阀管注浆、搅拌法和高压旋喷法等。

复合地基处理软土地基在工程中应用很广,工程实践表明,只要施工质量保证,复合地基处理软基效果良好,且工期较短。搅拌桩等复合地基是最常用的复合地基处理方法,特别对于深厚软土层的地基处理。

浅埋段采用地表注浆加固,一般应根据地质条件考虑加固范围,若仰拱以下地基承载力不满足要求,建议对仰拱以下软弱地层一并考虑加固处理。

3)小结

黄土隧道在地下水的长期浸润作用下,土体处于饱水状态,经常出现顶拱坍方、边墙滑动、墙脚流土(泥)、底板鼓起等变形破坏现象;围岩极易坍塌变形,破坏严重时可造成流土(泥)堵塞隧洞,坍方冒顶至地表。

黄土隧道开挖后,二次应力超过围岩的强度,使原岩进入塑性状态。黄土含水率高、垂直节理发育、抗剪能力差。围岩中出现塑性区导致应力向围岩深部转移,与此同时,塑性区岩体不断向洞室方向发生变形,应力逐渐释放。在这个过程中塑性区的岩体强度有明显的降低,裂隙增多并张开,最后引起围岩的破坏。

水是地下工程的最大危害,对于黄土隧道更是如此;黄土浸水后重度显著增大,强度降低、自承能力减弱,浅埋地段地表沉降显著加大,作用在支护结构上的荷载逐渐增加,严重时导致隧道失稳,产生坍方。饱和黄土隧洞成洞条件,施工时地下水位必须降至洞底以下,但由于黄土垂直节理,集中降水效果不明显,工程上多采用地层加固处理,改善地层参数,达到降低地层的含水率的目的。因此,必须加强对地下水和地表水的综合整治,严防水对隧道工程造成危害。浅埋段地表采取防渗透封闭措施,完善地表水系统,集中地表水,统一排放。对隧道上部的冲沟底进行封堵硬化,防止流水下渗,对于陷穴、溶洞要进行密实回填和封口处理。

地表地层加固根据地质条件,采用地表袖阀管水泥土搅拌桩、旋喷桩等措施;洞内地层加固采用超前帷幕注浆、水平旋喷桩等措施。从工程实施效果看,地表加固操作空间大、不受作业面限制,工序简单,加固效果相对好。洞内作业空间狭小,工序干扰大,主要适用于埋深较大的地层加固。

黄土隧道地层注浆加固,分为地表注浆和掌子面超前注浆两种类型。通常当隧道埋深小于30m时,可采用地表注浆加固,当隧道埋深大于60m时,宜采用隧道掌子面超前注浆,隧道埋深为30~60m时,应根据工程具体情况选择注浆类型。

提高饱和黄土地基承载力,受施工条件和技术经济等因素的影响,可选择的方法不多。一般换填处理多用于明挖隧道段;水泥土挤密桩适用于处理地下水位以上,对含水率高及饱和度高的软塑状黄土成桩困难。复合地基加固方案的选择中,根据地质条件、加固深度的不同,分别采用不同的加固方式。在特定的条件下,单一的处理方法无法满足地基处理质量要求时,采用两种或两种以上的方法合理组合在一起,相互补长去短。

黄土隧道开挖后收敛变形量大,要采取可靠措施予以防范:一是要加大开挖轮廓的预留量;二是做好收敛变形的施工监测,及时为施工提供可靠数据;三是做好超前地层加固和初期支护,确保初期支护设计结构和参数及强度;四是科学合理把握各工序施工时机,如开挖顺序、支护时机、二次衬砌施作时机等。这些措施主要依赖新奥法施工的监控量测来实现,切实为隧道施工提供科学、准确、可靠的指导意见。

黄土隧道施工应把握"一短、两快、三严、四及时"施工要点,即"短进尺,快循环、快封闭,严格工艺、严格标准、严格管理,及时支护、及时观测、及时反馈、及时二衬",用距离和时间控制的双控法保证黄土隧道施工的安全和质量。同时严格控制施工用水,洞内渗水采取必要措施及时排出,防止浸泡拱脚引起坍塌。

本章参考文献

[1] 中国标准化委员会.GB 146.2—1983 标准轨距铁路建筑限界[S].北京:中国质检出版社,2014.

[2] 中华人民共和国行业标准.TB 10003—2016 铁路隧道设计规范[S]北京:中国铁道出版社,2017.

[3] 赵晋友,周鲁,周书明.重载铁路隧道设计技术探讨[J].隧道建设,2012,32(3):336-340.

[4] 李明领.重载铁路隧道内无砟轨道结构选型设计与施工关键技术[J].铁道建筑,2014,7:124-128.

[5] 王秀英,龚增进,刘维宁.30t 轴重条件下隧道技术标准研究[J].铁道工程学报,2009,26(5):54-58.

[6] 赵旭.隧道群区段重载铁路 GSM-R 高安全性设计研究[J].中国铁路,2011,9:40-43.

[7] 李洪斌.张唐重载铁路主要技术标准研究[J].铁道标准设计,2011,7:5-9.

[8] 高天.重载标准铁路设计对工程投资的影响分析[J].铁路工程造价管理,2011,26(2):25-27,40.

[9] 王永国.朔黄重载铁路恒山越岭段工程地质选线技术研究[J].铁道工程学报,2011,28(1):9-14.
[10] 郭绍影.对我国发展重载铁路技术的几点认识[J].铁道建筑技术,2014,12:40-44.
[11] 赵旭峰.重载铁路轨道技术发展趋势及需要关注的问题[J].中国铁路,2014,11:67-69.
[12] 张志方.30t轴重重载铁路轨道结构技术创新与发展[J].中国铁路,2014,3:12-15,20.

第3章 重载铁路隧道切槽预支护技术

3.1 预切槽法施工技术简介

机械预切槽法是一项用于隧道开挖预支护的施工技术,其基本原理是沿隧道设计断面的周边切割一条一定厚度的沟槽,在硬岩中,切槽可作为爆破的临空面,起爆顺序与传统爆破相反,不是由里向外而是由外向里逐层起爆,可以显著降低钻爆法施工的爆破震动速度;在软岩中,切槽后立即向槽内喷入混凝土,在开挖面前方形成一个预衬砌结构,随后才将切槽所界定的掌子面进行开挖处理,这样就能有效地减少因掌子面开挖而产生的围岩变形与地表沉降,并能在预衬砌的保护下安全高效地进行工作面的挖掘、渣土装运、仰拱、防排水、二次衬砌等施工作业,图 3-1 和图 3-2 分别为预切槽施工和预衬砌结构的示意。

a) b) c)

图 3-1 预切槽施工示意图

a) b)

图 3-2 预衬砌结构示意图

3.1.1 硬岩中的预切槽施工

在采用钻爆法为主的较硬岩石地层中主要作为隔震带,减少爆破震动对周围岩层的影响,可以解决钻爆法隧道施工中的超挖、围岩的震裂、过大的噪声及震动。主要机理表现为:

(1)使待爆破岩石快速而整齐地与岩体分离、无震动、无裂缝、断面规则、留下的围岩完整和稳定,免除了撬顶清石作业,并且减少了岩石坍落的危险。

(2)周边切槽使爆破顺序从外圈向内圈方向进行,而与通常的从内向外的爆破顺序不同,几乎完全消除了超挖。

(3)切槽形成的空间起阻隔作用,防止震动传至地面。

(4)因为待爆破岩石与岩体隔离,装药量大大减少,从而降低了震动等级。通过工程实践表明,使用此项技术,与传统的光面爆破方法相比,炮眼数量减少80%,炸药减少50%。

(5)对于同样直径的隧道,用预切槽机比用 TBM 的费用要低,就 $80m^2$ 断面的隧道而言,其费用比值为 1:10。

机械预切槽对于无侧限抗压强度为 70MPa 的岩石能够经济地进行切槽作业,而对于短距离、切割岩石抗压强度高达 90MPa 的岩石也是容易办到的。在岩石中,预切槽的最大深度至今已达 3m、可切割的坚硬岩层单轴抗压强度 R_c 达到 180MPa、切槽宽度为 7.5~15cm。对非常硬的地层,宽度可以减少到 4cm,同时,为了切割岩石,切割机上安装了碳化钨切割齿。

3.1.2 软岩中的预切槽施工

在软岩隧道方面,预切槽技术作为预衬砌的一种,在沟槽内喷射混凝土构成连续的超前预衬砌,控制围岩的应力释放,提高地层的稳定性,减小地表及拱部沉降,保证掌子面的稳定。主要机理表现为:

(1)岩层特性和其应力分布不受影响,因为预切割后立刻充填不会引起减压。

(2)切割面光滑平整,机器以激光准确定位,基本上消除了超挖。

(3)减少临时支护,通向工作面的道路畅通,便于使用高效率的掘进设备。

(4)由于预制拱架的混凝土与岩层紧密接触,预制拱架所需的喷射量大大减少。

(5)岩层减压现象几乎得以控制,人身安全和附近建筑物的保护大大改善。

(6)在预制拱架保护下,可应用机械化掘进,大大加快了隧道掘进速度。

软岩中的预切槽法也称预衬砌法,是超前支护的一种。软岩中的切槽厚度一般为 15~50cm,切槽深度一般为 3~5m,每段切槽沿隧道轮廓线稍呈喇叭状,以便相邻两段预衬砌之间有一定的搭接长度,此长度通常在 0.5m 左右。

随着机械设备的发展,目前切槽深度和宽度都在增加,当切槽灌注混凝土厚度在 40cm 以上时,可以作为隧道的初期支护,特别是意大利从预切槽技术新发展而来的 pretunnel 工艺,即切槽先行隧道衬砌,混凝土灌注厚度最大达到 90cm,完全可以作为隧道永久衬砌使用。

预切槽技术是介于矿山法和盾构法之间的一种较新的隧道施工方法。其技术特点及优势主要为：

（1）采用预切槽机械施工，可以有效降低对围岩的扰动，减少了地层的应力释放，有效控制拱部以及地表沉降。

（2）隧道横向、纵向形成连续的空间拱形结构，力学安定性高，在连续拱壳保护下再进行开挖等后续作业，可以有效地保证隧道施工人员及设备的安全。

（3）在拱壳保护下一般采用全断面法或台阶法施工，相对于侧壁导坑法等分部开挖法，施工空间满足大型机械化施工要求，同时减少了临时支护、打设锚杆、架立钢架等作业内容，施工效率和施工进度显著提高。

（4）预切槽和灌注混凝土采用机械同步施工，完全避免了隧道的超挖、欠挖现象，施工质量易于控制。

（5）预切槽兼具超前支护、施工支护及永久支护的功能，全部或部分替代了超前小导管、锚杆、钢架、喷混凝土等支护措施，工程造价相对较低。

（6）预切槽机械设备体积小巧，易于运输、安装和控制，同时可根据地质情况的变化，与新奥法等方法结合使用，施工灵活性较好。

3.2 预切槽法施工技术发展现状

3.2.1 预切槽机械设备及工作方式

预切槽机械设备最初诞生于20世纪70年代的法国，在隧道施工技术发展的过程中，经历了多次的技术升级与功能完善。第一代预切槽机是按预切割隧道上导坑而设计的，整台机械安装在导轨上；第二代预切槽机是为满足全断面开挖而设计的。整台机械安装在液压操作的走行梁上，梁设于可调衬垫上，切槽机必须整体向前移动才能使切头贯入岩层中；第三代预切槽机的切头安装在滑槽中以便能独立于整个架构运动，滑槽的位置可根据切槽半径以及切槽与隧道轴线的倾角来确定，这就使得操作更精确更方便，尤其是当设置预衬砌必须开挖锥形槽时。另外，在预切槽机上还安装了喷混凝土机器人。第三代预切槽机同样也安装在走行梁上，整个操作活动由液压马达驱动，经过多年的发展，传送给切头的功率已由原来的90kW提高到400kW。

日本于1978年着手开发软土的机械预切槽机，主要有直线形链锯式和曲线形链锯式切槽机两种。直线形链锯式切槽机,其作用原理基本与法国的相同。1981 年日本在修建成田机场的公路隧道中利用这种预切槽机进行 PLS 法施工(Pre-lining Support,简称 PLS 法,即预衬砌支护,实质上是预切槽法在软弱围岩隧道中的应用)取得了满意的效果。1983 年日本开发并生产了用于岩石的钻槽机械,通过一台多头的钻孔机组在一个循环内钻出一排相互重叠的钻孔,最终钻出一条所需形状的连续的槽。1991 年,日本又在名立隧道采用曲线形链锯切槽机进行新 PLS 法施工试验,并在保土谷隧道施工中实施应用。

预切槽技术在意大利也得到了广泛的应用。随着预切槽技术的发展,意大利已着手研究预切成洞衬砌技术,该技术采用新型设备,将预切槽厚度提高到 40~90cm,深度提高到 8~10m。

在国内也曾进行过预切槽设备的研制和创新。20 世纪 90 年代,铁道科学研究院铁道建筑研究所、中铁五院等多家单位根据当时我国隧道工程的情况,提出以土质和软岩隧道为对象的预切槽机及其施工工艺的研究方案,在铁道部的支持下展开了工作,取得了阶段性成果:中铁五院完成了预切槽机链锯式工作头的设计和试制,完成了预切槽机的切槽、混凝土填槽工艺试验,为预切槽机和混凝土预衬砌的设计提供了部分依据。但由于种种原因,研究工作没有得到继续。中国铁建重工集团有限公司在国家十二五科技支撑计划下已经研制成功了 YQC-7000 回转中心轴链刀式预切槽机械,原计划应用于宝兰客专拓家岔隧道,但由于种种原因未予推进。2016 年 5 月,同由中国铁建重工集团研制的 YQC-6000 型拱架式预切槽施工成套设备在新建蒙西至华中重载铁路郝窑科隧道施工现场完成组装和调试,并随后开展了一环洞外试验及Ⅳ级围岩段的预切槽开挖施工。这是预切槽技术在国内隧道施工领域的首次应用。

1)预切槽机的设备机型

目前预切槽设备机型主要有适用于岩石的钻槽机械、适用于软岩的拱架直线链刀式、拱架弧形链刀式和回转中心轴链刀式,如图 3-3~图 3-6 所示。

图 3-3 适用于岩石的预切槽机

图 3-4 拱架直线链刀式预切槽机

预切槽机从整体结构布局上可分为拱架式和回转中心轴式,一般以拱架式结构为主。

(1)拱架式预切槽设备

拱架式预切槽设备主要由与隧道轮廓相似的弧形主拱架,和在主拱架前面可沿主拱架轮廓环向移动的刀架以及刀架上布置的可移动链式切刀组成,整个设备可在地面上布置的轨道上行走,也可由步进梁结构自行走。适合施工的隧道面积范围较宽。但设备受结构形式限制,拱架一旦确定,只能适用于同一形状尺寸隧道截面,调整量较少。

图 3-5 拱架弧形链刀式预切槽机

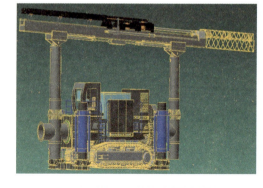
图 3-6 回转中心轴链刀式预切槽机

法国生产的预切槽机一般都是拱架式,一个在结构上起加固稳定作用的安装导轨的龙门架。日本在 20 世纪 90 年代生产的新 PLS 工法预切槽机与我国 20 世纪 90 年代中铁五院设计的预切槽机也是拱架式结构。

(2)回转中心轴式预切槽设备

回转中心轴式预切槽设备主要由设备主机架支撑的回转中心轴和连接在回转中心轴上的可移动刀梁以及刀梁上布置的可移动链式切刀组成,刀梁与中心轴之间通过可伸缩立柱连接。整个设备可通过主机架之间安装的履带式底盘结构实现自行走。

此类设备切槽深度较深。可通过调整支腿高度和变幅立柱长短,在较大范围内调整中心高和切割半径来适应不同尺寸隧道截面,更适合大断面隧道施工。

意大利新发展的 pretunnel 技术,预切槽机是回转中心轴式结构。我国 2013 年由中国铁建重工集团有限公司生产的 YQC – 7000 预切槽机也是回转中心轴式结构。

2)预切槽机的驱动结构

预切槽机设备根据运动形式的不同,预切槽机械本体驱动结构主要分为两类,分别是轨行式和迈步式。

(1)轨行式的机架和走行梁采用螺栓连接,轨道轮可以利用液压马达或者交流电机驱动,也可使用外力牵引。法国研制的初期预切槽机械一般都是采用轨行式结构,借助放置在底板(隧底)上的可移动的两根梁轨用液压控制的滑车来使切槽机械纵向移动。

日本预切槽机械采用了链轮链条结构来牵引预切槽机械本体的运动。轨行式结构的切槽装置与混凝土喷射装置均设置在机架的外侧也就是前部,所以结构比较紧凑,结构简单可靠,速度快。但是由于机械本体的内净空较小,故不利于大型设备通过,而且对于轨道的铺设要求也较高,适用于半断面隧道的开挖。

(2)迈步式走行结构包括走行支架、推进油缸、铰接式支撑腿以及侧向和竖向的油缸,通过油缸中活塞的运动,可使机架在走行梁上滑动从而实现直线运动,并可以调节左右位置和高度。链锯结构和混凝土喷射结构分别固定在机架拱的内外侧,走行机构还可以起到链锯推进作用。采用流量分配方法来协调前后运动时的侧向和竖向油缸,满足机架的运动要求。

由此可见,迈步式结构的整机结构和链锯结构都较为简单,内净空较大,可以通行大型机械,不需要铺设钢轨,但是对于迈步的协调控制较为复杂。

(3)除此之外还有履带移动式,例如法国 Sipreme 公司生产了一种在坚硬岩层和松软岩层中都能使用的隧道切槽机,其行走形式即是履带移动式。

3)预切槽机的设备构成

典型的预切槽机械包括预切槽刀具、导轨、龙门架和走行机构,其中预切槽刀具为一类似于大型链锯的双链刀盘,如图 3-7 所示;导轨做成隧道外轮廓形状,使刀具可以沿特定路线进行切割作业;龙门架用以确保导轨的结构强度和稳定性,下方有足够的净空保证开挖掘机械和出渣车辆顺利通过;走行机构的设计可根据工程项目的需要采用导轨式或履带式等。

为了施工的灵活性考虑,两边的走行机构是可以沿隧道纵断面移动的。具体形式是整个预切槽机分步地向前和向后移动。走行机构可以直接安装在轨道上面,这样的移动是连续的。一般的走行机构是由一个箱形梁组成,安装在液压调节支架上面。龙门架底座反扣在走行机构的横梁上面,可以沿着横梁移动。另外一种方式是龙门架直接通过操作台安置在隧道底板上面,走行机构的横梁相对于龙门架移动,图 3-8 为一般走行结构。

图 3-7 双链刀盘

图 3-8 一般走行机构

为了适应不同的隧道断面和地层的需要,预切槽机设置有调节和定位系统。在走行机构上设有一个龙门架的定位装置,使得刀头可以沿着特定的路线进行切割作业。由于走行机构和龙门架下设有足够的净空,可以保证凿岩台车和出渣车顺利通过。

3.2.2 预切槽法在国内外隧道工程的应用

1)预切槽法在美国的应用

预切槽施工技术应用于隧道工程的案例最早出现于美国,1950 年在美国南达科他州皮克城密苏里河上修建的福特—阮道尔水库工程,采用了机械预切槽技术建造了 12 座直径为 10m 的圆形隧道来穿越白垩地层。

2)预切槽法在法国的应用

法国工程界对预切槽技术的应用较为灵活,根据地层条件,既有单独采用预切槽法的工程案例,也有将预切槽法与传统工法结合使用的情况。1969 年,法国工程师采用预切槽技术成功解决了硬岩隧道施工的振动问题,从此以后这项技术引起了地下工程界的普遍重视。

(1) Fontenay-sous-Bois 隧道

这是一条位于巴黎附近的城市地铁隧道,长 558m,于 1974～1976 年进行施工。该隧道主要穿越黏性土和页岩地层,隧道断面直径是 10.4m,采用的是预切槽技术。预切槽深约 4.5m(困难条件下可减小为 1.5m)、厚度 7.5～25cm,两环预衬砌搭接长度 0.5m(困难地层条件下可调整为 2m),采用分块切槽灌注的方式进行,施工中采用上下台阶法施工,必要条件下每环预衬砌均设一榀钢架支撑。施工量测到的地表沉降最多大约是 14mm。与此同时,在 Grigny 修建的一条法国国家铁路的隧道中采用的是新奥法修建,地质条件和 Fontenay 非常类似,断面直径 8.74m,测得的地表沉降最大接近 50mm。

这两座隧道采用的都是上下台阶法修建,唯一的不同是前者采用了预切槽技术,形成的混凝土薄壳作为预衬砌。而采用新奥法的隧道喷射混凝土是在隧道开挖之后才作为初期支护施作。采用预切槽技术的隧道的直径比新奥法的大 20%。覆盖层厚度分别为断面直径的 1.5 倍和 1.8 倍。采用预切槽技术的隧道施工地表沉降低了大约 70%。

(2) Fontenay 和 Sceaux 隧道

这是位于巴黎郊区的两条隧道,是连接巴黎和法国南部的高速铁路线上的隧道,于 1984 年 5 月竣工。隧道直径为 10m,长度分别是 474m 和 827m。隧道穿越泥灰岩和石膏地层,上半断面位于泥灰岩中,下半断面位于石膏地层,相差比较大。

这两条隧道采用上下台阶法施工,上半断面采用了预切槽技术,施作了预衬砌(分块切槽灌注的方式)。下半断面则是传统的新奥法开挖。混凝土壳体的厚度为 18cm,每环预衬砌长度在 2～3.5m 之间(根据地层条件变化),开挖顺序如图 3-9 所示。开挖过程中采用了钢拱架支撑上部的混凝土壳体,由于地质条件比较复杂,石膏地层比较软弱,施工中对地层进行了注浆处理。

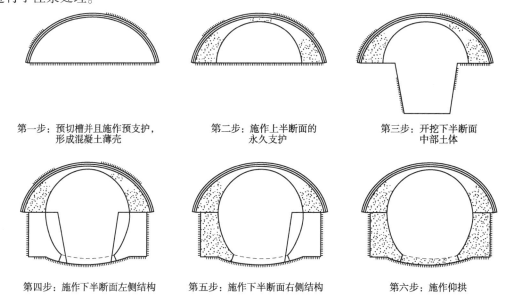

图 3-9　上半断面预切槽法施工顺序图

(3) 英法海底隧道

1987年完工的英法海底隧道的法国端,有6条隧道同时施工,采用预切槽法修建了4条穿越黏土和白垩地层的隧道。施工采用上下台阶法,断面均为圆形,施工过程有涌水发生,采取的措施是进行注浆处理。四个洞口的施工用时达3个月。预切槽机械的主要性能指标如下:

设备重量:60t;
切刀功率:90kW;
总的设备容量:170kW;
预衬砌长度:3m;
设备内净空:4.35m×4.5m×9.59(宽×高×长);
预衬砌半径:6m;
预衬砌链条间宽度:13.2m。

(4) 加洛尔隧道

加洛尔隧道是法国里昂东南部TGV罗纳—阿尔卑斯线路的一部分,其全长为2860m,开挖断面为147m^2。该隧道位于地下80m深处,穿过被混合质岩土材料填充的并含水的两条古河谷底线切割的沙质和纯泥质的软弱第三纪砂岩。

预切槽方法应用在14m宽、11m高、断面面积为125m^{2}以上的全断面初始开挖阶段,随后在第二阶段建造20m^{2}的永久仰拱。开挖分4个主要阶段进行:施作预置拱圈、加固工作面、除渣和喷射混凝土。该工程的最后验收是在1993年5月14日。两个开挖面用了两年时间完成,每月每个开挖面约推进60m,每周每个开挖面约推进15m。

顶切槽机械的主要性能指标:

电机功率:260kW;
切刀功率:220kW;
链式切刀旋臂长度:4m,可延伸到5m;
切槽厚度:260mm;
厚度调整机能:190~290mm。

(5) 利格伊—布雷瓦钠隧道

位于巴黎附近的利梅伊—布雷瓦泊地区的1677m的地下工程必须要通过人口稠密的高地。其中隧道部分的长度为1378m,其横断面比加洛尔隧道的断面要小——在施作永久衬砌之前是94m^2。

施工从南北两个开挖面同时进行,每端都采用一台预切槽机:在北端以全断面进行开挖,而南端则采用分部开挖。该地下结构的特征主要是地层的非均质性,尤其是在两端的陷落土壤地带,在该工程的中间地段也局部出现陷落土壤的影响。这里,出现了从高原上滑落下来的石灰岩和绿泥灰岩等土壤。平均覆盖层厚约为20m。用于半断面切槽机的旋臂长4m,用于全断面切槽机的旋臂长4.5m。

在石灰石中以18cm厚度施作预置拱圈,其他地方则为20cm,初步拱圈的覆盖长度在普通地带为 0.5m,在上导坑段为 2m。

为了保证工作面的稳定性,在北开挖面的不良地层中以及南开挖面的泥质土壤中,用以网格形式排列的 13m 长的玻璃纤维锚索按每 $3\sim4m^2$ 设置 1 根来加固工作面,并结合使用钢纤维加固的喷混凝土外壳。当穿过含水地层时,利用 16m 深的排水井进行排水,每 $8\sim10m^2$ 设一个排水井。当掘进上半断面时,利用临时仰拱暂时闭合上导坑,因为有限元法计算表明,这种安排明显地减小了塑性区以及变形的范围。日平均掘进速度为 11m。

采用的切槽机械属于第二代机械,安装功率 150kW,切割头功率为 110kW;链锯旋臂长度 $4\sim4.5m$,切割厚度为 240mm。

(6) Saint Germain 隧道

这是巴黎一条长 2810m 的公路隧道,其中的 1855m 采用机械预切槽法施工。

隧道由两个中心距为 28m 的双孔隧道构成。每孔隧道的有效横断面为 $74m^2$,而开挖断面为 $96m^2$。预置拱壳两侧墙之间的总宽度为 12.40m,相对总高度为 8.16m。从拱部量测到的平均覆盖层厚度约 15m。

隧道穿过了巴黎盆地的主要地质构造层。由上至下依次包括:$1\sim3m$ 厚的老冲积沉积层和地表构造层;6m 厚的砂层;10m 厚的泥岩和松散岩层;15m 厚的整体石灰石,其抗压强度从 $5\sim25MPa$ 不等,甚至更高;8m 厚的砂层。

该隧道的大部分是在石灰石结构层中开始的,然而,隧道又纵向穿过泥岩、松散岩石和萨姆化砂层。预置拱圈厚 20cm,长 $3\sim5m$。基于初始拱圈混凝土的特征和所使用的设备,工程能够以每天施作两个预置拱圈的速度推进,即允许有 1m 的预置拱圈搭接,达到每天推进 $4\sim8m$。两座平行的隧道使用一台切槽机轮流地进行开挖,切槽机安装功率为 500kW,切割头的有效功率为 400kW,链锯旋臂长度为 4m,最大可延伸 5.6m,标准链锯旋臂切割厚度是 20cm,可选择的扩展厚度达到 29cm。该工程的最高日进度为 10m。

(7) EOLE 北端隧道

1993 年在巴黎使用原有的预切槽机来修筑 266m 长、跨度为 9.40m 的隧道。该隧道以 18cm 厚、4m 长的预置拱圈来进行上半断面开挖,预置拱圈搭接长度为 $1\sim2m$ 不等。值得注意的是,就 2m 的搭接而言,支护实际上是用两个重叠的预置拱圈组成的。在预置拱圈下掘进机进行开挖。在开挖后不久,便安设重型拱架,继之灌注 7.5m 一环的混凝土永久拱圈。通过用土壤回填核心部分,再挖掘和灌注混凝土边墙,最后施作仰拱来完成隧道施工。使用的切槽机是第二代产品,其切割头的功率为 90kW。

(8) 法国 A14 公路隧道

该隧道位于巴黎,总长 2180m。其中 1710m 采用预切槽法施工建设,隧道由两个中心距为 28m 的双孔隧道构成。单孔有效断面 $74m^2$,开挖断面 $96m^2$。预置拱圈侧墙之间宽度为 12.4m,拱高 8.16m。平均覆盖层厚度约为 15m。隧道穿过巴黎盆地主要地质构造层,由上至下依次包括:$1\sim3m$ 厚的老冲积沉积层和地表构造层;6m 厚的砂层;10m 厚的泥岩和松散岩层;15m 厚的整体石灰石,其抗压强度为 $5\sim25MPa$ 不等,甚至更高;8m 厚的砂层。隧道大部分处在石灰石结构层中,同时又纵向穿过泥岩、松散岩石和萨姆化砂层。两座平行的隧道使用一台切槽机轮流进行开挖,切槽机安装功率为 500kW,切割头的有效功率为 400kW,链锯旋臂长度为 4m,最大可延伸达 5.6m,标准链锯旋臂切割厚度是 20cm,可选择的扩展厚度达到 29cm。该工程的日进度 4~10m。总投资 3660 万欧元,1993~1995 年完工。

(9)法国北部里尔地铁隧道

该隧道穿越破碎的白垩地层,隧道断面 55m²,隧道范围内 33%地段采用了上半断面预切槽的上下台阶法施工,其余 67%采用全断面预切槽法施工,全断面开挖成为预切槽技术发展的一个趋势。

3)预切槽法在日本的应用

日本自 20 世纪 80 年代初期引进预切槽技术以后,研发了曲线形链锯切槽设备。预切槽技术在日本主要应用于城市软土地层的大断面隧道。

(1)胜田台隧道

胜田台隧道总长 615m,其中池上工区的中间地段 153m 采用 PASS 工法施工,该段的主要问题是:寂静的住宅区;靠近线路有民宅存在;埋深 4~7m,很小;隧道上部是关洞垆坶层,开挖断面处于成田砂层及洪积黏土层构成的未固结围岩中。隧道上部分布有垆坶层(Lm)凝灰质黏土(Tc),N 值都在 5 左右,是自稳的。隧道拱部—起拱线附近,出现砂质土层(Ds-1)、黏性土层(Dc-1),前者的 N 值在 10 左右,后者为 1~10,两者都是软质地层。隧道起拱线以下是砂质土层(Ds-2),由微粒砂—细砂构成,N 值在 30 左右,但夹有不规则的黏性土。

施工中为防止围岩松弛、提高掌子面稳定性、抑制地表下沉而采用了 PASS 工法。隧道开挖前,用排钻凿岩机、注浆机构筑厚 17cm、宽 81cm、长 4m 的砂浆构造体,依次沿隧道拱部 120°范围内连续形成拱壳状的预衬砌;为提高施工性,开挖尽可能地确保大的作业空间,为此采用短台阶法进行机械开挖,初期支护采用钢支撑和喷混凝土。如图 3-10 和图 3-11 所示是施工概况图和开挖断面标准图。

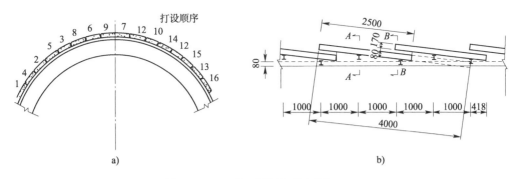

图 3-10 PASS 施工概况图(尺寸单位:mm)

(2)高岩 1 号隧道

在胜田台隧道成功应用的基础上,高岩 1 号隧道再次进行了 PASS 工法的试验施工。

高岩 1 号隧道长 690m,埋深小,地质是未固结的洪积层围岩。作为抑制掌子面及拱部坍塌的对策,隧道开挖采用机械开挖的台阶法,并采用了 PASS 工法,施工长度约 205m。考

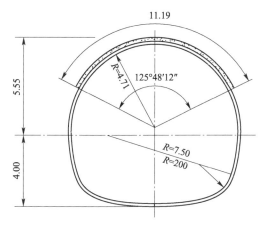

图 3-11　开挖断面标准图(尺寸单位:m)

虑到该法在胜田台隧道的使用情况,本隧道考虑提高开挖效率为目标,在确保砂浆早期强度的前提下,把过去的一次循环长度从 2m 改良为 3m;其次是为了充分利用预衬砌的功能,实现减轻预衬砌内侧初期支护的目标。

高岩隧道周边的地形是高程 50~70m 的平缓的台地,地表主要是林地及果树。隧道埋深 $(1\sim2)D$(隧道外径 $D=10.5m$)。全区间的地质是涌水不多,强度低,非常易于塑化的洪积层。特别是,洞口附近存在由砂质土和砾质土构成的洪积谷底堆积物。隧道开挖对象的地质是距洞口的高馆火山灰、洪积层的砂层及黏性土。隧道施工时的问题预测如下:围岩强度应力比大部分在 1 以下,可能发生塑性变形和塑性土压;掌子面稳定性根据粒度分析和匀质系数看,在一定程度上可以确保,预计发生流砂的可能性小;拱部的稳定性,在平均 N 值小于 20 的火山灰、洪积砂层,崩落的可能性大。因此,隧道施工时必须研究与塑性土压对应的支护规模和防止拱部崩落的超前支护对策。

施工机械采用反铲为主机,在其上搭载 5 个多轴螺旋式钻孔机。此钻机可进行厚 17cm,宽 81cm,长 4.0m 的钻孔,钻孔完成后用中央的螺旋钻注入砂浆,形成一个单元的砂浆壁;预衬砌长度 3.5m,一次开挖长度 3m;并在减轻钢支撑、喷混凝土时,在喷混凝土或者速硬砂浆中添加了钢纤维(SF),增强其韧性,来对应预衬砌的弯曲拉应力。

(3)名立隧道

名立公路隧道是长 1386m 的双车道公路隧道。洞口的 20m 区间,为了确认预衬砌的效果,采用了 New PLS 工法试验施工。此区间的地质是均匀的粉细砂质泥岩,但一部分破碎,裂隙发育。坚硬部分的粉细砂质泥岩的单轴抗压强度为 $5\sim7N/mm^2$,RQD 为 60%~80%。

隧道开挖前先用装备有弯曲型链式刀头的 New PLS 机沿隧道全周横向开挖出连续的沟槽形成 32cm 厚的混凝土拱壳。预衬砌刀头切削深度是 2.8m,开挖后的超前残余长度确保有 0.8m。施工中采用掌子面锚杆、掌子面喷混凝土确保掌子面的稳定,采用机械开挖的全断面法。

现场监控量测显示,预衬砌具有约束掌子面周边围岩变形的内压效果,保持围岩处于三维应力状态,发挥出防止围岩松弛的效果;预衬砌因在横向是刚性比较大的,具有在早期就发挥约束围岩变形,抑制地表面先行位移和后续下沉的效果;掌子面通过后,尽管预衬砌发生很大的轴力,但没有发生开裂、破坏,没有喷混凝土和钢支撑也能安全地施工,预衬砌不仅具有超前支护的功能,也具有与喷混凝土和钢支撑匹配的支护功能。

(4)保土谷隧道

保土谷隧道是穿越城市的典型城市隧道,本隧道是把双车道公路隧道扩建为三车道公路隧道的工程案例。其开挖断面积约140m²,长193m。

该隧道的特点是:三车道的大断面隧道;与运营中的既有隧道间隔2.5m,非常近接;埋深2～17m,很浅;开挖对象的围岩是软弱的填土、泸姆及粉细砂层。隧道开挖对象的地质是固结的粉细砂层,其层厚为10～15m,N值9～45(代表性的N值为18),单轴抗压强度为0.2～1.4MPa。因此,为了确保隧道的稳定,抑制对地表面和近接隧道的影响,采用了New PLS工法。

顶切槽机械的主要性能指标:

电机功率:主机132kW(切刀驱动和机体移动),辅机11kW(液压支撑);

切槽深度:2800mm;

切槽厚度:400mm;

链式切刀的转速:44m/min;

链式切刀的挖掘速度:0～200mm/min;

机械总重:110t(包括出渣装置)。

4) 预切槽法在意大利的应用

预切槽衬砌在意大利也得到了广泛应用,截至目前已完成约7个隧道的预切槽法施工。其中1986～1987年完成的TGV Sibari-Cosenza隧道、1988年和1991年完成的Areezo 2个隧道、1989～1991年完成的Ban隧道和1989～1992年完成的图卢兹地铁隧道长度分别为4000m、3200m、1800m、5000m和2000m,洞身穿越地层分别为黏土层、黏土和砂层、黏土和砂层、黏土和砂层及混合沉积层。这5个隧道均采用了切槽长4.5m、预衬砌3m、搭接0.5m、厚度7.5～25cm的预切槽法施工及分块切槽灌注工艺,其中Areezo的1个隧道和Ban隧道采用的是上半断面预衬砌,其他均为全断面预衬砌。隧道开挖均采用全断面法施工,为确保结构安全,每环预衬砌下方均设一榀钢支撑。

随着预切槽技术在意大利的发展,最近已着手研究预切成洞衬砌技术,该技术采用新型设备,将预切槽厚度提高到40～90cm,深度提高到8～10m。如2005年左右施工中的Casttello1号隧道和Serralunga公路隧道。其中Casttello1号隧道长75m、开挖直径12m、隧道最小覆土厚度不足10m,洞顶有古老遗迹和易损坏的城堡,隧道施工必须严格控制沉降以确保历史古迹的安全,洞身穿越地层为成层火山沉积岩,采用全断面预衬砌、切槽灌注一体化工艺,切槽长10m、厚度80cm,预衬砌作为永久支护使用,隧道施工采用全断面法开挖;Serralunga公路隧道长900m,洞身穿越地层主要为厚砂页岩夹层、泥灰土、黏土、页岩、石灰岩等,同样采用了全断面预衬砌,切槽灌注一体化工艺,切槽长10m、厚90cm。施工中为确保掌子面稳定,采用10cm厚钢纤维喷混凝土加固,并对边墙喷射25cm厚的钢纤维喷混凝土。

5) 预切槽法在英国的应用

目前在英国使用预切槽法施工的隧道有1998～1999年施工的拉姆斯盖特港隧道,该隧道长800m,开挖面积110m²,主要穿越地层为中等硬度的浅海白垩土地质结构,预切槽切深5m,切槽厚度20cm,月进尺80m,采用的是第三代预切槽机械。施工中作业面稳定采用了18m长的玻璃纤维锚杆进行加固。

3.2.3 预切槽法应用情况分析与施工要点

1) 应用地层条件

截至目前的工程资料分析,预切槽法在美国、法国、日本和意大利及英国的应用实例约33个,其中美国12座隧道用于白垩地层,切槽主要起隔震作用;英国采用预切槽法修建的1座隧道地层主要为中等硬度的浅海白垩土;法国应用预切槽法修建的10座隧道穿越地层变化较多,如在白垩地层、石灰石、石灰岩、绿泥岩、泥灰岩、页岩、松散岩石和萨姆化砂层、石膏、黏性土、沙质和纯泥质的软弱的第三纪砂岩等地层中均有应用的工程实例;而日本应用预切槽法的5座隧道穿越的地层主要为关东垆坶层、高馆火山灰、洪积层的砂层及黏性土层、成田砂层及洪积黏土层、均匀的粉细砂质泥岩、固结的粉细砂层等;意大利目前已采用预切槽法修建的7座隧道地层主要为黏土和砂层,也有混合冲积层和成层火山沉积岩、厚砂页岩夹层、泥灰土、页岩和石灰岩等。

2) 施工关键参数

总的来看,预衬砌经历了"仅作为超前支护、代替部分初期支护、代替初期支护和喷射混凝土到代替永久衬砌"的这样一个过程。在这个过程中,预衬砌的厚度、纵向长度、搭接长度、环向长度等关键参数决定着预衬砌所承担的作用。

通过对国外预切槽技术的发展和应用情况的调研可以发现,切槽预支护在软岩中的技术参数一般为:预切槽深度2.8~5.6m,预衬砌长度2.5~4m,预衬砌厚度17~40cm,两环预衬砌搭接长度不小于30cm,一般为0.5m,必要情况下可延长至1~2m。

英国预衬砌厚度一般为20cm。法国预衬砌采用的厚度18~29cm、长度2~4m、搭接长度0.5~2m不等,一般18cm厚预衬砌主要用于隧道上半断面,18cm以上厚度的预衬砌用于隧道全断面。

日本学者根据预衬砌厚度将预衬砌划分为柔性预衬砌和刚性预衬砌,并给出了标准参数,如柔性预衬砌厚度为17cm、切槽深度4m、灌注长度2.5~3.5m、搭接长度0.5m,用于隧道上半断面,配合该预衬砌使用的工法定义为"PASS法";刚性预衬砌的标准参数:衬砌厚度32~40cm、切槽深度2.8~3.8m、预衬砌长度2.0~3.0m、搭接长度0.2m,配合该预衬砌使用的工法定义为"NewPLS"工法。日本的这两种预衬砌类型也对应着预切槽法从"采用排钻凿岩机、注浆机沿隧道上半断面构筑混凝土或砂浆拱壳"的短台阶法开挖的PASS工法发展到"采用专用的预切槽机械沿隧道全周构筑混凝土拱壳"的全断面开挖的NewPLS工法。这一发展也预示了预切槽技术的发展趋势,即预切槽法不仅仅用来作为一种超前支护,它将代替矿山法施工中的喷混凝土和钢支撑的功能。

随着机械设备的发展,目前切槽深度和宽度都在增加,当切槽灌注混凝土厚度在40cm以上时,可以作为隧道的初期支护,特别是意大利从预切槽技术新发展而来的pretunnel工艺,即切槽先行隧道衬砌,混凝土灌注厚度最大达到90cm,完全可以作为隧道永久衬砌使用。

3)施工工艺

目前预切槽法工艺包括两类,切灌一体和分区切槽灌注混凝土,两者在工程中皆有应用。

切灌一体对机械设备要求较高,法国初期的切槽机械都是切槽和灌注混凝土分开的。1991年,日本在进行新PLS试验时,切槽机械设计取得了突破,新PLS机为双链式可弯切削头并与混凝土灌注管连成一体,故能一边切槽一边灌注混凝土,实现切灌一体。意大利20世纪80年代采用预切槽法修建的隧道均采用分区切灌混凝土的工艺,2005年左右新的预切槽技术发展而来的pretunnel技术采用的是切灌一体和分区切槽灌注混凝土,并认为切灌一体化是一种标准化的施工工艺,也是预切槽法今后的发展趋势,而分区切槽灌注混凝土的工艺仅仅是当切灌一体化工艺发生中断的情况下采用。

(1)分区切槽灌注混凝土工艺

当采用该工艺时,预切槽所切割的狭槽一般由多个封闭板隔开,且一般间隔切槽灌注。如图3-12为日本采用的预衬砌构筑顺序示意,图3-13为欧洲国家预衬砌构筑顺序示意,其中日本预衬砌每块宽度约81cm。该工艺适用于切槽不会出现坍方的地段,一般为了减少切槽和灌注混凝土的间隔时间,隧道横断面分为5块或7块进行施工。

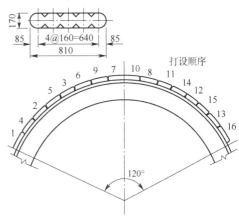

图3-12 日本分区切灌工艺预衬砌施作示意图

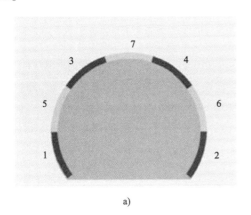

图3-13 欧洲分区切灌工艺预衬砌施作示意图

(2)切灌一体化工艺

切灌一体化工艺要求切槽同时灌注混凝土,该工艺与分区切灌工艺相比,主要区别在于该工艺要求预切槽机械内装备有一系列滑膜,切槽过程中该滑膜可以在切槽内产生一个不同的推力以控制切槽方向等。

4)隧道开挖方法

目前国外预切槽隧道的开挖方法有上下台阶法开挖和全断面开挖两种,预切槽发展之初一般采用上半断面预切槽法之后上下台阶法开挖隧道的施工方法,近年来随着预切槽机械的不断改进完善,也有较多的隧道开始采用了全断面开挖方法。

从力学机理上分析,预切槽的全断面开挖与分部开挖在功效上有明显的差别。当采用全断面开挖时,由于预衬砌形成的拱圈能够在掌子面开挖后尽快闭合(采用喷混凝土),改善拱圈受力情况,因而地层的变形要比采用上下台阶的分部开挖小得多。法国里尔地铁的两段隧道分别用预切槽法全断面开挖和分部开挖。采用分部开挖段地表最大沉降量在3~4mm,而采用全断面开挖段,地表下沉量不到1mm,这说明尽快封闭仰拱可以使地表下沉量减小2~3倍。

5)预切槽施工面临的技术难题

预切槽法应用于软岩隧道的主要作用是稳定掌子面和控制地表下沉,从国外预切槽的应用实例可以看到,采用该工法有以下几个关键技术问题:

(1)掌子面稳定措施

砂质地层的掌子面稳定性,除与掌子面高度等有关外,还与围岩的含水状态、均质系数及细颗粒含有率等有关。日本研究认为,在细颗粒含有率在10%以下,均质系数在6以下的砂质地层中,易于出现流砂现象,从而损伤掌子面的稳定性。且掌子面的稳定性与含水状态的关系极大;国内有研究认为,当含水率高于16%左右时粉细砂会发生流变。因此,在地下水位高的砂质地层中修筑隧道,涌水处理是必不可少的,如降低地下水位、砂粒子间有黏着力作用,掌子面会变得稳定。

国外预切槽法隧道中,对如粉细砂等地质条件较差的地层,通常通过增加玻纤锚杆、钢纤维喷混凝土等措施来加固掌子面。出现流沙现象的地层应有针对性的加固掌子面措施。

(2)预衬砌的脚部稳定措施

隧道开挖时,在掌子面和周边围岩的稳定有问题的围岩中,围岩的支持力和刚性不足会引起支护脚部下沉,随之使松弛区域扩大,也会影响拱部附近而使作用荷载增加,周边围岩发生很大的应变,使隧道的稳定性降低。在这种情况下就需要采取脚部稳定措施,一般采用临时仰拱封闭、脚部补强锚杆或脚部补强桩,必要时也可采用压注速凝的水泥浆并增加脚部围岩强度的办法。

3.3
预切槽法施工工艺与技术要点

蒙华重载铁路郝窑科隧道是国内第一次采用预切槽法施工的铁路隧道工程,填补了国内在相关技术领域的空白。本节结合郝窑科隧道的预切槽施工情况,对预切槽施工工艺及技术要点进行介绍。

3.3.1 工程概况

郝窑科隧道位于陕西省宜川县境内,黄土高原残塬区,隧道进口里程 DK439+091,出口里程 DK440+083,隧道全长 992m,为单洞双线隧道。隧道进口段 DK440+296.63 位于 $R=1600m$ 的曲线上,隧道纵坡为单面坡,坡度为 5‰。其中里程 DK439+334~DH440+015 段(长 681m)采用预切槽法施工。隧道最大埋深 138m,地形起伏较大,冲沟发育,植被覆盖较差。隧道进出口位于沟谷内,交通不便。

隧道区地层主要为第四系上更新统风积砂质新黄土,中更新统冲洪积砂质老黄土,土质均匀,厚度为 0~47.5m;黏质老黄土,土质均匀厚度为 7~85m;下伏三叠系上统延长组砂岩,强风化~弱风化,强风化厚度为 5~60m,砂质结构,厚层状构造,层状分布。隧道地下水主要为第四系孔隙裂隙水和基岩裂隙水,隧道基地以下 6~15m 为砂岩。该地区土壤标准冻结深度 0.6m,最大冻结深度 0.81m,隧道进出口分布砂质新黄土具有湿陷性。工程平面位置见图 3-14。

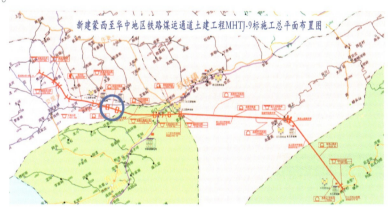

图 3-14 郝窑科隧道平面位置图

隧道区地层主要为:第四系上更新统风积(Q_3^{eol})砂质新黄土,褐黄色,稍湿,稍密~密实,以粉粒为主,土质均匀,虫孔发育,厚为 15.0~44.0m;中更新统冲洪积(Q_2^{al+pl})砂质老黄土,黄褐色,稍湿,中密~密实,土质均匀,厚为 0~47.5m;黏质老黄土,红褐色,硬塑,土质均匀,见白色菌丝及姜石,厚为 7.0~85.0m;下伏三叠系上统延长组(T_{3y})砂岩,强风化~弱风化,强风化厚为 5.0~60.0m;砂岩:灰白色,砂质结构,厚层状构造,层状分布。

DK439+095~DK439+200 段洞顶、边墙及基底地层为砂质新黄土、黏质老黄土,呈松软结构;DK439+200~DK439+980 段洞顶、边墙及基底地层为黏质老黄土,呈大块状压密结构;DK439+980~DK440+083 段洞顶、边墙及基底地层为砂质新黄土、黏质老黄土,呈松软结构。

隧道区范围内未见地表水,地下水主要为第四系孔隙裂隙水和基岩裂隙水,勘探深度内没有揭示稳定的水面。

地震动峰加速度为 0.05g,地震基本烈度为Ⅵ度,地震动反应谱特征周期分区为Ⅲ区。

最冷月平均气温为 -9.6℃,土壤标准冻结深度 0.60m,最大冻结深度 0.81m。

特殊土:隧道区表层分布砂质新黄土,结构疏松,遇水易崩解、坍塌,具湿陷性,湿陷厚度 4.0~20.0m,湿陷系数 δ_s = 0.017~0.093,自重湿陷系数 δ_{zs} = 0.018~0.063,为Ⅱ级(中等)自重湿陷性场地。砂质新黄土层于隧道进口 DK439+165 段、DK440+020 隧道出口段进入洞身。隧道开挖横断面如图 3-15 所示。

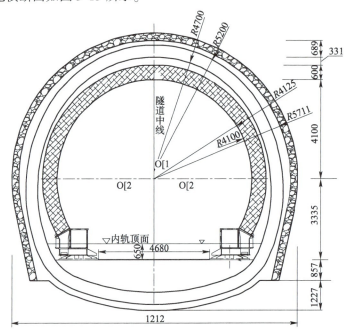

图 3-15 郝窑科隧道开挖横断面图(尺寸单位:cm)

3.3.2 施工准备

郝窑科隧道根据施工现场实际情况等因素综合考虑,计划由隧道出口进行施工,与西坪塬隧道进口共用一个施工场地。由于预切槽机进洞受衬砌净空限制,预切槽机进洞前不具备洞门、明洞及正洞二次衬砌施工条件。

郝窑科隧道Ⅳ级围岩段采用预切槽法施工,受预切槽机结构尺寸限制采用隧道出口→隧道进口单向掘进。由于郝窑科隧道出口需要先将涵洞施工完成后才具备进洞条件,2015年完成涵洞施工及郝窑科隧道出口导向墙、管棚和开挖边仰坡防护施工,洞外路基、涵洞完成为正洞施工及预切槽机进场、拼装提供场地。2016 年 3 月 1 日开始正洞施工,洞口段Ⅴ级围岩采用三台阶大拱脚临时仰拱法施工,Ⅴ级围岩共计 50m,于 2016 年 4 月 30 日完成Ⅴ级围岩段施工,同时施作仰拱及填充,完成预切槽前的各项准备工作,预切槽机于 2016 年 5 月中旬完成拼装进洞施工。

1)预切槽施工准备工作

(1)临时用电:要求提供 220V 电力。

(2)提前进行灌注混凝土强度试验,要求设计强度 C30;坍落度要求 18~22cm;集料粒径 5~20mm;早强型水泥(425 号);液体速凝剂;10h 强度不低于 12MPa。

(3)在隧道洞口提供 30m×60m 拼装场地,现场设备组装调试:2016 年 4 月 21 日~5 月 10 日,用时 20 天。

(4)隧道内提供清洗输送泵及管道用水管。

(5)计划预切槽施工里程到达时,对隧底进行场地平整、压实,基底承载力不小于 250kPa,当基底承载力不满足时,在预切槽设备前支腿范围内铺设 3cm 厚钢板,钢板应超出预切槽接触范围宽度 1m。

2)设备设计制造情况

2014 年 1 月 8 日拱架式预切槽设备设计制造正式启动,主要针对岩土抗压强度不大于 10MPa 的黄土;设备设计切削半径主要针对郝窑科隧道进行 $R=5711mm$,设备设计切削半径 5.7~6.1m。

经过 12 个月的设计及 8 个月的制造时间,于 2015 年 4 月 18 日出厂。主要完成了拱架式预切槽土体切削原理及计算,行走四点转向平移理论及建模的研究和结构设计,成槽各方面的喷射原理的研究及结构设计,超大内齿圈加工及特殊材料的焊接,特长工件设计及加工问题;设备通行能力计算,各部件的设计计算及加工方案,组织各类方案讨论和评审会议,参与设计研究工作人员上百人,中国铁建重工集团总投资达 1500 多万元。拱架式预切槽设备模型图如图 3-16 所示。拱架式预切槽设备主要组成如下:

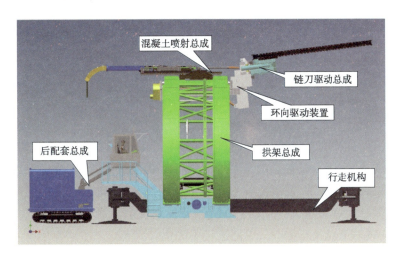

图 3-16 拱架式预切槽设备

(1)结构组成

主机、后配套和泵送系统,其中主机包括:行走机构、拱架总成、环向驱动装置、链刀总成、喷射总成、电气控制系统、液压控制系统。

(2)各组成部分功能

行走机构:通过转向机构提供整机的平移、转向的功能,通过驱动马达和齿轮齿条传动实现整机行走功能,为设备提供定位功能。

拱架总成:为各执行元件提供基础。

环向驱动装置:为设备提供环向驱动力、变幅、俯仰功能。

链刀总成:为设备提供偏摆、切削土体功能。

喷射总成:为设备提供混凝土成槽功能。

后配套:控制电气、液压、操作提供平台。

电气控制系统:为设备提供动力源及定位、测量等功能。

液压控制系统:为设备提供动力源。

(3)切削能力

链刀:采用压溃切削原理及多组刀具形成切削面形式来进行切削及计算(切削拉力为96kN,施工实际使用约30%,线速度最大80m/min,施工实际使用约50%)。

环向驱动:采用拱架式导轨,齿轮齿条驱动,驱动力(正常10MPa、切深5m、槽厚350mm、设备环向脱困力50kN,总计80kN输出,施工实际使用约20%)。

切削仰角、深度、偏摆角度、切削厚度:根据隧道断面受力计算要求,设计切削切削深度3.5~5m,切削仰角8°(设计最大能力10°),根据断面拟合半径拱角偏摆角度为±25°(设计最大±30°),切削厚度250~350mm。

(4)设备功率

主机配备功率、空压机配备功率、泵送配备功率:主机各执行元器件总配备功率为150kW,其中链刀驱动70kW、链刀变幅1.5kW、其他配备30kW(施工过程实际使用50%);空压机配备功率75kW;泵送配备功率46.5kW。

3)设备组装调试

拱架式预切槽设备于2016年4月18日正式出厂,设备于2016年4月25日开始组装,于2016年5月10日安装完成,整机调试用时2天,由于设备整机是按模块化设计,所以各部件安装方便。

整机经过工厂严格的出厂控制及安全运输在整个装配和调试过程未出现意外情况。

设备空载调试完成后,设备步进至掌子面进行带载调试,验证复合进出刀程序,链刀切削系统经切土带载调试正常,混凝土喷射系统带载调试时,系统动作及功能正常,但出现混凝土泵筛网空隙过大堵塞喷头,导致喷头飞出,并发现喷射混凝土时空气压力偏低,于是对混凝土泵筛网、喷射卡套及压缩空气管路进行了优化。

带载调试实现切深2m,切槽作业时,链刀扭矩、链刀马达压力、转速、环向驱动压力等参数一切正常,喷射系统完成后喷射混凝土施工正常。

3.3.3 掌子面加固方案

切槽预支护施工工艺受切槽设备限制须采用全断面施工,对于软岩或软土隧道,掌子面的稳定至关重要。掌子面加固措施不到位或方法不适用,掌子面在施工过程中很难保持稳定,出现坍塌时会危及人员、设备的安全。试验段施工过程中,针对掌子面加固对玻璃纤维锚杆超前加固方案和预留核心土方案进行了对比。由于该地区黄土竖向节理较为发育,在加固过程中或切槽过程中出现了大范围的竖向层厚1~2m的大块土塌落的现象,玻璃纤维锚杆加固效果不佳,最终采用了预留核心土法稳固掌子面的施工技术方案。

预留核心土法稳固掌子面方案如下:不进行超前加固,上循环预衬混凝土大里程方向端立1榀拱架,核心土纵向长3.5m,宽4m,高5m左右,呈梯形状,如图3-17所示。

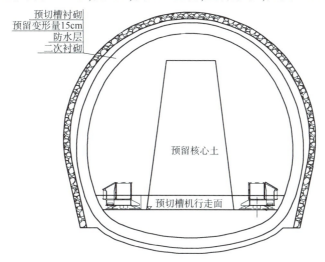

图3-17 预切槽预留核心土法掌子面加固示意图

核心土的大小受切槽设备的影响,宽不大于4m,高不大于5m,长度在确保初期钢架支护及时的情况下应尽量取较大值。经验算及现场试验验证,设为3.5m。

3.3.4 切灌施工

1)施工关键参数

郝窑科隧道预切槽法段采用分段切灌的施工方案,隧道正洞分为7段切灌,切槽深度为3.5~4.0m,开挖进尺2.5m,搭接1.0m,切槽外插角8.1°,混凝土喷射空气压力0.8MPa。预衬混凝土厚度按设计30cm,采用C30素混凝土+钢架的复合支护,钢架位于纵向两环预筑拱间的三角带内,每环设2榀,间距1.25m。边墙每个连接板按设计打设两根ϕ42mm锁脚锚杆,长度4m,ϕ22mm连接筋,环向间距1m,采用C25喷混凝土。

2)施工准备

预切槽段相邻段隧道施工工法为三台阶大拱脚临时仰拱法,因此,在进入预切槽段前,提前4m将初期支护逐渐外扩,为预切槽刀盘预留施工空间,本段在二次衬砌防水板铺设前补喷平顺。进入预切槽段时,对上台阶掌子面进行加固,喷砼封闭掌子面后进行中下层台阶开挖支护,同时进行仰拱捡底,封闭仰拱初支,拆除临时仰拱,形成全断面掌子面。预切槽施工前将洞口段仰拱及仰拱填充施作完成。预切槽机移动至掌子面处,定位,准备施工。预切槽法工序转换见图 3-18。

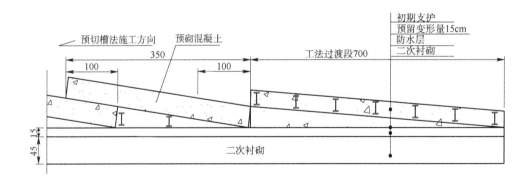

图 3-18 预切槽法工序转换图(尺寸单位:cm)

3)移机定位

(1)设备定位方式

预切槽设备定位采用四点定位的导向测量系统:即在设备 4 个支腿端部分别装置测量点,得用平行四边形原理(两边中点的边线与另外两边平行),进行设备定位时在行走梁之间架设全站仪,通过后方交汇的形式对全站仪进行设站。

预切槽设备精确定位位置偏差应满足表 3-1 的要求。

预切槽定位允许值(参考)　　　　　　　表 3-1

定 位 项 目	水平(mm)	竖直(mm)	角度(°)
偏差控制值	30	30	0.05

(2)设备行走、定位过程

预切槽设备行走、定位采用以下步骤:

步骤1:在行走梁之间架设全站仪,并保证全站仪与 4 个测量点及两个后视棱镜有良好的通视条件;

步骤2:利用 2 个已知的后视棱镜对全站仪进行后方交汇设站;

步骤3:保证 4 个支腿着地的情况下,人工依次对 4 个测量点进行校准测量,并在驾驶室内的导向测量界面进行确认;

步骤4:同步对 4 个支腿进行动作,保证设备处于水平状态;

步骤5:在导向测量界面点击测量,系统自动测量 4 个测量点,确保设备处于水平状态;

步骤6:设备前进;

步骤7:重复步骤 1~6,直至设备行进至掌子面;

步骤8:对设备进行整机的转向、平移,直到设备轴线与设计值偏差在允许的偏差范围内。

4)设备姿态实时控制系统

在设备工作过程中,测量系统隔一定时间(可手动设置时间间隔)自动依次测量 4 个测量点来计算设备的姿态变化情况,并对数据进行保存及显示,操作人员能通过界面上设备数据变化对设备的姿态进行微调,全站仪实时自动定位见图 3-19。

图 3-19 全站仪实时自动定位

5）切槽及混凝土喷灌施工

(1) 详细施工工序

采用预留核心土法稳固掌子面方案具体施工工序如下：切槽机移机定位→切灌混凝土→切槽机后退→仰拱初支施工→仰拱回填→混凝土等强→开挖出渣、欠挖处理→隧道底板平整、进台架→三角区立拱→初支喷混凝土→下一循环：切槽机移机定位。详细施工工序流程图见图 3-20，切槽工艺各过程设备布置示意图见图 3-21。

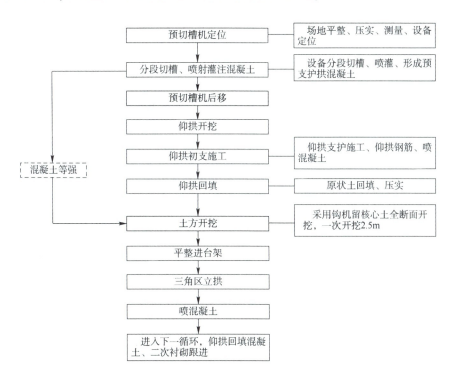

图 3-20 预切槽法详细施工工序流程图

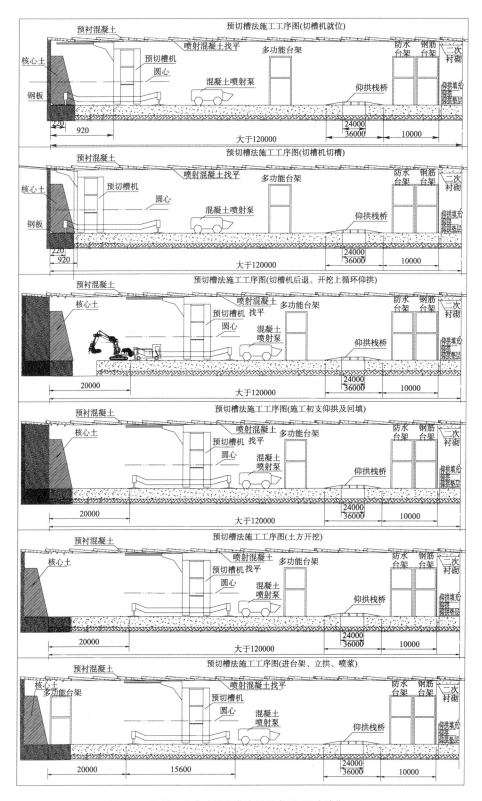

图 3-21 切槽工艺各步骤设备布置示意图(尺寸单位:mm)

（2）环向切削工序

切槽施工分为三部分,分别为拱脚切槽、拱腰及拱肩段切槽及拱顶段切槽。

拱脚段切槽的施工工艺为:链刀旋转至进刀位置→拱圈行走至复合进刀位置→调整链刀俯仰角及变幅→复合进刀→向下环切至偏摆位置→链刀偏摆至设计角度→链刀复合退刀拉槽→链刀偏摆回正→链刀复合退刀。

拱腰及拱肩段切槽的施工工艺为:链刀旋转至进刀位置→拱圈行走至复合进刀位置→调整链刀俯仰角及变幅→复合进刀→向下环切至下一段上缘面下10cm→链刀复合退刀拉槽→在退刀点进行二次复合进刀及退刀。

拱顶段切槽的施工工艺:链刀旋转至进刀位置→拱圈行走进至复合进刀位置→调整链刀俯仰角及变幅→复合进刀→环切至一侧拱肩并切削接茬面→往回环切至别一侧拱肩并切削接茬面→环切至复合进刀位置→复合退刀。

切槽机具体切削顺序及混凝土灌注顺序如图3-22所示。

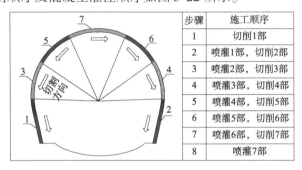

图3-22 环向切灌顺序图

预切槽切削施工参数为链刀切削线速度:35～40m/min,环切线速度:180～200mm/min。切槽过程中需要注意控制环切速度与链刀转速的匹配,在控制切削进度的情况下保证出渣的顺畅性。

接缝处拉毛及清理,每段切削时对已成型段回切10cm左右,使切削面形成V形接榫,利用刀齿在接茬面上拉出刀痕,起到拉毛的效果。

(3)预切槽法混凝土灌注工艺

每部切削完成后喷嘴就位对已切削空腔进行喷射混凝土灌注,施工工艺及质量保证措施如下:

①混凝土应严格按照配合比下料,掺和料的加入应有严格保证措施。

②在输送泵自动控制系统中,按照配合比设计设置速凝剂的掺量。

③喷嘴操作措施如下:

开喷前先将接茬处存在的泥土及混凝土段吹出槽外,避免接茬面存在浮尘,影响混凝土连接质量。喷嘴与槽口保持垂直,伸进空腔,使喷嘴与受喷面之间的距离为0.6～1.0m,以保持混凝土喷射压力。喷嘴移动轨迹应环向匀速移动,喷嘴在槽内按照正弦曲线的形式自内向外分层作业,让混凝土自内向外"挤"出来。拱顶部可选择全分段切槽长的往复喷射成层,其余段由于相对高差较大,适当缩短混凝土初凝时间以及槽内坡面喷射堆积,以尽量防止喷层掉落。

④须随时观察喷嘴磨损情况,如过量磨损就及时更换,以免影响混凝土喷射流的聚拢效果。

⑤混凝土发生堵管时的操作事项如下:

应立即停止速凝剂的泵送,混凝土输送泵进行三次正、反泵操作,此时如果管路已通顺,则继续进行正常的喷灌混凝土作业。

如正、反泵操作无效,应立即将混凝土喷射机构退出槽外,并旋转至拱脚处进行管路检查,如果在喷射混凝土初期堵管,可自前往后敲击管路,确定堵塞部位后,拆除堵塞段的管路并进行更换;如无法通过敲击管路确定堵塞部位,则自后往前逐个拆除接头进行试泵,确定堵塞管路后及时拆除及更换。洞内配备一套备用喷浆管路,以便及时更换管路。拆除下来的堵塞管路应及时疏通,空压机出风和管处设置三通,另接一单独管路用以进行堵管及喷灌完成后的管路清理及疏通。

⑥混凝土喷射机构为悬臂结构,槽内工作段存在挠度,喷射管在切槽内运动时易与切槽壁发生剐蹭。如果出现喷射管在切槽内出现被卡的情况,应停止混凝土的喷灌,通过微调喷射管的俯仰角,同时进行环向动作,待喷射机构可自由动作后再行恢复喷灌作业。

⑦喷浆管路的清洗(图3-23)。

预切槽施工完成后需要对混凝土输送泵及输送管路进行清洗,常规的工作流程是先清洗混凝土输送泵,然后在混凝土输送泵中加入清水,再结合清洗球,采用泵送清水的方式清洗混凝土输送管路,混凝土输送泵的清洗过程中会有大量废物排出,如果任其排放到黄土隧道面上,会造成底板湿陷、现场泞沥不堪。现场施工服务人员经过咨询及讨论,决定采用分体清洗,在预切槽施工完成后,将混凝土输送泵与管路断开,移动到已完成混凝土仰拱填充段进行清洗,废水可直接流入隧道两侧排水沟顺坡排出;混凝土输送管路的清洗先采用压缩空气结合清洗球将管路内的混凝土挤出,然后在管路内灌入清水,再塞入清洗球将管壁上残留的水泥浆清洗干净,管路清洗的用水量少保持了施工现场的整洁。

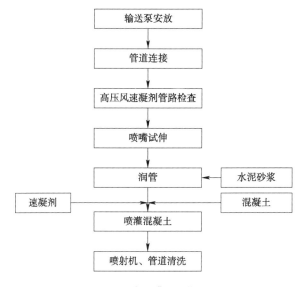

图 3-23　混凝土灌注工艺流程图

(4)切灌交叉换位

分区切灌预切槽施工每个分段的切槽及喷灌混凝土为先后依次交错进行,切削或喷灌完成一个分段,需要将链刀或混凝土喷射机构运动至另一侧的分段进行施工,在此过程中链刀与混凝土喷射机构会有一个交叉换位,在进行交叉换位时,需要将链刀的变幅及俯仰值设置到最小,混凝土喷射臂全部收回,并在不干涉洞臂的情况下适当仰起,以防止交叉换位时两部分机构结构发生碰撞。

3.3.5 开挖支护

1)隧道开挖

切槽体混凝土强度达到10MPa即可进行开挖,根据室内试验和现场试验数据,采用针对项目要求特别研制的早高强混凝土10h即可达到10MPa,而采用普通混凝土则需19h才能达到目标强度。隧道采用全断面方式由挖掘机直接开挖,试验段为确保安全开挖进尺2.5m,预切槽支护搭接长度1.0m。仰拱滞后掌子面三个循环施工,仰拱初支施作完毕后,回填黄土至路面高程,并对预切槽设备支腿范围内路面进行夯实。

采用预留核心土法稳固掌子面时,因核心土影响多功能移动台架的就位,需先开挖1~1.5m(含原预留0.5m)并预留核心土满足后方拱架安装空间及安全,待拱架安装完成后再二次开挖剩余1m,进行掌子面开挖时先从上往下逐步刷坡式开挖,留一定坡度,防止土方垮塌,核心土预留方式参见图3-24。

图3-24 预切槽法核心土稳固掌子面示意图

2)洞身支护

(1)钢拱架

①制作:钢架按设计尺寸在洞外下料分节焊接制作,保证每节的弧度与尺寸均符合设计要求,每节两端均焊连接板,节点间通过连接板用螺栓连接牢靠,加工后必须进行试拼检查,严禁不合格品进场。

②安装:采用预切槽施工专用多功能台架进行安装。钢架按设计要求安装,安装尺寸允许偏差:横向和高程为±5cm,垂直度±2°,保护层厚度不小于4cm。

安装前清理预衬混凝土表面的泥土,先施工拱墙拱架,安装两榀(工12.6+工16),间距

1.25m,保证净空要求,φ22mm 纵向连接筋,环向间距 1m,与拱架焊接。各节钢架均在掌子面以螺栓连接,连接板之间加设 3mm 厚橡胶板,连接板之间应密贴。工 12.6 钢架底脚下垫 18a 槽钢,工 16 钢拱架底脚下垫 22a 槽钢。钢架的下端设在稳固的地层上,拱脚高度低于上部开挖底线以下 15~20cm。拱脚开挖超深时,加设钢板或混凝土垫块。之后打设锁脚锚杆,锁脚锚杆直径 φ42mm,壁厚 5mm、长度 4m,每拱脚处 2 根,工字钢双侧布置,下倾角度 30°~45°,管尾端与钢架采用"L"形筋搭接焊接,与钢拱架焊接成整体。工 12.6 钢拱架节点连接使用 M22×60 连接螺栓连接。工 16 钢拱架节点使用 M27×80 连接螺栓连接。钢拱架内侧保护层厚度 3cm,并作保护层厚度标示桩。为了保证钢架按设计位置安设,在安设过程中当钢架和预切槽衬砌之间有较大间隙时,应每隔 2m 用混凝土预制块楔紧,用 φ16mm 钢筋做定位筋。

采用预留核心土法稳固掌子面时,预衬混凝土三角区内的拱架无法及时安装,容易导致产生安全隐患,如图 3-25 所示。

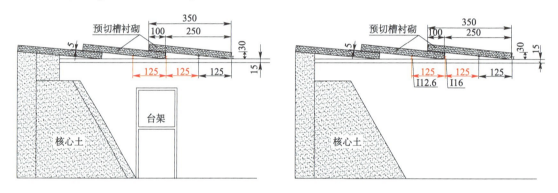

图 3-25 采用核心土法稳固掌子面时立拱示意图(尺寸单位:cm)

为了解决采用核心土法稳固掌子面所带来的立拱滞后问题,对作业台架进行了优化改进,使台架能伸出到掌子面,伸出长度为 3.5m,确保在留有核心土的情况下,掌子面附近两环切灌混凝土搭接区内能及时立拱,改进后台架见图 3-26,台架改进后的立拱作业示意图见图 3-27。

图 3-26 改进后的作业台架

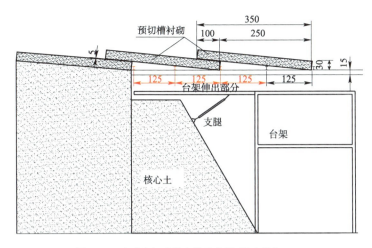

图 3-27　改进台架后的立拱示意图（尺寸单位：cm）

（2）钢筋网

全环单层布置，网眼 20cm×20cm，在钢拱架安装完成后铺设，铺设在拱架外侧，网片搭接 1~2 个网格，网片与锚杆焊接或绑扎固定，与工字钢点焊焊接为整体，当循环拱架间使用Ⅰ型钢筋网片（ϕ14mm×ϕ10mm，网格间距 20cm×20cm），与上一循环拱架之间使用Ⅱ型钢筋网片（ϕ8mm×ϕ8mm，网格间距 20cm×20cm）。

（3）利用多功能台架、风钻钻孔、安装锚杆，每次立 2 榀，间距 1 榀 1.25m，采用湿喷机械手喷射混凝土。

（4）喷射混凝土

喷射混凝土采用湿喷工艺。

①喷射前清理预衬混凝土表面残留松土，用喷浆管高压风吹洗。

②喷浆前设置控制喷混凝土厚度的标志，采用盘条或塑料管制作，外露钢架 4cm。

③喷射作业分段、分片、分层，由下而上进行，先喷三角处，喷一定厚度后再喷其他部位，最后整体喷平。

④喷嘴垂直于岩面，距受喷面 0.8~1.2m，呈螺旋移动，风压 0.5~0.7MPa。液态速凝剂由自动计量在喷嘴处掺入。

⑤喷射混凝土一次喷射混凝土的最大厚度，拱部不得超过 10cm，边墙不得超过 15cm。分层喷射混凝土时，后一层喷射应在前一层混凝土终凝后进行。

⑥喷混凝土料由洞外自动计量拌和站生产。混凝土搅拌车运输混凝土，机械手湿喷混凝土。

（5）仰拱及二次衬砌施工

受掌子面切槽设备、核心土的影响，以及切槽设备承载力要求较高，同时由于预衬混凝土拱脚处为未封闭成环结构，因此初支混凝土没有达到一定强度前，施作仰拱初期支护不利于结构的稳定。试验段隧道施工时根据监测数据，切槽预支护法施工，净空收敛值较常规工法有所增大。因此仰拱初期支护应滞后掌子面开挖三个循环；仰拱土方开挖完成立即施工拱架，与拱墙螺栓连接，混凝土喷射完成后，等强回填土至内轨顶面下 65cm。回填土完成后需进行夯实,以提高地基承载力确保预切槽机安全施工。

仰拱及填充混凝土作业,采用自制仰拱栈桥(24m 有效长度)过车,仰拱混凝土强度达到设计要求后,方可灌筑隧底填充混凝土。仰拱填充施工同时施工综合接地及过轨管。

拱墙二次衬砌在围岩变形基本稳定后采用液压衬砌台车及时进行跟进施作。

本章参考文献

[1] 唐经世.隧道预切槽施工法与机械[J].筑路机械与施工机械化,2001,18(2):37-38.

[2] 王华.机械预切槽法[J].世界隧道,1997,2:30-36.

[3] 王秀英,刘维宁,赵伯明,等.预切槽技术及其应用中的关键技术问题[J].现代隧道技术,2011,48(3):22-23.

[4] 张召.预切槽法开挖黄土隧道地层变形规律及掌子面稳定性研究[D].北京:北京交通大学,2014.

[5] 崔柔柔.预切槽法在黄土隧道中的应用与预切槽结构受力分析[D].成都:西南交通大学,2015.

[6] 孙兵,王秀英,谭忠盛.中心轴式预切槽机械在大断面黄土隧道中的应用试验[J].铁道标准设计,2016,60(5):74-78.

[7] 翁伯康,王慨慷,张成满.隧道预切槽机及其施工方案探讨[J].铁道建筑技术,1996,4:10-14.

[8] 夏毅敏,钱聪,田泽宇,等.预切槽设备切刀不同布置方式下切削特性研究[J].铁道工程学报,2016,33(5):64-69.

[9] 翟进营,杨会军,王莉莉."新意法"在国外隧道工程中的应用[J].隧道建设,2008,28(4):469-475.

[10] 张民庆,张梅,肖广智,等.浅析欧洲隧道修建技术[J].现代隧道技术,2013,50(1):8-15.

[11] 孙猛.黄土隧道切槽预支护技术研究[D].石家庄:石家庄铁道大学,2015.

第4章 重载铁路软弱围岩隧道台阶法含仰拱一次开挖施工与设备配套

合理选择隧道的开挖方法,是维持隧道结构稳定,防范各种工程安全问题的重要因素。台阶法是目前铁路隧道施工过程最常用的方法,并且随着我国隧道建设的快速发展,该工法不断被完善。然而,采用传统台阶法施工时,仰拱的开挖及其初期支护均作为独立工序存在,且一般不与掌子面开挖工序同步,即仰拱开挖滞后于下台阶开挖,由此带来的不利影响将涉及安全控制、工时、安全步距等。仰拱单独开挖,可能引起由于初支封闭不及时而产生的初支过大变形、掉拱、坍方等安全事故,且仰拱的单独钻爆开挖会增加对围岩的扰动次数。另外,考虑到掌子面开挖施工时出渣进料通道的空间需求,仰拱开挖施工与掌子面开挖施工不可避免会相互干扰,这会对循环时间的控制造成不利影响。并且,铁建设[2010]120号文件规定,隧道开挖后初期支护应及时施作并封闭成环,Ⅳ、Ⅴ、Ⅵ级围岩封闭位置距离掌子面不得大于35m,这对施工步距的控制提出了极高的要求,并对现场施工的有序开展造成了较大的约束。

基于以上考虑,台阶法含仰拱一次开挖是一项可以有效解决上述问题的技术。仰拱与下台阶同步开挖,首先可以促进初支结构快速封闭成环,且因为减少了爆破次数,相应减少了爆破对围岩的扰动,因此对隧道施工变形的控制大为有利。其次,由于仰拱与下台阶同步开挖,工序流程可大为简化,施工干扰减少,对循环时间及施工成本的控制也是有利的。

4.1 软弱围岩隧道台阶法含仰拱一次开挖施工技术

4.1.1 两台阶法含仰拱一次开挖施工工艺

1)工法特点

两台阶法下台阶与仰拱一次开挖,初期支护封闭成环及时,围岩扰动小,施工空间得到合理利用,施工效率得到提高。

两台阶法下台阶与仰拱一次开挖工法具有下列特点:

(1)围岩变形控制效果明显。初支及时封闭成环,爆破对围岩扰动较小,能很好地控制围岩变形,有效防止了坍方事故。

(2)施工高效、便捷。下台阶与仰拱一次开挖,合理利用了施工空间,方便机械化流水作业,可以多作业面平行作业,提高了施工效率。

(3)工法调整灵活、简便。在地质条件发生变化时,能灵活、及时地转换施工工序,调整施工方法。

(4)断面适应性广。对于不同的断面跨度及形式均有较好的适应性。

2)施工工艺及流程

两台阶法下台阶与仰拱一次开挖总体施工顺序依次为:超前地质预报、测量放线→上、下台阶及仰拱钻眼、装药、连线爆破→扒上台阶渣→清危找顶→初喷→上台架→上台阶立拱、挂网、打设锁脚锚杆、系统锚杆及超前支护(下台阶及仰拱扒渣、出渣)→下台阶及仰拱立拱、挂网、打设锁脚锚杆与系统锚杆→仰拱及下台阶初支喷混凝土→仰拱洞渣回填→上台阶喷混凝土。具体的施工工艺流程如图4-1所示。

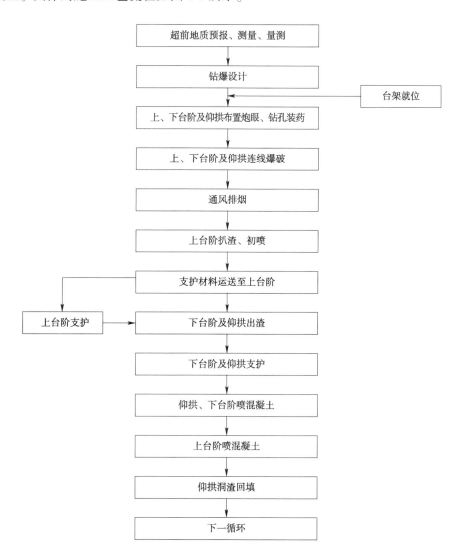

图4-1 两台阶含仰拱一次开挖施工工艺流程图

(1)主要工序工艺说明

①清理回弹料后,挖掘机将双拼式台架运送至上台阶,上、下台阶及仰拱同步钻孔。炮眼采用YT-28型凿岩机湿式钻孔,钻孔后利用高压风清孔,并检查、排除堵孔、塌孔、窜孔现象,如图4-2所示。

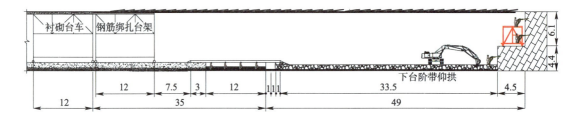

图 4-2　炮眼钻孔示意图(尺寸单位:m)

②按照爆破设计方案从上至下进行装药连线。装药完成后挖掘机将双拼式台架运出,作业人员撤离至安全地点,随后按下台阶(含仰拱)→上台阶的顺序起爆。起爆后通高压风排烟,如图 4-3 所示。

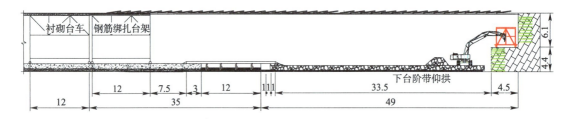

图 4-3　装药爆破示意图(尺寸单位:m)

③挖掘机对上台阶进行扒渣作业,并配合人工找顶清危。利用爆破洞渣铺设临时便道至上台阶,随后将双拼式台架及拱架、钢筋网片、锚杆、连接筋、焊机等材料机具运送至上台阶,如图 4-4 所示。

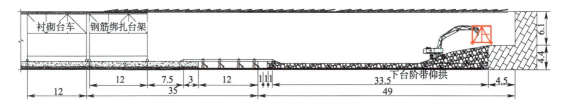

图 4-4　上台阶扒渣示意图(尺寸单位:m)

④上台阶安装拱架、挂网、打设锁脚锚杆及系统锚杆、焊连接筋、施作超前支护。下台阶与仰拱装载机配合自卸汽车同步出渣,出渣时留适量洞渣暂时堆放于作业面后方,用于后期仰拱回填,如图 4-5 所示。

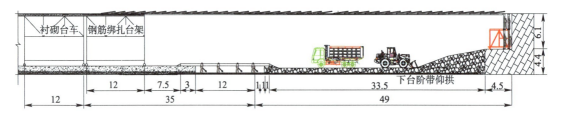

图 4-5　上台阶立拱、下台阶仰拱出渣示意图(尺寸单位:m)

⑤下台阶、仰拱出渣完成后,安装拱架、挂网、打设锁脚锚杆及系统锚杆、焊连接筋。挖掘机待上台阶立拱完成后将双拼式台架运出,如图 4-6 所示。

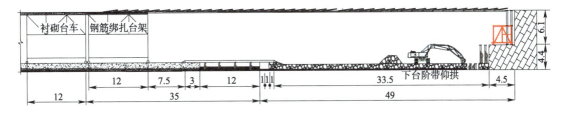

图 4-6　下台阶、仰拱立拱示意图(尺寸单位:m)

⑥混凝土罐车配合自动机械手按仰拱→下台阶顺序喷射初支混凝土。完成后挖掘机将备用洞渣回填至仰拱部位,以满足后续施工行车需求。随后混凝土罐车配合自动机械手喷射上台阶混凝土,如图 4-7 所示。

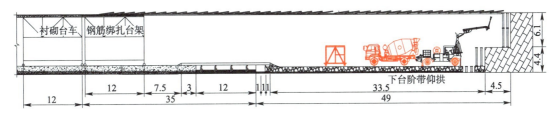

图 4-7　喷射混凝土、仰拱回填示意图(尺寸单位:m)

(2)台阶高度、长度设置

综合考虑结构施工稳定性、上下台阶工作量合理分配、施工机械作业空间及施工便捷性等因素,上台阶长度应设置为 4~6m;上台阶高度设置为隧道开挖总高度的 50%~65%,在保证开挖后围岩及支护结构稳定的前提下可适当增大;下台阶掌子面与仰拱端头距离宜设置为 20~25m,如图 4-8 所示。

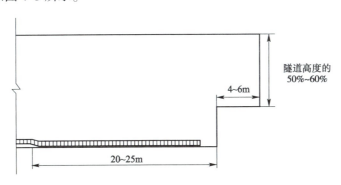

图 4-8　台阶设置示意图

(3)钻孔爆破

①作业内容。钻孔爆破作业内容包括:施工准备、超前地质预报、监控量测、测量放线、安放台架、打眼、装药及爆破、通风排烟、清危找顶。钻孔爆破与出渣、初支工序相衔接,具体工艺流程以及各工序之间的衔接详见图 4-9。

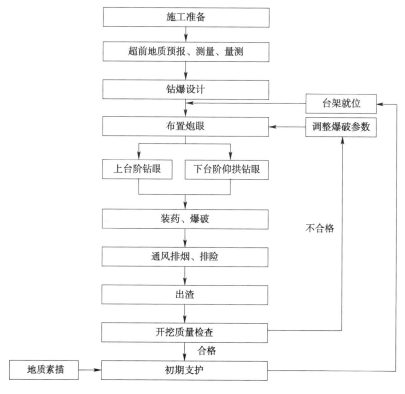

图 4-9 钻爆工艺流程图

②作业要求。钻孔爆破作业要求见表 4-1。

钻孔爆破作业要求   表 4-1

序号	作业项目	作业要求
1	测量放样	对开挖断面进行放样,在掌子面画出开挖轮廓线
2	布孔	班组长按照爆破设计进行布孔
3	钻孔	采用 YT-28 风钻湿式钻眼,钻孔采用 ϕ42mm 长 4m 钻钎,炮眼位置应先捣平,开眼时先低速运转,待钻进一定深度后再全速钻进。不能在残眼处、裂缝处钻孔,开孔时如确实有困难,可适当调整,调整范围不超过 5 倍的炮孔直径
4	清孔、验孔	利用高压风将杂物吹出,检查有无堵孔、塌孔、窜孔
5	装药	装药由持证爆破员操作,每 2 人一组,按照钻爆设计图自上而下进行装药
6	网络连接	网络连接按爆破设计将规定数目导爆管捆成束,由工作面向起爆点逐段进行连接。起爆网络采用复式联结网络,每一束导爆管在自由端 15cm 以上处安装 2 个引爆雷管,各束导爆管在自由端 10cm 以上处安装 2 个引爆导爆管,各联结均采用黑胶布包扎,以保证起爆的可靠性和准确性
7	起爆	起爆前进行警戒,所有人员撤离至安全地点,距离掌子面不小于 300m;起爆员由爆破员担任,两人负责实施,一人操作,一人监督
8	盲炮处理	若发现盲炮,应在当班处理。由持证爆破员进行处理,无关人员不允许进入警戒区
9	通风排烟	爆破完成后,通高压风排烟,确保洞内空气质量良好。通风 30min 后,专业人员进入检查有无瞎炮、盲炮

续上表

序号	作业项目	作业要求
10	找顶、出渣	人工配合挖掘机找顶,挖掘机挖掉松动岩石,人工手持钻杆或钢筋敲击开挖面,敲除松动岩石。采用挖掘机扒渣,装载机装渣,自卸汽车运至指定弃渣场倒弃
11	欠挖处理	对于欠挖部位,采用人工手持风镐进行处理,必要时补炮处理,确保开挖断面尺寸和初支厚度

(4)拱架安装

①作业内容。拱架安装作业内容主要包括:施工准备、断面检查、测量定位、初喷混凝土、拱架拼装、拱架架立、打设锁脚锚杆并焊接纵向连接筋。具体施工流程如图4-10所示。

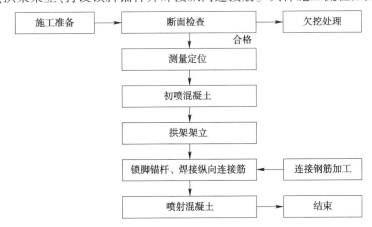

图4-10 拱架安装工艺流程图

②作业要求。拱架安装的作业要求见表4-2。

拱架安装作业要求　　　　　表4-2

序号	作业项目	作业要求
1	钢架制作	钢架统一在加工厂加工制作,拱架加工完后,由质检工程师进行试拼验收,验收合格后继续按照验收合格的拱架尺寸进行拱架加工。制作时严格按交底图纸进行,保证每节的弧度与尺寸均符合设计要求,每节两端均焊连接板,拱架严格控制翘曲度,焊接过程中不得有假焊,焊缝表面不得有裂隙、焊瘤等缺陷;节点间通过连接板用螺栓连接牢靠,加工后进行试拼检查,严禁不合格成品进场
2	钢架安装	拱架应在隧道开挖初喷射混凝土后及时进行架设,根据测量放线位置及高程,清除拱脚下虚渣及杂物,架立钢架。各单元钢架通过螺栓连接,连接板必须密贴。格栅拱架的脚板必须安设在稳固的基层上
		上台阶钢架紧贴掌子面,下台阶两侧钢架同时开挖架立,与初支仰拱钢架连接,保证初期支护一次封闭成环
		测量放样校正钢架无误后,拱脚用轻硬质垫块支垫牢固,钢架节点用定位系筋固定
		施作锁脚锚杆,用"L"形钢筋与钢架焊接牢固。用纵向连接筋将新架立钢架与前一榀钢架间焊接牢固
		超挖部分用喷射混凝土回填密实

续上表

序号	作业项目	作业要求
3	锁脚锚杆	上、下台阶拱脚处分别设 2 根 ϕ42mm 锁脚锚杆,单根长度 L = 4.0m,8 根/榀;锁脚排管:水泥浆液,其参数如下: 水泥浆液水灰比 1:1(重量比); 注浆压力:0.5~1.0kPa; 配置浆液时应防止杂物进入,配置好的浆液要及时用完,随配随用
4	连接筋	钢架间设置 ϕ22mm 纵向连接钢筋,环向间距 1.0m,在拱架内侧凹槽内与钢架内侧翼缘板焊接牢固

(5)锚杆支护

锚杆支护作业内容主要有:施工准备、锚杆孔位布置、锚杆钻孔、清空、锚杆安装、注浆、安装垫板拧紧螺栓。锚杆支护有砂浆锚杆与中空注浆锚杆两种形式,中空注浆锚杆支护的具体工序流程见图 4-11,砂浆锚杆支护工序流程见图 4-12。

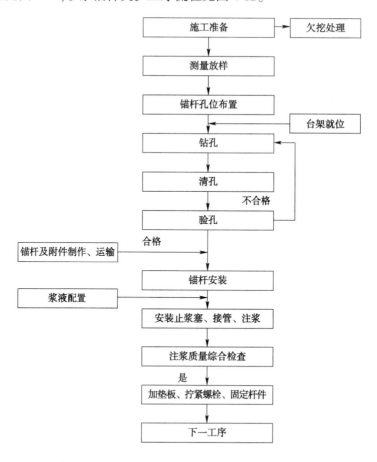

图 4-11 中空注浆锚杆支护工艺流程图

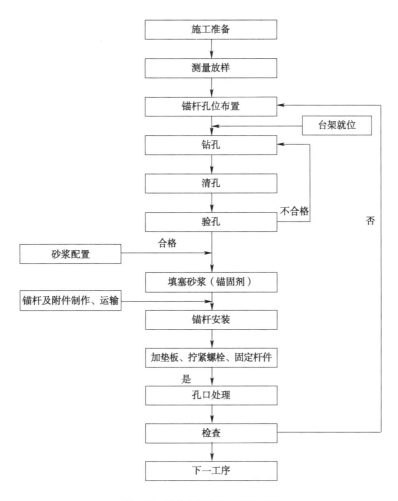

图 4-12 砂浆锚杆支护工艺流程图

(6)超前支护

①超前小导管

a. 超前小导管支护作业内容主要有：小导管制作、测量放样、钻孔、清孔、安装、掌子面喷射混凝土封面、注浆、注浆效果检查。具体工艺流程见图 4-13。

b. 超前小导管支护作业要求见表 4-3。

②超前大管棚

a. 超前大管棚支护作业内容包括：导向管安装、套拱混凝土浇筑、施作扩大洞室、管棚制作、水泥浆制作、跟管钻孔、注浆清空、孔口封闭、效果检查，具体施工工艺流程见图 4-14。

b. 超前大管棚支护作业要求见表 4-4。

(7)喷射混凝土

①喷射混凝土作业内容包括：施工面准备、受喷面处理、喷射混凝土，具体工艺流程见图 4-15。

②喷射混凝土作业要求见表 4-5。

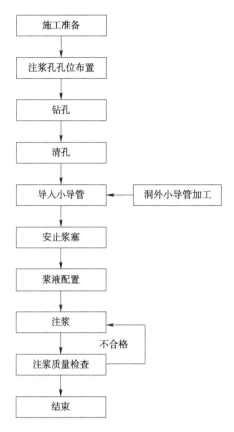

图 4-13　超前小导管支护工艺流程图

超前小导管支护作业要求　　　　　　　　　　　　　　　　　　　　　表 4-3

序号	作业项目	作业要求
1	小导管制作	小导管前端加工成尖锥形,在距离尾部 10cm 位置焊 φ6 加筋箍,钢管管身除尾部 100cm 外,其他位置钻 φ6 注浆孔,间距 15cm 呈梅花形错开布置
2	测量放样	按技术交底要求在施工作业面上放出钻孔位置,并做好标记
3	钻孔清理	钻孔施工时,孔眼深度大于导管长度;钻孔应由高孔位向底孔位进行;遇卡钻塌孔时应注浆后重新钻孔。钻孔完成后用高压风从孔底向孔口进行清渣
4	导管安装	已加工的小导管由专用顶头顶进,顶进钻孔长度不小于 90% 的管长。小导管外露长度满足连接孔口的阀门和管路要求。相邻两排小导管搭接长度应符合技术交底要求
5	喷射掌子面混凝土	在注浆作业前,为防止浆液向外渗漏,需要先喷射混凝土封闭注浆面,形成止浆墙
6	注浆配置	根据岩层注浆材料不同选取,可采用水泥浆或改性水玻璃单浆液,也可采用水泥 + 水玻璃双浆液。配合比根据现场试验进行确定
7	注浆	注浆顺序由下至上,注浆量先大后小,注浆压力由小到大;注浆结束标准:一般注浆达到技术要求注浆量或注浆压力达到技术要求压力值后再持续注浆 3min 以上方可结束注浆;注浆后要堵塞密实注浆孔,浆液强度达到 70% 以上,或 4h 以后可进行开挖面的工作
8	效果检查	通过资料分析、钻孔或开挖取样对注浆效果进行检查

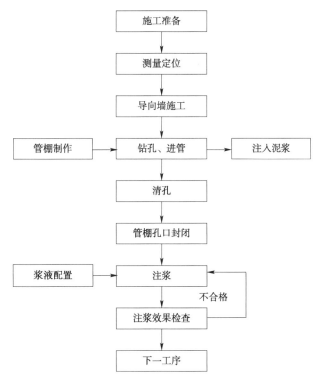

图 4-14 超前管棚支护工艺流程图

超前大管棚支护作业要求 表 4-4

序号	作业项目	作业要求
1	测量定位	按技术交底文件对套拱拱架位置放样,并做好标记
2	扩大洞室施工	为保证管棚施工,根据现场情况和施工方案要求扩大洞室,并对扩大洞室及周边进行加固,确保结构稳定
3	套拱施工	按技术交底要求间距架立套拱钢架,并采取措施保证拱脚承载力,用钢筋将钢架纵向焊接成一个整体。在钢架顶部外缘安装导向钢管,导向钢管安装前测量定位,控制好导向管的方向与角度,然后浇注套拱混凝土。套拱完成后,喷砼封闭周围仰面坡面,作为注浆时的止浆墙。用红油漆在套拱上标注每一个孔的编号
4	管棚制作	钢管管节两端车内、外丝,采用丝扣连接,丝扣长 15cm,下管前要对每个钻孔的钢管进行配管和编号。下管时按编号分段施工,钢管节与节之间采用丝扣连接。相邻钢管的接头前后错开,同一断面内的接头数不大于 50%
5	泥浆制作	泥浆制作在泥浆搅拌桶内进行,每立方米泥浆需膨胀润土 450~700kg,加入适量烧碱可提高泥浆黏度,这样的泥浆黏土颗粒悬浮均匀,沉淀少,性能稳定,能满足钻孔的需要。实际操作可根据地质情况调整泥浆的黏度
6	跟管制作	钻头采用与钻管等径的模型钻头,楔板回转半径略大于钻杆半径,钻头前端有 φ10~15mm 的水眼,当钻头正常回转钻进时钻管沿直线前进。当钻头由于某种原因偏离预定轨迹的某一方向时,就需要纠偏了。 纠偏方法是把钻头楔面调整至已经偏斜的方向,钻机停止回旋加力顶进,钻头由于斜面的作用就会反方向偏斜,以此调整钻进的方向。面向角的朝向和钻头的偏斜方位都是由装在钻头后面的导向棒检测的,并通过穿过钻孔的导线连接到位于钻机操作平台的显示屏,钻机可以方便地调整钻进方向。这样终孔偏差可以控制在 0.5% 以内

续上表

序号	作业项目	作业要求
6	跟管制作	钻进前需要开泵,待泥浆流通正常以后,方可钻进。钻进时,泵压力应控制在0.6~1.0MPa,最大不超过2.0MPa,转速30~60r/min(黏性土取低值,砂性土取高值),泵量为10~30L/min为宜,保持中小水量、中低压力,匀速钻进
7	清孔	向管内注水冲出泥浆,后用φ8mm的钢丝绳将探棒取出
8	孔口处理	先把注浆管插入管前端,利用止浆塞封闭端头
9	制浆	管周注浆材料采用0.45:1~0.5:1的水泥浆,配合比根据现场试验确定
10	注浆	注浆在每根钢管钻进并完成清空之后,将管壁与土层间的泥浆压出管外,为防止浆液失水而造成的不饱满的情况产生,可调整浆液的水灰比为0.5:1,也可掺加少量的微膨胀剂。当从堵头漏出泥浆变为水泥浆时,暂停注浆。然后移动止浆塞,采用水泥砂浆或者稠度更大的水泥浆进行后退式注浆填充管体。采用全控一次性注浆,利用自制的注浆套管与管棚套管用套丝连接,注浆时采用低压力、中流速注入,注浆压力初始为0.5~1.0MPa,终止压力为1.5~2.0MPa。注浆过程中压力逐步上升,流量逐渐减小,当压力升至注浆终压力时,继续压注10min才结束

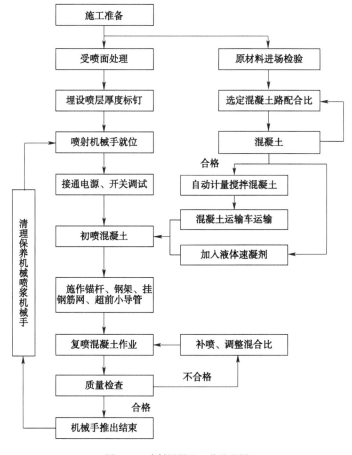

图4-15 喷射混凝土工艺流程图

喷射混凝土作业要求 表 4-5

序号	作业项目	作 业 要 求
1	材料配比	配合比设计根据原材料性能、混凝土的技术条件和设计要求通过试验选定,初期强度要满足施工需要,即 3h 强度达到 1.5MPa,24h 强度达须达到 10.0MPa
2	喷射混凝土前	根据本隧道围岩特点初喷前岩面用高压风净岩面,禁止用水吹洗,防止黏土泥化
		设置控制喷射混凝土厚度的标志,采用埋设钢筋头做标志
		检查机具设备和风、水、电等管线路,并试运转
		保证作业区内具有良好通风和照明条件
3	喷射混凝土时	初喷混凝土在开挖后及时进行
		喷射厚度控制:在隧道开挖面上固定钢筋头,其长度比要求的喷射混凝土长 1cm 左右,每平方米固定 1~2 根。在施作喷射混凝土时,以喷平固定的标桩为准
		喷射作业时,喷射角度与喷射距离:喷嘴与岩面的角度,一般应垂直于岩面。但在喷边墙时,宜将喷嘴略向下俯 10°左右,使混凝土束喷射在较厚的混凝土顶端。由于混凝土束喷射在呈黏塑性状态的混凝土上,可避免料束中的粗骨料直接与岩面撞击,减少回弹量。喷射距离一般以 0.6~1.2m 较好,喷射顶部时可适当增加到 1.0~1.4m
		喷射顺序:喷射的顺序应先墙后拱,自下而上。如岩面凹凸不平时,应先喷凹处找平,局部超挖过大时,应先铺设钢筋网再找平。然后向上喷射。喷射时喷嘴料束就呈旋转轨迹动动,一圈压半圈,纵向按蛇形进行。转动半径在 15cm 左右,每次蛇行长度 3~4m 或根据速凝效果而定
		分层喷射时,后一层喷射在前一层混凝土终凝后进行,若终凝 1h 后再进行喷射时,须先用风水清洗喷层表面
		钢架与围岩间的间歇必须用喷射混凝土充填密实;喷射顺序由下向上对称进行,先喷射钢架与围岩间的间隙,后喷射钢架与钢架间的混凝土;各种形式的钢架全部被喷射混凝土覆盖,拱架内侧保护层厚度不得小于 30mm
		对有涌水、渗水或潮湿的岩面喷射前要按不同情况进行处理:大股涌水用注浆堵水后再喷射混凝土;小股水或裂隙渗漏水用岩面注浆或导管引排后再喷射混凝土;喷射时,从远离渗漏水处开始,逐渐向渗漏水处逼近,将散水集中,安设导管,使水引出,再向导管逼近喷射。大面积潮湿的岩面用黏结性强的混凝土,如添加外加剂,掺合料以改善混凝土的性能
		喷射混凝土的回弹率:侧壁不大于 15%,拱部不大于 25%
		喷射侧壁下部(台阶法施工上半断面拱脚)及仰拱时,需将上半断面喷射时的回弹物清理干净,防止回弹物卷入下部喷层中形成"蜂窝"而降低支护强度
		喷射混凝土表面要平整平顺、无空鼓、裂缝、松酥
4	养护	喷射混凝土终凝 2h 后,喷水养护,时间不得少于 14d。喷水次数以能保持混凝土具有足够的湿润状态为度。当围岩条件不允许喷水养护时,采用喷雾养护,防止喷水过多软化下部土层
		气温低于 5℃时不得喷水养护

3)施工控制要点

(1)施工必须做好工序衔接。工序安排应紧凑,尽量减少围岩暴露时间,避免因长时间暴露引起围岩失稳。

(2)严格控制各个台阶的循环进尺,上台阶每循环开挖支护进尺Ⅴ级不得大于1榀钢架,Ⅳ级不得大于2榀钢架;Ⅳ、Ⅴ级围岩下台阶每循环开挖支护进尺不得大于2榀钢架。

(3)遇到掌子面出水较多的情况时应及时做好抽排水工作,尽量避免工人带水作业。

(4)爆破钻眼之前应检查掌子面是否存在松动现象,如有松动块应及时清除。

(5)开挖坚持以光面爆破为主、人工修整为辅,尽量减少对围岩的扰动,并保证岩面圆顺。挖掘机开挖应由专人指挥,防止挖掘机碰触钢架,造成拱架变形甚至发生事故。

(6)根据围岩情况设置超前小导管,根据开挖情况可减小环向设置间距直到消除拱部开挖掉块现象为止,小导管长度宜为2.5~4.0m。

(7)必须高度重视初支的施工质量,采用机械手进行喷射混凝土作业,保证初期支护质量,提高"初支质量是作业人员安全的保证"的意识。

(8)锁脚锚杆是保证初期支护安全的重要措施,保证了工字钢在受到侧向力时不发生向洞内的位移变形,同时可以起到抑制拱架整体下沉的作用,从而保证初支结构在施工过程中受力稳定。

(9)为增强钢架的整体稳定性,应将钢架与纵向连接筋、系统锚杆、定位系筋和锁脚锚杆焊接牢固。纵向连接筋是将各榀拱架连接为一体形成整体受力结构的保证。要重视拱架纵向连接筋的焊接质量,保证焊接长度。必要时加密纵向连接筋。

4.1.2 三台阶法含仰拱一次开挖施工工艺

1)工法特点

三台阶法下台阶与仰拱一次开挖,初期支护能及时封闭成环,隧道变形控制明显,解决了安全步距问题,并减少了爆破对围岩的扰动。

三台阶法下台阶与仰拱一次开挖具有下列特点:

(1)初支封闭成环及时。下台阶与仰拱一次开挖,初支能及时封闭成环,安全步距问题得到解决。

(2)断面适应性广。能适应不同的断面跨度及类型,尤其是大断面隧道。

(3)围岩变形控制效果明显。初支封闭成环及时,能较早地约束围岩变形,且爆破次数减少,对围岩的扰动减少,围岩自稳能力得到更好的发挥,有效防止了坍方事故。

(4)工法调整灵活性高。在地质条件发生变化时,能灵活、及时地转换施工工序,调整施工方法。

2)施工流程及工艺

三台阶法下台阶与仰拱一次开挖总体施工顺序依次为:施工准备→测量放线→上、中、下台阶及仰拱同时钻眼、装药→下台阶爆破→初喷→扒下台阶渣形成简易坡道→上台阶台架撤离→中、上台阶连线爆破→初喷→上、中台阶扒渣、出渣→上、中台阶上台架→上、中台阶立拱、挂网、打设锁脚锚杆、系统锚杆及超前支护(同步进行下台阶及仰拱扒渣、出渣)→下台阶及仰拱立拱、挂网、打设锁脚锚杆与系统锚杆→仰拱及下台阶初支喷混凝土→仰拱洞渣回填→中台阶喷混凝土→上台阶喷混凝土。具体的施工工艺流程如图4-16所示。

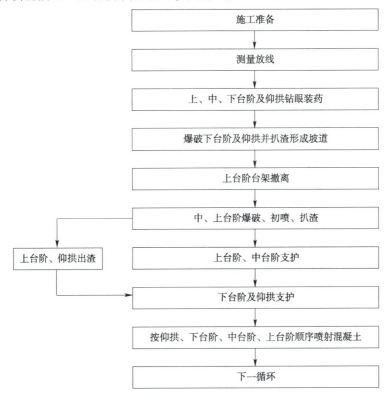

图4-16 三台阶含仰拱一次开挖施工工艺流程图

(1)主要工序工艺说明

①挖掘机将双拼式台架运送至上台阶,上、中、下台阶及仰拱同步钻孔。炮眼采用YT-28型凿岩机湿式钻孔。钻孔后利用高压风清孔,并检查排除堵孔、塌孔、窜孔现象,如图4-17所示。

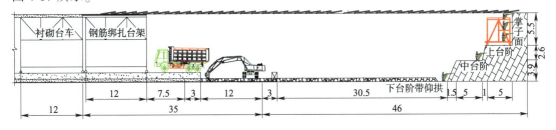

图4-17 炮眼钻孔示意图(尺寸单位:m)

②按照爆破设计方案从上至下进行装药连线。装药完成后连线起爆下台阶及仰拱,爆破后通风排烟,如图4-18所示。

③挖掘机利用下台阶与仰拱的爆破洞渣铺成简易坡道,挖掘机通过坡道将上台阶台架

运出至后方安全部位,作业人员撤离至安全地点,随后中、上台阶同步起爆,起爆后通风排烟,如图4-19所示。

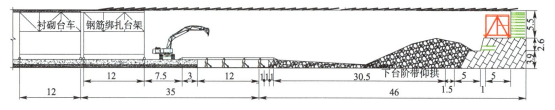

图4-18　下台阶、仰拱爆破示意图(尺寸单位:m)

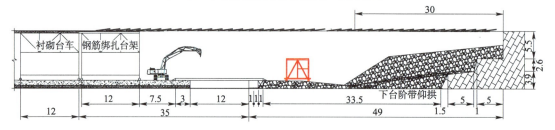

图4-19　上、中台阶爆破示意图(尺寸单位:m)

④挖掘机对上台阶进行扒渣作业,并配合人工找顶清危,如图4-20所示。

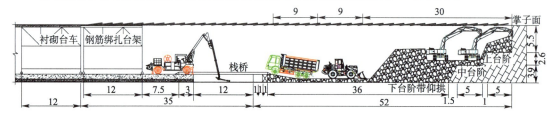

图4-20　上台阶扒渣示意图(尺寸单位:m)

⑤将双拼式台架及拱架、钢筋网片、锚杆、连接筋、焊机等材料机具运送至上台阶,中台阶继续扒渣,如图4-21所示。

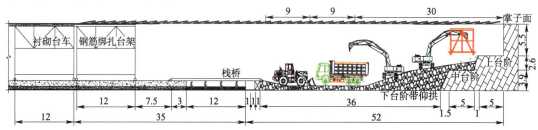

图4-21　上台阶进台架、初支材料示意图(尺寸单位:m)

⑥上、中台阶安装拱架、挂网、打设锁脚锚杆及系统锚杆、焊连接筋、施作超前支护。下台阶与仰拱装载机配合自卸汽车同步出渣,出渣完成后立即安装拱架、挂网、打设锁脚锚杆及系统锚杆、焊连接筋,出渣时留适量洞渣暂时堆放于作业面后方,如图4-22所示。

⑦混凝土罐车配合自动机械手按仰拱→下台阶顺序喷射初支混凝土,完成后挖掘机将备用洞渣回填至仰拱部位,以满足后续施工行车需求。随后混凝土罐车配合自动机械手喷射中、上台阶混凝土,如图4-23所示。

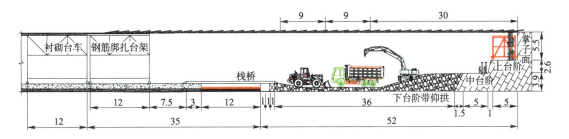

图4-22 上、中台阶立拱,下台阶、仰拱出渣示意图(尺寸单位:m)

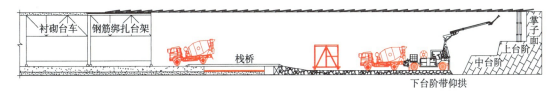

图4-23 喷射初支混凝土示意图

(2)台阶高度、长度设置

综合考虑结构的合理受力,以及施工稳定性、各台阶工作量合理分配、施工机械作业空间及施工便捷性等因素,中、上台阶的长度应设置为4~6m;中台阶高度控制在3m左右,上台阶高度设置为隧道开挖总高度的25%~40%,下台阶高度宜控制在隧道高度的30%~45%之间且不宜小于中台阶高度,遇掌子面出水较为严重时上台阶高度取范围内较大值,下台阶高度取范围内较小值;下台阶掌子面与仰拱端头距离宜设置为20~25m,如图4-24所示。

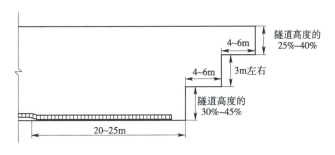

图4-24 台阶设置示意图

(3)钻孔爆破

钻孔爆破的作业内容包括:超前地质预报、监控量测、测量放线、安放台架、炮眼布置、钻孔装药、下台阶及仰拱起爆、上中台阶起爆、出渣、质量检查。三台阶下台阶与仰拱一次开挖涉及两次爆破,且爆破与出渣工序有交叉,具体工艺流程以及各工序之间的过渡与衔接详见图4-25。

(4)拱架安装

①作业内容。拱架安装作业内容主要包括:施工准备、断面检查、测量定位、初喷混凝土、拱架拼装、拱架架立、打设锁脚锚杆并焊接纵向连接筋,具体施工流程如图4-10所示。

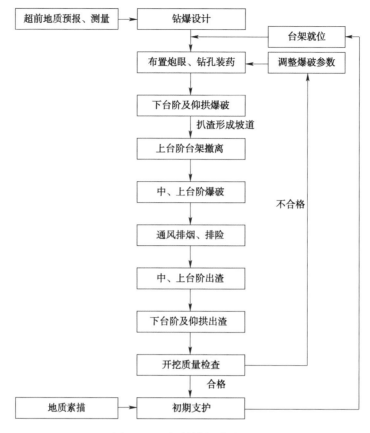

图 4-25 三台阶钻爆工艺流程图

②作业要求。拱架安装的作业要求见表 4-6。

拱架安装作业要求表 表 4-6

序号	作业项目	作业要求
1	钢架制作	钢架统一在加工厂加工制作,拱架加工完后,由质检工程师进行试拼验收,验收合格后继续按照验收合格的拱架尺寸进行拱架加工。制作时严格按交底图纸进行,保证每节的弧度与尺寸均符合设计要求,每节两端均焊连接板,拱架严格控制翘曲度,焊接过程中不得有假焊,焊缝表面不得有裂隙、焊瘤等缺陷;节点间通过连接板用螺栓连接牢靠,加工后进行试拼检查,严禁不合格成品进场
2	钢架安装	格栅拱架应在隧道开挖初喷射混凝土后及时进行架设,根据测量放线位置及高程,清除拱脚下虚渣及杂物,架立钢架。各单元钢架通过螺栓连接,连接板必须密贴。格栅拱架的脚板必须安设在稳固的基层上
		上台阶钢架紧贴掌子面,中台阶两侧钢架同时开挖架立,下台阶两侧钢架同时架立并与初支仰拱钢架连接,保证初期支护一次封闭成环
		测量放样校正钢架无误后,拱脚用轻硬质块支垫牢固,钢架节点用定位系筋固定
		施作锁脚锚杆,用"L"形钢筋与钢架焊接牢固。用纵向连接筋将新架立钢架与前一榀钢架间呈八字形焊接牢固
		超挖部分用喷射混凝土回填密实

续上表

序号	作业项目	作业要求
3	锁脚锚杆	上、中、下台阶拱脚处均需设置锁脚锚杆,直径为$\phi 42$mm,长度$L=4.0$m,8根/榀; 锁脚排管内水泥浆液参数如下: 水泥浆液水灰比1:1(重量比); 注浆压力:0.5~1.0kPa; 配置浆液时应防止杂物进入,配置好的浆液要及时用完,随配随用
4	连接筋	钢架间设置$\phi 22$mm纵向连接钢筋,环向间距1.0m,呈八字形焊在拱架内侧凹槽内与钢架内侧翼缘板焊接牢固

(5)锚杆支护

锚杆支护作业内容主要有:施工准备、锚杆孔位布置、锚杆钻孔、清空、锚杆安装、注浆、安装垫板拧紧螺栓。锚杆支护有砂浆锚杆与中空注浆锚杆两种形式,中空注浆锚杆支护的具体工序流程见图4-11,砂浆锚杆支护的具体工序流程见图4-12。

(6)超前支护

①超前小导管

a.超前小导管支护作业内容主要有:小导管制作、测量放样、钻孔、清孔、安装、掌子面喷射混凝土封面、注浆、注浆效果检查,具体工艺流程见图4-13。

b.超前小导管支护作业要求见表4-5。

②超前大管棚

a.超前大管棚作业内容包括:导向管安装、套拱混凝土浇筑、施作扩大洞室、管棚制作、水泥浆制作、跟管钻孔、注浆清空、孔口封闭、效果检查,具体施工工艺流程见图4-14。

b.超前大管棚支护作业要求见表4-6。

(7)喷射混凝土

①喷射混凝土作业内容包括:施工面准备、受喷面处理、喷射混凝土,具体工艺流程见图4-15。

②喷射混凝土作业要求见表4-7。

3)施工控制要点

(1)施工必须做好工序衔接。工序安排应紧凑,尽量减少围岩暴露时间,避免因长时间暴露引起围岩失稳。

(2)严格控制各个台阶的循环进尺,上、中台阶每循环开挖支护进尺Ⅴ级不得大于1榀钢架,Ⅳ级不得大于2榀钢架;Ⅳ、Ⅴ级围岩下台阶每循环开挖支护进尺不得大于2榀钢架,下台阶两侧左右错开开挖支护。仰拱紧跟下台阶开挖,与下台阶支护同时进行。

(3)遇到掌子面出水较多的情况时应及时做好抽排水工作,尽量避免工人带水作业。

(4)爆破钻眼之前应检查掌子面是否存在松动现象,如有松动块应及时清除。

(5)开挖坚持以光面爆破为主、人工修整为辅,尽量减少对围岩的扰动,并保证岩面圆顺。挖掘机开挖应由专人指挥,防止挖掘机碰触钢架,造成拱架变形甚至发生事故。

(6)根据围岩情况设置超前小导管,根据开挖情况可减小环向设置间距直到消除拱部开挖掉块现象为止,小导管长度宜为 2.5~4.0m。

(7)必须高度重视初支的施工质量,采用机械手进行喷射混凝土作业,保证初期支护质量,提高"初支质量是作业人员安全的保证"的意识。

(8)锁脚锚杆是保证初期支护安全的重要措施,保证了工字钢在受到侧向力时不发生向洞内的位移变形,同时可以起到抑制拱架整体下沉的作用,从而保证初支结构在施工过程中受力稳定。

(9)为增强钢架的整体稳定性,应将钢架与纵向连接筋、系统锚杆、定位系筋和锁脚锚杆焊接牢固。纵向连接筋是将各榀拱架连接为一体形成整体受力结构的保证,要重视拱架纵向连接筋的焊接质量,保证焊接长度,必要时加密纵向连接筋。

4.1.3 仰拱初支强度控制技术

1)仰拱初支强度要求

隧道开挖出渣后,仰拱和下台阶同步立拱、喷射混凝土,随后洞渣回填,再喷射上(中)台阶,用挖掘机将简易工作台架运送至上台阶,开始进行钻眼、装药、爆破,随后进行出渣,然后再进行下一循环的仰拱和下台阶同步立拱、喷射混凝土,一个循环结束。从施工流程来看,在仰拱初支混凝土施作后、下一循环施作前,作用在仰拱初支面上荷载包括了挖掘机自重、其上覆石渣以及围岩压力。由于此时仰拱初支刚刚施作(根据现场施工循环时间统计约 2~3h,偏安全取为 2h),强度较低,所以此时对仰拱初支承载最不利,若此时强度满足要求,则后续仰拱二衬施作时,仰拱初支承受来自栈桥传递的压力(包括其上装载机、混凝土罐车等)也能满足要求,如若不行也可以采取栈桥端头垫钢板、木块等措施减少仰拱初支局部受力。因此计算仰拱混凝土参数时只考虑仰拱初支施作并回填洞渣后、下一循环前的荷载。

早期仰拱承受的荷载来源于围岩压力和施工挖掘机及覆土,其中挖掘机(以 SY215C-9 挖掘机为例)参数见表 4-7。

挖 掘 机 参 数 表　　　　　表 4-7

型　号		SY215C-9
作业范围(mm)	最大挖掘高度	9570
	最大卸载高度	6700
	最大挖掘深度	6600
	最大垂直臂挖掘深度	5800
	最大挖掘距离	9950
	最小回转半径	3595
	最小回转半径时的最大高度	7665

续上表

型　号		SY215C-9
性能参数	整机重量(kg)	21800
	标准铲斗容量(m^3)	0.93
	额定功率(kW)	114
	行走速度(高/低)(km/h)	5.4/3.3
	回转速度(r/min)	11
	爬坡能力	70%/35°
	接地比压(kPa)	46.5
	发动机型号	6D34-TL
	铲斗挖掘力(kN)	138
	斗杆挖掘力(kN)	103

现通过 FLAC3D 软件,在仰拱上方回填洞渣并将挖掘机荷载进行换算后以面荷载的形式施加到仰拱回填洞渣上方来计算仰拱的受力状态。考虑最不利状态下挖掘机荷载状态应为挖掘机单边履带与隧道开挖方向垂直时的情况,此时的挖掘机荷载可按式(4-1)计算:

$$p = \frac{Gk}{2bl} \quad (4-1)$$

式中:G——挖掘机自重(kN);
　　k——动力系数,根据《建筑结构荷载规范》(GB 50009—2012)第5.6.2条取1.3;
　　b——挖掘机单边履带宽度(m);
　　l——挖掘机履带接地长度(m)。

代入数值,计算可得:

$$p = \frac{Gk}{2bl} = \frac{21800 \times 9.8 \times 1.3}{2 \times 0.6 \times 3.445} = 0.067 \text{MPa}$$

仰拱早期受力来源于围岩变形挤压、上覆填土自重以及挖掘机荷载三个部分。在计算时,后面两部分的荷载应全部施加至仰拱上方,但是围压变形产生的压力却难以精确确定并施加,故在计算仰拱早期受力时可将围岩变形压力与挖掘机荷载及覆土自重分开处理,最后通过将两部分受力进行整合得到仰拱的最终受力状态。

已知围压的压力来源于其开挖后的变形,针对这一点,利用实测数据对仰拱承受挖掘机荷载期间的围岩变形量进行预估并根据该变形量确定在 FLAC3D 中对应的运算迭代步数,由此可以得到对应状态下围岩变形对仰拱形成的压力。经过实测数据以及数值模拟比对之后,确定在 FLAC3D 中的计算步数为50,由此计算所得的初支应力云图如图4-26所示。

根据计算结果,围压变形压力下仰拱最大压应力为0.096MPa,产生在仰拱的两个拱脚;最小压应力为0.062MPa,产生在仰拱中部,即围岩变形压力下仰拱压应力呈现出两边大、中间小的分布规律。

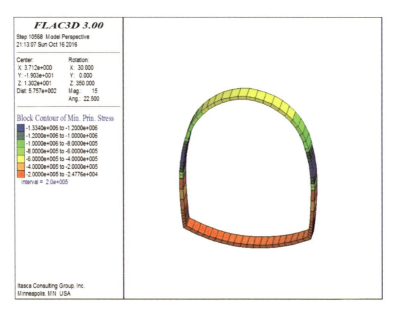

图 4-26 围岩变形压力下的初支应力云图

上覆土自重以及挖掘机荷载下的仰拱受力计算时,为还原仰拱及支护结构约束条件,同样采用地层结构模型进行。但是如果让模型计算到平衡,围压的变形压力将会远大于实际受力。为此,将围岩自重减小到1N,而其他参数不变,此时的模型能实现围压对支护结构的约束,但不会形成围压变形的压力。由此计算所得到的覆土自重以及挖掘机荷载下的初支应力云图如图4-27所示。

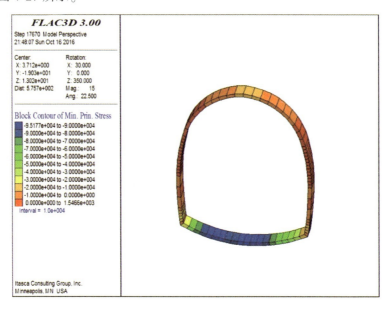

图 4-27 覆土与挖掘机重力作用下的初支应力云图

根据计算结果,早期仰拱混凝土在围岩、挖掘机及覆土荷载作用下,最大压应力为0.087MPa,产生在仰拱中间;最小压应力为0.015MPa,产生在两个拱脚,即在覆土自重及挖掘机荷载下仰拱的压应力呈现出中间大、两边小的规律。

现将两部分计算结果下的压应力进行简单叠加,由此得出的仰拱最大压应力为0.16MPa,偏安全取仰拱喷射混凝土2h强度控制标准为0.2MPa。

2)仰拱初支强度影响因素

通过对混凝土配合比进行正交设计,选择胶凝材料用量、水胶比、减水剂、速凝剂掺量、砂率等为因子,合理优化配合比,在比较经济的成本下,尽可能提高混凝土的早期强度,满足使用要求,即要求2h强度达到0.2MPa。

(1)材料的选择

喷射混凝土由水泥、砂、石、水、外加剂等组成,其强度与原材料关系密切。

①水泥。水泥采用普通硅酸盐水泥。水泥的性能应符合《通用硅酸盐水泥》(GB 175—2007)的规定。工地常用的P.O.42.5水泥的常规技术指标检验结果见表4-8。

水泥物理力学指标检验结果　　　　表4-8

检验指标	安定性	比表面积(kg/m³)	标准稠度用水量(%)	初凝时间(min)	终凝时间(min)	强度(MPa)			
						3d抗折	28d抗折	3d抗压	28d抗压
检验结果	合格	330	26.0	228	285	5.1	8.6	21.0	44.2

②骨料。要保证混凝土的强度,骨料应均质坚固、级配良好。良好的级配能使骨料的孔隙率和总比表面积均较小,从而不仅使水泥浆量较少,而且还可以提高混凝土的密实性。

如果骨料颗粒表面光滑,对混凝土的流动性有利,然而表面光滑的骨料和水泥石粘结较差。相反,表面粗糙的骨料与水泥石的黏结较好,有助于提高混凝土的密实性,而且骨料粗糙的混凝土可以降低$Ca(OH)_2$的富集程度。

砂的颗粒较小,一般不考虑其形貌,可是石子必须考虑其针、片状颗粒含量。针、片状颗粒不仅受力易折断,而且会增加骨料间的孔隙,增加泵机负荷,容易造成堵管现象,配制混凝土时,粗骨料的针、片状颗粒含量建议不超过8%。

对砂子来说,宜采用中粗砂,尤其是粗骨料较差时,砂以粗砂为好。

骨料中的黏土颗粒极细,会附着在骨料表面,影响水泥石与骨料的胶结能力,损害界面性能,影响混凝土的强度,另外含泥量较大时,会使得混凝土的流动性大大降低。

本次试验中采用的粗细骨料,其各项常规检验指标如表4-9～表4-12所示,所有集料均采用连续级配。这样更能保证水泥浆和集料表面彼此有良好的黏结力以改善界面结构,减少由于水泥浆硬化收缩而产生应力在界面上的集中程度和降低粗集料的空隙率。

细骨料颗粒级配筛分析　　　　表4-9

筛孔尺寸(mm)	5.00	2.50	1.25	0.630	0.315	0.160
累计筛余百分率(%)	3	14	26	56	88	96

细骨料物理性能指标　　　　表4-10

检验指标	表观密度(kg/m³)	堆积密度(kg/m³)	含泥量(%)	细度模数
检验结果	2580	1560	2.2	2.7

粗骨料筛分析　　　　　　　　　　　　　表4-11

筛孔尺寸(mm)	31.5	25.0	20.0	16.0	10.0	5.0	2.5
累计筛余百分率(%)	0	3	39	48	79	98	100

粗骨料物理性能指标　　　　　　　　　　表4-12

检验指标	表观密度(kg/m³)	堆积密度(kg/m³)	含泥量(%)	针片状颗粒含量(%)	压碎指标值(%)
检验结果	2680	1510	0.6	4	8

③外加剂。外加剂主要指无须取代水泥而外掺小于5%的化合物。外加剂主要是有机的，也有无机的。用于高性能混凝土的外加剂有减水剂、缓凝剂、引气剂等，用于早高强喷射混凝土的外加剂主要是减水剂和速凝剂。因为高性能减水剂的出现，才使得混凝土的水胶比能降得很低却仍有很好的工作性；同时因为添加适当速凝剂，可以使混凝土凝结时间提前，增加混凝土的早期强度。因外加剂的掺量都很少，故使用外加剂时应当延长搅拌时间，以得到均匀的混凝土拌合物。

聚羧酸盐系减水剂在分子结构、减水率、泌水率、引气、坍落度经时损失保留值、凝结时间差、收缩率等方面均优于其他种类减水剂，满足铁路隧道技术规范对混凝土外加剂的各项指标要求，本项目选用聚羧酸盐高性能减水剂，减水率26%，含气量2.7%，抗压强度比147%，对钢筋无锈蚀作用，各项指标符合规范要求。

速凝剂为液体低碱速凝剂，初凝4min44s，终凝9min21s，1d抗压强度10.2MPa，28d抗压强度比80%，掺量为4%，均满足规范要求。

(2)初支混凝土配比选择

①配合比选择的原则及规定。初支混凝土进行配合比计算时，均根据以下原则进行设计，然后进行试拌合测试。

a.混凝土的配合比应根据原材料品质、混凝土设计强度等级施工工艺对工作性的要求，通过计算、试配、调整等步骤选定。

b.配制的混凝土拌合物性能应满足施工要求，配制成的混凝土应满足设计强度等质量要求。

此外选定喷射混凝土配合比应遵循如下基本规定：

a.灰骨比宜为1:4~1:5。

b.水灰比宜为0.4~0.5。

c.含砂率宜为45%~60%。

d.水泥用量不宜小于400kg/m³。

混凝土中应掺加适量符合本技术条件要求的混凝土外加剂，优先选用多功能复合外加剂。

②核对材料，初步设计配合比。选择确定配合比前，应核对供应商提供的水泥熟料的化学成分和矿物组成、混合材种类和数量等资料，并根据设计要求，初步选定混凝土的水泥、骨

料、外加剂的品种以及水胶比、水泥用量和外加剂的掺量。

参照《普通混凝土配合比设计规程》(JGJ 55—2011)的规定计算 $1m^3$ 混凝土中各原材料用量,并核算 $1m^3$ 混凝土的总碱含量和氯离子含量是否满足要求,否则应重新选择原材料或调整计算的配合比,直至满足要求为止。

采用工程中实际使用的原材料和搅拌方法,通过适当调整混凝土外加剂用量或砂率,调配出坍落度、含气量、泌水率符合要求的混凝土配合比。试拌时,每盘混凝土的最小搅拌量应在 15L 以上。将该配合比作为基准配合比。

改变基准配合比的水胶比、胶凝材料用量、外加剂掺量或砂率等参数,调配出拌合物性能与要求值基本接近的配合比 3~5 个。

按要求对上述不同配合比混凝土制作力学性能试件,养护至规定龄期时进行试验。

从上述配合比中优选出拌合物性能优良、抗压强度适宜的一个或多个配合比各成型一组或多组耐久性试件,养护至规定龄期时进行试验。

根据上述不同配合比对应混凝土拌合物的性能、抗压强度试验结果,按照工作性能优良、强度满足要求、经济合理的原则,从不同配合比中选择一个最适合的配合比作为理论配合比。

采用工程实际使用的原材料拌合混凝土,测定混凝土的表观密度。根据实测拌合物的表观密度,求出校正系数,对理论配合比进行校正(即以理论配合比中每项材料用量乘以校正系数后获得的配合比作为混凝土配合比)。校正系数按下式计算:

$$校正系数 = \frac{实测拌合物密度值}{理论配合比拌合物密度值} \tag{4-2}$$

当混凝土的力学性能试验结果不满足设计或施工的要求时,则应重新选择水胶比、胶凝材料用量,并按照上述步骤重新试拌合调整混凝土配合比,直至满足要求为止。

(3)初支混凝土早期强度的测试方法

①测试标准。根据《铁路混凝土工程施工质量验收标准》(TB 10424—2010)、《普通混凝土力学性能试验标准》(GB/T 50081—2002)和《普通铁路隧道工程施工质量标准》(TB 10417—2003)要求制作喷大板,规格为 45cm×35cm×12cm 可制 6 块或者 45cm×20cm×12cm 可制 3 块,当混凝土达到一定强度后,加工成 10cm×10cm×10cm 的立方体试件,标准条件养护下进行抗压强度试验(精确至 0.1MPa)。

当不具备切割条件时,也可采用边长为 150mm 的立方体无底试模喷射成型试件,因其受喷面积大。

本试验除 1h、2h、3h、5h 因不方便切割成型,采用边长为 150mm 的立方体无底试模喷射成型试件,其余均采用 10cm×10cm×10cm 的立方体试件。

②测试方法。根据相关规范标准,测试方法如下:

a. 将上述制取好的试件从养护地点取出后应及时进行试验,将试件表面与上下承压板面擦干净。

b. 将试件安放在试件下压板或垫板上,试件的承压面应与成型时的顶面垂直。试件的中心应与试验机下压板中心对准,开动试验机,当上压板与试件或钢垫板接近时,调整球座,使接触均衡。

c. 试验过程应均衡连续均衡加压,加荷速度为 0.3~0.5MPa/s。

d. 当试件接近破坏开始急剧变形时,应调整试验机油门,直至破坏,然后记录破坏荷载。

混凝土立方体试件抗压强度应按式(4-3)计算

$$F_{ce} = \frac{F}{A} \tag{4-3}$$

式中:F_{ce}——混凝土立方体试件抗压强度(MPa);
　　　F——破坏荷载(N);
　　　A——试件承压面积(mm²)。

混凝土立方体抗压强度计算应精确至 0.1MPa,以三个试件测值的算术平均值作为该组试件的抗压强度值。三个测值中的最大值或最小值中如有一个与中间值的差值超过中间值的 15% 时,则把最大及最小值一并舍除,取中间值作为该组试件的抗压强度值。如有两个测值与中间值的差均超过中间值的 15%,则该组试件的试验结果无效。

(4)初支混凝土早期强度的影响因素研究

①试验的设计。为了试验安排数量的合理性,本研究采用正交设计,考虑了五因素三水平,共计 18 组实验,因素水平表见表 4-13。

因素水平表　　　　　　　　　表 4-13

水平	因素				
	胶凝材料用量(kg/m³)	水胶比	减水剂掺量	速凝剂掺量	砂率
1	440	0.40	0.8%	3%	55%
2	476	0.42	1.0%	4%	58%
3	500	0.44	1.2%	5%	60%

②试验安排。作为五因素三水平的正交试验,选用 $L_{18}(3^7)$ 正交表,见表 4-14。

$L_{18}(3^7)$ 试 验 方 案　　　　　　　　表 4-14

试验号	因素						
	A	B	C	D	E	F	G
	胶凝材料用量	水胶比	减水剂掺量	速凝剂掺量	砂率	空列	空列
1 号	1①	1④	1⑦	1⑩	1⑬	1	1
2 号	1	2⑤	2⑧	2⑪	2⑭	2	2
3 号	1	3⑥	3⑨	3⑫	3⑮	3	3
4 号	2②	1	1	2	2	3	3
5 号	2	2	2	3	3	1	1
6 号	2	3	3	1	1	2	2
7 号	3③	1	2	1	3	2	3

续上表

试验号	因素						
	A 胶凝材料用量	B 水胶比	C 减水剂掺量	D 速凝剂掺量	E 砂率	F 空列	G 空列
8号	3	2	3	2	1	3	1
9号	3	3	1	3	2	1	2
10号	1	1	3	3	2	2	1
11号	1	2	1	1	3	3	2
12号	1	3	2	2	1	1	3
13号	2	1	2	3	1	3	2
14号	2	2	3	1	2	1	3
15号	2	3	1	2	3	2	1
16号	3	1	3	2	3	1	2
17号	3	2	1	3	1	2	3
18号	3	3	2	1	2	3	1

注：①胶凝材料用量440kg/m³。
②胶凝材料用量476kg/m³。
③胶凝材料用量500kg/m³。
④水胶比0.40。
⑤水胶比0.42。
⑥水胶比0.44。
⑦减水剂掺量0.8%。
⑧减水剂掺量1.0%。
⑨减水剂掺量1.2%。
⑩速凝剂掺量3%。
⑪速凝剂掺量4%。
⑫速凝剂掺量5%。
⑬砂率55%。
⑭砂率58%。
⑮砂率60%。

③各因素对初支混凝土早期强度的影响

a.胶凝材料对初支混凝土早期强度的影响。胶凝材料是混凝土早期强度保证的重要因素，所以必须选择合适的胶凝材料用量。正交试验结果见图4-28。

由图4-28可以看出，随着胶凝材料用量增大，混凝土早期强度明显增大，可以看出，混凝土胶凝材料用量直接影响混凝土早期强度，说明要配制强度较高的混凝土，胶凝材料用量高是一个必要条件，它对仰拱喷射混凝土早期强度影响比较大。

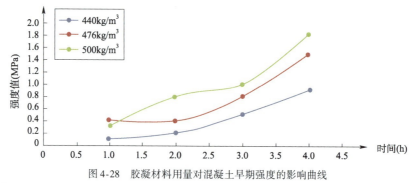

图 4-28　胶凝材料用量对混凝土早期强度的影响曲线

b. 水胶比对初支混凝土早期强度的影响。水胶比是判断混凝土密实和低渗透性的一个宏观指标。在实际生产中为满足施工操作要求,拌合混凝土所使用的水远超过水泥水化需要的水,随着混凝土内部多余水分的不断迁移、蒸发,会在混凝土内部形成相互连通的毛细孔系统,无规则的分散在混凝土中。其他条件相同时,随着水胶比增大,不仅水泥石总孔隙率增加,而且微分孔隙率即单位水泥石体积中随孔半径分布的孔体积也发生重要变化,混凝土内部大孔和连续性孔都明显增多,导致混凝土早期强度显著下降。混凝土要达到高强度,要考虑降低水胶比以减少混凝土的毛细孔道。

正交试验结果见图 4-29。

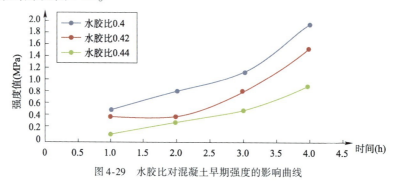

图 4-29　水胶比对混凝土早期强度的影响曲线

由图 4-29 可以看出,随着水胶比的减小,混凝土早期强度明显增大,说明要配制早期强度较高的混凝土,低水胶比是一个必要条件,它对仰拱喷射混凝土早期强度影响比较大。

c. 减水剂对初支混凝土早期强度的影响。聚羧酸高性能减水剂又称超塑化剂,其与普通减水剂的区别在于减水率高,普通减水剂的减水率一般为 5%~10%,而高性能减水剂的减水率可达 25% 以上。正是因为高性能减水剂的出现,才使得混凝土的水胶比能降得很低却仍有很好的工作性,才能配制出高强度混凝土。

正交试验结果见图 4-30。

由图 4-30 可以看出,随着减水剂掺量的增大,混凝土强度增大不明显,增长趋势比较平稳;强度存在交叉现象,没有明显相关性。

d. 速凝剂掺量对初支混凝土早期强度的影响。混凝土速凝剂是由铝氧熟料、纯碱、增稠剂等多种组分经改性配制而成的一种液体产品,对水泥具有速凝快硬和增强减水作用,掺入适量该产品的水泥砂浆能迅速凝结硬化,具有较高的早期强度,并能保持水泥的其他性能。

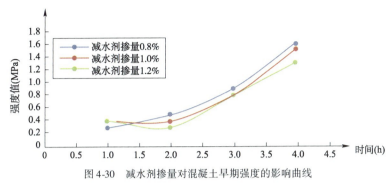

图 4-30　减水剂掺量对混凝土早期强度的影响曲线

正交试验结果如图 4-31 所示。

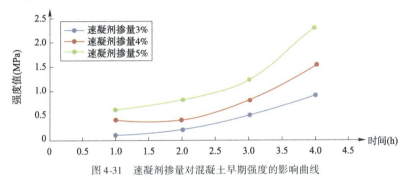

图 4-31　速凝剂掺量对混凝土早期强度的影响曲线

由图 4-31 可以看出，随着速凝剂掺量的增加，混凝土的早期强度有增加的趋势。当速凝剂掺量过少时，仰拱喷射混凝土早期强度是难以满足使用要求的；只有当速凝剂掺量足够多时，仰拱喷射混凝土早期强度才能满足技术要求。但是由于速凝剂添加之后会造成混凝土后期强度损失，因此为了满足仰拱喷射混凝土早期强度，应按推荐掺量添加速凝剂，防止后期强度不足。

e. 砂率对初支混凝土早期强度的影响。随着骨料掺量的增加，界面区对混凝土的渗透性的影响较大。从混凝土早期强度和耐久性方面考虑，为减小界面面积，骨料中粗骨料用量应相对多些。砂率对流动性影响较大，因此主要从混凝土的工作性来选择砂率，泵送混凝土宜加大砂率，但也应该在最佳砂率的范围之内。实验表明，混凝土的干缩随砂率的增大而增大，但增加的数值不大。

正交试验结果如图 4-32 所示。

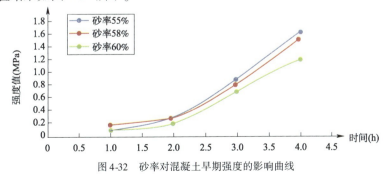

图 4-32　砂率对混凝土早期强度的影响曲线

从理论上讲,在合理范围内,砂率主要影响混凝土的工作性能。由图 4-32 可以看出,砂率对仰拱喷射混凝土早期强度影响较小,在实际配制中,砂率的选取主要应考虑混凝土的工作性能。

3) 仰拱初支强度控制措施

(1) 确保原材料供应及混凝土质量

确保原材料供应及混凝土质量是保证仰拱初支承载力最根本的措施,应根据相关规范、标准选取合适的原材料,包括水泥、细骨料、粗骨料、减水剂、速凝剂等。

① 进行合适的配合比试验并严格按实验室确定的配合比施工。按施工配合比施工,首先要及时测定砂、石含水率,将实验室配合比换算为施工配合比;其次,应采用重量比,不宜用体积比。

② 加强原材料管理。混凝土材料的变异将影响混凝土强度,因此收料人员应严把质量关,不允许不合格品进场,另外与原材料不符应及时汇报,采取相应措施,以保证混凝土质量。

③ 进行混凝土强度测定。以 24h 强度和 28d 强度为准,为了施工简便和保证质量,一般做 7 组试块,混凝土强度宜根据其龄期测定,确定其质量。

(2) 加强施工工序工艺控制

① 混凝土搅拌

a. 搅拌混凝土应采用强制式搅拌机,计量器具应定期检定。搅拌机经大修中修或迁移至新的地点后,应对计量器具重新进行检定。每一工班正式称量前,应对计量设备进行校核。

b. 应严格按照经批准的施工配合比准确称量混凝土原材料,其最大允许偏差应符合下列规定(按重量计):胶凝材料 ±1%;外加剂 ±1%;粗、细骨料 ±2%;拌合用水 ±1%。

c. 混凝土原材料计量后,宜先向搅拌机投入细骨料、水泥,搅拌均匀后,加水并将其搅拌成砂浆,再向搅拌机投入粗骨料,充分搅拌后,再投入减水剂,并搅拌均匀为止。

d. 自全部材料装入搅拌机开始搅拌起,至开始卸料时止,延续搅拌混凝土的最短时间应不小于 2min。

e. 搅拌机拌合的第一盘混凝土粗骨料数量宜用到标准数量的 2/3。在下盘材料装入前,搅拌机内的拌合料应全部卸清。搅拌设备停用时间不宜超过 30min,最长不应超过混凝土的初凝时间;否则,应将搅拌筒彻底清洗后才能重新拌合混凝土。

② 混凝土运输

a. 混凝土宜采用内壁平整光滑,不吸水,不渗漏的运输设备进行运输。当长距离运输混凝土时,宜采用搅拌车运输;近距离运输混凝土时,宜采用混凝土泵、混凝土料斗或皮带运输。在装运混凝土前,应认真检查运输设备内是否存留有积水,或内壁黏附的混凝土是否清除干净。每天工作后或浇筑中断 30min 及以上时间再行搅拌混凝土时,必须再次清洗搅拌筒。

b. 混凝土运输设备的运输能力应适应混凝土凝结速度和喷射速度的需要,保证浇筑过程连续进行。运输过程中,应确保混凝土不发生离析、漏浆、严重泌水及坍落度损失过多等现象,运至施工地点的混凝土应仍保持均匀和规定的坍落度。

③混凝土喷射施工

a.提高对施工机械的控制。首先要求湿喷机(湿喷机械手)具有良好的机械稳定性,不能出现泄漏状况,输料要避免出现不连续、散乱的情况;其次,空压机要达到湿喷机(湿喷机械手)对风压与风量的要求,并且在压风鼓入湿喷机前要进行油水分离作业,严禁在未进行油水分离作业的情况下将压风压入湿喷机;再者,应当采取强制式搅拌机,供水器材要保证喷头部位的水压保持在0.18MPa左右,输料应当具有良好的耐磨性质。

b.做好施工前的准备工作。作业前检查受喷面断面大小及是否足够清洁,如不满足则需去除受喷面上细小岩屑,然后使用高压风或水冲洗干净,保证足够的清洁度。另外,及时抽排仰拱部位的积水。

c.喷射操作程序应为:机械手就位→连接电缆线→启动机械手→向料斗加混凝土。

d.喷射混凝土作业应采用分段、分片、分层依次进行,喷射顺序应自下而上,分段长度不宜大于6m喷射时先将低洼处大致喷平,再自下而上顺序分层、往复喷射。

在喷射混凝土分段施工时,上次喷混凝土应预留斜面,斜面宽度为200~300mm,斜面上需用压力水冲洗润湿后再行喷射混凝土。

分片喷射要自下而上进行并先喷钢架与壁面间混凝土,再喷两钢架之间混凝土。边墙喷混凝土应从墙脚开始向上喷射,使回弹不致裹入最后喷层。

分层喷射时,后一层喷射应在前一层混凝土终凝后进行,若终凝1h后再进行喷射时,应先用风水清洗喷层表面。一次喷混凝土的厚度以喷混凝土不滑移不坠落为度,既不能因厚度太大而影响喷混凝土的黏结力和凝聚力,也不能太薄而增加回弹量。边墙一次喷射混凝土厚度控制在7~10cm,拱部控制在5~6cm并保持喷层厚度均匀。顶部喷射混凝土时,为避免产生坠落现象,两次间隔时间宜为2~4h。

e.机械手喷射速度要适当,以利于混凝土的压实。喷射速度增大,回弹增加;风压过小,喷射速度过小,压实力小,影响喷混凝土强度。因此在开机后要注意观察回弹量,并根据回弹量情况调整喷射速度。一般喷射速度,网喷为15~20m³/h,喷拱为10~15m³/h。

f.喷射时使喷嘴与受喷面间保持适当距离,喷射角度尽可能接近90°,以使获得最大压实和最小回弹。喷嘴与受喷面间距宜为1.5~2.0m;喷嘴应连续、缓慢作横向环行移动,一圈压半圈,喷射手所画的环形圈,横向40~60cm,高15~20cm;若受喷面被钢架、钢筋网覆盖时,可将喷嘴稍加偏斜,但不宜小于70°如果喷嘴与受喷面的角度大小,会形成混凝土物料在受喷面上的滚动,产生出凹凸不平的波形喷面,增加回弹量,影响喷混凝土的质量。

g.风压一般控制在0.12kPa左右,要保证喷水处的水压高于风压,在喷射过程中要十分地重视水灰的比例,保持在合理的范围内,操作中不能出现干斑,滑移流淌现象。操作人员中特别喷射手和喷射工班长要做好喷射施工中的质量检查工作。负责质量检查的工作人员在检查工作中要严格按相关技术标准检验,保证已喷射部分的质量合格。

(3)合理组织施工,减少施工干扰

①整喷射根据现场试验采用改变工序先后(先喷射仰拱,再喷射上中台阶),从而增加仰

拱混凝土养护时间。

②仰拱初支施作完成回填虚渣时,可以考虑在其上加钢板,保护混凝土初支。

③施作仰拱二衬时,仰拱回填虚渣清理干净后,仰拱栈桥前行至指定位置就位,就位时为了防止前支墩因受力面积小破坏仰拱初支而造成安全隐患,在支墩下方设置25cm枕木+2cm厚钢板作为支墩底座扩大受力面积,确保仰拱栈桥稳固可靠,保护仰拱初支免受后续施工破坏。

④严格控制机械扒渣的深度,以微露仰拱初支表面为宜,其后必须人工配合清底。

⑤优化下台阶及仰拱爆破设计,减小爆破震动对仰拱初支结构强度的影响。

4.2 台阶法含仰拱一次开挖施工设备配套技术

4.2.1 施工设备配套技术

1) 设备总体配套原则

根据依托工程现场施工经验,设备配套应根据隧道现场实际情况,综合考虑快速施工的进度要求、空间及围岩条件,从开挖支护作业线到混凝土衬砌作业线大部按机械化配置进行,开挖作业线采用风钻、挖掘机、装载机、空压机等,喷射混凝土作业采用湿喷机械手。设备配置按衬砌能力≥仰拱≥初支≥开挖的原则配置,确保初支的快速封闭和隧道施工安全步距。

2) 机械化设备配套方案

(1) 台阶法(含仰拱)一次开挖掘机械化设备配套方案描述

①开挖作业线:采用一台全站仪测量、风钻钻孔、人工装药作业,尽量减少对隧道围岩的扰动,减少配套设备的投入,节约能源。

②锚喷支护作业线:由于施工进度快,喷射混凝土作业必须紧跟,才能做到及时封闭开挖作业面;为加快施工速度,锚喷支护作业线根据现场实际采用湿喷机械手进行,机械手喷射能力达到 $20m^3/h$ 以上。

③装渣运渣作业线:采用装载机进行装渣,自卸汽车运渣。

④仰拱作业线:使用中铁隧道局集团隧道设备制造有限公司研制的铁路单(双)线隧道全液压履带式栈桥一幅24m长的自行移动式仰拱栈桥,其下部作业空间较大,可以保证桥下能开展仰拱虚渣挖掘、钢筋绑扎、混凝土浇筑作业,因此可显著提高仰拱施工的作业空间,保证仰拱作业的效率。

⑤防排水作业线:采用防水板铺设台架。

⑥二衬作业线：采用全断面液压钢模衬砌台车，混凝土采用集中搅拌、混凝土运输车运送、混凝土输送泵进行浇筑，二衬养护台架进行二衬混凝土养护。

(2) 台阶法一次开挖掘机械化设备具体配置方案

施工现场设备配置必须符合机械化配套方案要求，并严格执行机械设备管、用、养、修制度，科学管理，以求达到快速施工的目的。结合依托工程现场试验情况，台阶法（含仰拱）一次开挖隧道推荐配置 KC30 混凝土喷射机械手、小松装载机、现代 R225LC-7 挖掘机、自卸汽车等先进设备，以及全液压履带式仰拱移动栈桥、仰拱弧形模板等非标设备。

单、双线铁路隧道台阶法一次开挖掘机械化配套方案设备配置分别见表 4-15 和表 4-16，单、双线铁路隧道主要设备、人员配置情况分别见表 4-17 和表 4-18，单、双线铁路隧道开挖设备及施工能力、循环作业时间分别见表 4-19 和表 4-20。

单线铁路隧道台阶法一次开挖施工机械化配套方案设备配置表　　表4-15

作业工序	设备名称	规格	数量	备注
开挖作业线	风动凿岩机	YT-28	14台	依据爆破参数设计而定
	全站仪	TS02	1台	
	电焊机		3台	
	空压机	20m³	3台	按风动凿岩机数量计算配置
支护作业线	KC30湿喷机械手	30m³/h	1台	
	混凝土输送车	10m³	5台	与二衬共用 具体数量依设计支护参数、混凝土用量而定
	混凝土拌合站	90m³/h	2台	与二衬共用
仰拱作业线	全液压履带式栈桥	24m	1幅	
	挖掘机	≥0.8m³	1台	与开挖共用
	仰拱弧形模板	24m	1幅	
	混凝土输送车	8m³	3台	与二衬共用 具体数量依设计支护参数、混凝土用量而定
装渣运渣作业	挖掘机	≥0.8m³	1台	
	装载机	2.2m³	1台	
	自卸汽车	20t	4台	根据运距增加
防水板、钢筋作业	铺设台架	6m	1台	
二衬作业	模板台车	12m	1台	
	混凝土输送泵	60m³/h	1台	
	混凝土输送车	8m³	5台	
	混凝土拌合站	90m³/h	1台	
	养护作业台架		1台	

注：本表所列设备型号及数量，均根据依托工程现场试验，按照技术先进、施工高效的原则而定，具体型号及数量配置要因地制宜，结合设计、施工相关要求确定，并根据现场施工组织情况及时调整。

双线铁路隧道台阶法一次开挖施工机械化配套方案设备配置表　　表4-16

作业工序	设备名称	规格	数量	备注
开挖作业线	风动凿岩机	YT-28	21台	依据爆破参数设计而定
	全站仪	TS02	1台	
	电焊机		3台	
	空压机	20m³	4	按风动凿岩机数量计算配置
支护作业线	KC30湿喷机械手	30³/h	1台	
	混凝土输送车	10m³	4-5台	与二衬共用 具体数量依设计支护参数、混凝土用量而定
	混凝土拌合站	90m³/h	1-2台	与二衬共用 具体数量依设计支护参数、混凝土用量而定
仰拱作业线	全液压履带式栈桥	24m	1幅	
	挖掘机	≥0.8m³	1台	
	仰拱弧形模板	24m	2幅	
	混凝土输送车	8m³	4台	与二衬共用 具体数量依设计支护参数、混凝土用量而定
装渣运渣作业	挖掘机	≥200m³/h	2台	
	装载机	2.2m³	2台	
	自卸汽车	20t	4-7台	根据运距增加
防水板作业	铺设台架	6m	1台	
二衬作业	模板台车	12m	1台	
	混凝土输送泵	60m³/h	1台	
	混凝土输送车	8m³	5台	具体数量依设计支护参数、混凝土用量而定
	混凝土拌合站	90m³/h	1台	
	养护作业台架		1台	

注：本表所列设备型号及数量，均根据依托工程现场试验，按照技术先进、施工高效的原则而定，具体型号及数量配置要因地制宜，结合设计、施工相关要求确定，并根据现场施工组织情况及时调整。

单线铁路隧道台阶法一次开挖每工作面主要设备、人员配置表　　表4-17

工作内容	设备配置	人员配置
开挖	火工品运输车1辆，风钻14台，空压机4台	司机2人/班，打眼、装药18人/班
装运	挖掘机1台，装载机1台，大型自卸汽车4台	挖掘机司机1人/班、装载机司机1人/班、自卸汽车司机1人/车/班
支护	混凝土喷射机械手1台，混凝土拌合站1座	机械手喷：4人/班，立拱架14人/班、注浆工4人/班、混凝土拌合站司机6人/班/座

续上表

工作内容	设 备 配 置	人 员 配 置
防水衬砌	12m液压衬砌台车1台、仰拱模板1套、全液压履带式栈桥1幅、混凝土拌合站1座、混凝土输送车5台、输送泵1台	防水板铺设6人/班、衬砌台车5人/班、衬砌模板木工6人/班、输送泵和输送车司机5人/班、混凝土振捣配合人员6人/班;仰拱模架司机8人/班、仰拱模板木工6人/班、输送车司机3人/班、混凝土振捣配合人员6人/班;混凝土拌合站司机6人/班/座
辅助工作	通风:1台110kW轴流式风机; 高压水、排水:10台水泵; 施工用电:变压器容量1200~2100KV·A; 自卸汽车、载重汽车各1辆	通风:4人/班; 高压水、排水:4人/班; 施工用电:3人/班; 文明施工及工地搬运:8人/班

注:本表所列设备型号、数量及人员配置情况,均根据依托工程现场试验,按照技术先进、施工高效的原则而定,具体机械人员配置要因地制宜,结合设计、施工相关要求确定,并根据现场施工组织情况及时调整。

双线铁路隧道台阶法一次开挖每工作面主要设备、人员配置表　　表4-18

工作内容	设 备 配 置	人 员 配 置
开挖	火工品运输车1辆,风钻20台,空压机4台	司机2人/班,打眼、装药18人/班
装运	现代R225LC-7挖掘机3台、大型自卸汽车7台	挖掘机司机2人/班、配合2人/班、自卸汽车司机1人/车/班
支护	KC30混凝土喷射机械手1台,混凝土拌合站1~2座,地质钻机1台	机械手喷:7人/班,立拱架10人/班,注浆工4人/班,地质钻机5人/班,混凝土拌合站司机6人/班/座
防水衬砌	12m液压衬砌台车1台、仰拱模板2套、全液压履带式仰拱栈桥1幅、混凝土拌合站1座、混凝土输送4~5台、输送泵1台	防水板铺设6人/班、衬砌台车司机8人/班、衬砌模板木工6人/班、输送泵和输送车司机5人/班、混凝土振捣配合人员6人/班;仰拱模架司机8人/班、仰拱模板木工6人/班、输送车司机3人/班、混凝土振捣配合人员6人/班;混凝土拌合站司机6人/班/座
辅助工作	通风:2台110kW轴流式风机;2台55kW射流式风机; 高压水、排水:10台水泵; 施工用电:变压器容量1200~2100kV·A; 自卸汽车、载重汽车各1辆	通风:4人/班; 高压水、排水:4人/班; 施工用电:3人/班; 文明施工及工地搬运:8人/班

注:本表所列设备型号、数量及人员配置情况,均根据依托工程现场试验,按照技术先进、施工高效的原则而定,具体机械人员配置要因地制宜,结合设计、施工相关要求确定,并根据现场施工组织情况及时调整。

单线铁路隧道台阶法一次开挖设备及施工能力、循环作业时间表　　表4-19

工作内容	主要设备配置	施 工 能 力	循环作业时间
开挖作业线	火工品运输车1辆,风钻14台,空压机4台	每分钟钻进32~40cm	3~5h
装运	ZL40侧卸式装载机1台、神刚140挖掘机1台、大型自卸汽车4台	装运土石方60~70m³/h	3h左右

续上表

工作内容	主要设备配置	施 工 能 力	循环作业时间
支护	Sika-PM500PC混凝土喷射机械手1台,岩锋湿喷机2台,混凝土运输车2辆	喷浆方量30m³/h(机械手)	5~8h
防水衬砌	12m液压衬砌台车1台、仰拱模板1套、全液压履带式栈桥1幅、混凝土拌合站1座、混凝土运输车5辆、输送泵1台	12m二衬1组/3d	3d左右

注:本表所列设备型号、数量情况,均根据依托工程现场试验,按照技术先进、施工高效的原则而定,施工能力及循环时间取的是统计分析值,具体情况依据设计、施工相关要求而定,并根据实际情况及时调整。

双线铁路隧道台阶法一次开挖设备及施工能力、循环作业时间表　　表4-20

工作内容	主要设备配置	施 工 能 力	循环作业时间
开挖作业线	火工品运输车1辆,风钻20台,空压机4台	每分钟钻进32~40cm	5~7h
装运	小松侧卸式装载机1台、小松挖掘机1台、大型自卸汽车4~7台	装运土石方60~70m³/h	2~3h
支护	KC30混凝土喷射机械手1台,岩锋湿喷机2台,混凝土输送车,2台	喷浆方量36m³/h(机械手);6m³/h(湿喷机)	4~7h
防水衬砌	12m液压衬砌台车1台、仰拱模板模架2套、全液压履带式仰拱栈桥1幅、混凝土拌合站1~2座、混凝土输送车4~5台、输送泵1台	12m二衬1组/3d	3d左右

注:本表所列设备型号、数量情况,均根据依托工程现场试验,按照技术先进、施工高效的原则而定,施工能力及循环时间取的是统计分析值,具体情况依据设计、施工相关要求而定,并根据实际情况及时调整。

4.2.2　台阶法一次开挖施工组织管理措施

1)组织管理

项目管理采取系统部门集中管理,各个工点相对独立组织生产,单独核算的管理模式。

采用混岗作业的架子队组织模式进行管理,该管理模式政令畅通,管理简易,可以实现不间断连续循环作业,有利于加快施工进度和提高施工效率。

2)成本管理

主要围绕现场施工实物数量的控制来开展,各工序及时全程紧跟,控制工班现场消耗量,在工费管理上采用内部工费承包并辅以材料节超考核的办法进行分配,承包模式主要采用计件工费承包和定员工费承包两种,通过采取工序劳务费用承包、开挖消耗材料费用包干、结构材料、空压机台班定额消耗考核、超欠挖考核、循环时间考核等节奖超罚措施,提高工人积极性,使每方开挖单价控制在合理范围内,从而有效控制项目成本。

3)施工管理

隧道施工的重点在掌子面,掌子面是隧道施工的"龙头",是控制隧道施工总进度的核心,因此,要把掌子面作为工序管理的重点。"一切为了掌子面"应是工区施工的灵魂,各相关部门应全面服务于掌子面施工,即隧道施工以开挖为龙头,铺底二衬紧跟,各工序平行施工。

(1)施工材料成品化

施工用材料尽可能在洞外加工成品,例如钢拱架及连接筋,改变以前的搭接焊接工艺,采用套管连接。减少了掌子面的现场焊接工作量,压缩开挖作业循环时间。

(2)施工工序标准化

施工前制定合理的施工工序流程,施工中严格按工序流程组织施工,任何人不得随意更改工序流程,确保标准化作业,减小随意施工造成的管理困难及质量难以控制。

4)后勤保障

隧道施工如同战场打仗,打的是后勤保障。后勤保障工作就是全心全意为了掌子面,遵循"谁误时谁负责的原则"进行考核,要求做到"现场要什么有什么",机具、机械、材料供应都是送上门的,供应充分、及时,急现场所急,办事节奏快,不过夜。

工区成立了机修班,负责对大型机械维修及水、电、风线路的接长、维护,机修班同样采用内部承包方式。各作业队均配备有维修人员,负责对使用的小型机具(含喷浆机)进行维护保养。

本章参考文献

[1] 鲜国.软岩隧道台阶法与全断面(含仰拱)法施工比较研究——以成兰铁路平安隧道为例[J].隧道建设,2016,36(11):1302-1309.

[2] 王宇,金爱兵,李兵.台阶法开挖隧道仰拱封闭距离效应研究[J].公路,2012,7:325-329.

[3] 李斌.高速铁路软弱围岩隧道下台阶带仰拱一次开挖技术研究[J].科技创新与应用,2017,3:238-239.

[4] 钟祖良,刘新荣,袁飞,等.仰拱一次性开挖长度对黄土连拱隧道稳定性影响研究[J].岩土工程学报,2008,3:462-466.

[5] 李有业,任国臣.单洞双线高速铁路隧道Ⅲ级围岩仰拱快速施工技术[J].隧道建设,2013,33(7):586-590.

[6] 罗宁宁,夏平.软岩大变形隧道二台阶带仰拱开挖法施工技术[J].企业技术开发,2017,36(4):26-28,46.

[7] 李雪林.软弱富水Ⅵ级围岩隧道仰拱安全快速施工技术[J].国防交通工程与技术,2016,14(5):70-73.

[8] 罗进.浅谈隧道仰拱与下台阶开挖初支成环施工技术[J].中国高新技术企业,2016,8:103-104.

[9] 卢军燕,杨阳.沪昆高铁白力坞隧道三台阶临时仰拱法开挖技术[J].黄河水利职业技术学院学报,2014,26(1):31-33,46.

[10] 陈永照.高速铁路隧道仰拱衬砌结构力学特性及快速施工技术研究[D].北京:中国铁道科学研究院,2012.

[11] 关宝树.漫谈矿山法隧道技术第十讲——软弱围岩隧道中开挖断面早期闭合的施工技术[J].隧道建设,2016,36(8):887-896.

[12] 陈仁超.铁路隧道软弱围岩在安全步距下快速施工技术研究[J].高速铁路技术,2016,7(1):84-90.

[13] 张勇,王云波,刘仁智,等.铁路双线隧道仰拱快速施工技术及配套设备的研制[J].高速铁路技术,2014,5(1):93-97.

[14] 许永发.软岩隧道下台阶带仰拱同步开挖工程实践[J].建筑知识,2017,5:76-77.

[15] 席浩,李绪干,时坚,等.宝兰铁路苏家川大断面黄土隧道三台阶施工变形控制技术[J].隧道建设,2014,34(7):679-684.

Key Construction Techniques for Menghua Heavy Haul Railway Tunnels

第5章 重载铁路水平岩层隧道施工技术

受重载铁路选线要求的限制,特长铁路隧道长度大,穿越地质情况复杂,工期难以控制,施工以及运营通风难度加大,给山岭隧道的修建提出了越来越严峻的挑战。比如蒙华铁路蒙陕段,多处隧道穿越地带多为典型的水平或近水平层状岩体,岩层产状平缓,地质分布具有典型的区域性特征,且多为软硬互层。在该类地层中修建隧道,必须处理好水平岩层隧道成形及稳定性问题。

国内外隧道工程中,穿越水平岩层的实例很多,在这些工程的修建过程中,有些很好地控制了围岩变形,但同时也有发生大面积坍塌事故的案例。水平岩层隧道施工过程中,由于软弱结构面的存在,拱部发生严重掉块现象,这使水平岩层隧道稳定性控制问题成为国内外从事隧道科研、设计和施工人员关注的难题。

大断面水平岩层铁路隧道,特别是软硬互层,薄层围岩施工中极易形成严重超欠挖,成形效果很差,不仅增加工作量,还将严重影响洞室稳定,也关系到初期支护和二次衬砌的质量。另外,隧道开挖后水平岩层层间结合力较差,变形显著,拱顶部位极易引起坍塌掉块,威胁隧道施工人员的安全,影响施工进度。

5.1
水平岩层隧道围岩稳定性分析

5.1.1 水平岩层隧道围岩稳定的影响因素

一般而言,围岩稳定性由多种因素综合作用,包括围岩强度、应力场分布、
结构面分布状态和发育程度、断面尺寸、开挖方式、支护形式等,其中不可改变的客观自然因素对洞室围岩稳定性起到决定性作用。

层状围岩应力场影响因素概括归纳为两大类:①地质因素,包括原岩应力、岩石力学性质、岩体结构与构造、地下水作用、物理化学性质以及风化程度等;②工程因素,包括隧道断面尺寸形式、施工方法、支护方式等。它们的具体的影响情况叙述如下:

(1)原岩应力状态

原岩应力是引起围岩变形、失稳及破坏的根本原因,也是地下工程稳定性分析的重要初始参数。岩体的本构关系、破坏准则以及应力传播规律等都受其影响。

(2)岩石力学性质

岩块是岩体的基本组成单元,它被各种软弱结构面分割包围,通过结构面与周围的岩块相联结共同构成岩体。岩石的力学性质是指岩石在荷载作用下表现的强度和屈服值等力学属性,不同性质岩石的变形条件、应力应变关系、破裂条件等都有很大不同。无论从已知外

力和边界条件去预测围岩变形,还是从变形去推导所受的边界条件和外力,都需要研究岩石的力学性质。

(3) 岩体结构

漫长的地质构造运动使岩体中产生大量结构面,破坏了岩体的完整性,也成为岩体强度薄弱环节。结构面连续性、平整起伏程度、光滑粗糙程度、充填物的物质组成与胶结情况等都直接影响着岩体的抗剪特性。水平层状岩体具有定向软弱面,顶部围岩承受压力大,侧壁围岩压力相对较小,所以破坏常发生在隧道的拱顶位置。

(4) 地下水作用

地下水对围岩稳定性的影响表现为水平结构面中存在的易溶胶物,潜蚀充填物中的细小颗粒,使岩石疏松软化,强度降低。同时由于地下水的存在可能增加动水压力和静水压力,从而降低岩体的稳定性。

(5) 岩体物理化学性质

由于风化作用岩体各强度指标下降,围岩压力将随之增大。风化作用使原本相对完整的岩体分裂为破碎体,降低岩石强度和结构面强度。例如,含有蒙脱石的岩体,风化脱水再遇水则崩解为黏土或碎片。

(6) 人为因素

虽然断面形状、隧道埋深、开挖方法、支护方式等工程因素不能决定围岩质量的好坏,但是能给应力分布情况和稳定性带来影响,特别是对等级较差的岩体产生了显著影响。

在影响隧道围岩稳定性的诸多地质因素中,岩石的性质是内、外动力地质作用的结果,主要以岩块的坚硬程度来体现,岩体的结构特征和完整程度主要取决于结构面的发育程度,岩体强度主要取决于软弱结构面的抗剪强度。因此,影响隧道围岩稳定性的地质因素可以最终归纳为岩块的坚硬程度、结构面发育程度、软弱结构面性质、地应力以及地下水。

5.1.2 水平岩层隧道围岩破坏机制

1) 隧道围岩破坏机理

隧道开挖会引起围岩的卸荷回弹、应力重分布和地下水的重分布,这种变形和破坏通常是从隧道洞室周边,特别是那些最大拉应力或压应力集中的部位开始,而后逐步向围岩内部发展,最终在洞室周围形成松动圈。围岩内的应力状态因松动圈内的应力释放而重新调整,通常在围岩表部形成应力降低区,而在围岩深部形成高应力集中区,如图 5-1 所示。

隧道围岩变形破坏形式和特点,与岩体中的初始应力状态、洞室形状因素有关,但主要还是取决于围岩的岩性与结构,各种围岩的破坏机制如表 5-1 所示。

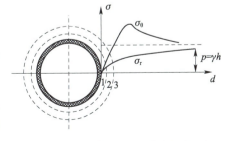

图 5-1 围岩出现塑性区的应力重分布示意图
1-应力降低区;2-应力升高区;3-原始应力区

岩体破坏机制分类表 表5-1

岩体结构类型	整体状结构	块状结构	层状结构	碎裂状结构	散体状结构
破坏机制	①张破裂；②剪破坏	结构体沿结构面破坏	①倾倒破坏；②剪切破坏；③弯折破坏	①结构体张破裂；②结构体剪破坏；③结构体滚动；④结构体沿结构面滑动；⑤倾倒破坏；⑥溃屈破坏	①细碎屑：剪破坏；②粗碎屑：张破裂；剪破坏；结构体滚动

2）水平岩层隧道围岩破坏机理

层状围岩的岩体结构通常较为简单，往往由单一岩性组成，也存在多岩性互层或夹杂而成的情况。层间通常存在软弱结构面，层间伴随出现层间错动，岩层与岩层的附着力较弱。层状岩体的破坏机制如表 5-2 所示。

层状岩体破坏机制分类表 表5-2

岩性	岩体结构	破坏形式	破坏机制
硬质岩石	块状结构及厚层状结构	张裂破坏	拉应力集中导致拉裂破坏
		劈裂破坏	压应力集中造成压致拉裂破坏
		剪切破坏	剪切破坏及滑移拉裂
		岩爆	压应力集中应变能突然释放
	中薄层状结构	弯折内鼓	压应力集中造成的弯曲破裂
	镶嵌结构、碎石状压碎结构	破裂松动	压应力集中造成的弯曲破裂
软质岩石	层状结构	塑性挤出	压应力集中下塑性破坏并挤出
		膨胀内鼓	地下水重分布引起围岩吸水膨胀
	散体结构	塑性挤出	压应力作用下塑性破坏并挤出
		塑性涌出	松散饱水岩体在渗透压力作用下塑流
		重力坍塌	重力作用下的坍塌

对于水平岩层围岩而言，岩层产状及岩层组合是其变形破坏的主要控制因素。破坏形式主要有顶部弯曲张拉破坏、拱顶下沉和拱脚岩层失稳破坏。水平岩层受岩层产状及结构面本身强度较低、胶结差等因素影响，在开挖过程中，围岩破坏具有一定的特殊性。

隧道开挖时，爆炸应力波和爆破产生的气体共同作用造成岩石的破裂、破碎和抛掷。在含节理、夹层的水平层状岩体中,应力波的传播受阻,其产生的裂缝范围减小并向距离夹层最近的方向扩展。在此类岩体钻爆法开挖时,虽然采用相对合理的爆破技术和参数,但岩体极易沿拱部某一层面脱落,形成平顶现象。爆破震动使得层状岩体间结构面分离,岩体可以近似简化为岩层。在分析水平岩层围岩的问题时,依照结构力学原理,可以将倾角平缓的岩层视为组合梁结构进行分析,隧道拱脚处可视为支座,中间的围岩视为梁。在荷载作用下,当岩层厚度越大,隧道跨度越小,隧道围岩越稳定。而在水平岩层中开挖的隧道工程厚跨比固定时,隧道围岩拱肩较为薄弱,首先发生失稳破坏,造成围岩掉块。当承载能力继续降低时,拱顶的岩层将在中点处折断破坏,上部岩体坍落。水平岩层围岩的失稳示意图如图 5-2 所示。

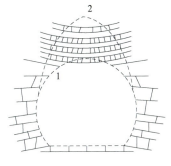

图 5-2　水平岩层失稳示意图
1-隧道设计轮廓线;2-破坏区域界线

5.2 水平岩层隧道钻爆施工及成形控制技术

本节以蒙华铁路段家坪隧道为工程案例进行阐述。水平岩层是段家坪隧道常见的地质构造。由于水平岩层的构造特点及工程特性,容易造成比较频繁的隧道超欠挖现象,特别是在拱顶部位,有时会出现 1~2m 的特大松动块,拱肩位置易出现严重超挖,而拱脚位置易出现欠挖,这极大地影响后续工序的顺利进行,并且大面积的回填与二次爆破也将大大增加工程造价。

针对段家坪隧道钻爆法施工可能存在的超欠挖问题,为了达到爆破参数优化、降低造价同时又满足隧道围岩与支护安全与稳定的目标,进行水平岩层钻爆参数的现场试验研究,对初始钻爆参数的设计方案进行不断修正与验证,确定最合适的钻爆参数值。

5.2.1 段家坪隧道前期爆破开挖分析

1)段家坪隧道前期Ⅱ级围岩爆破方案

段家坪隧道前期围岩爆破参数根据超欠挖情况进行了修订,但最终围岩成形效果不是很理想,超欠挖现象控制效果不明显。根据本标段隧道洞身围岩的特点及设计要求,Ⅱ级围岩开挖采用全断面爆破,钻孔深度 3~3.5m。

(1)钻爆参数

不同岩石种类的光面爆破参数如表 5-3 所示。

光面爆破参数表 表5-3

岩石种类	周边眼间距 E（cm）	周边眼最小抵抗线 W（cm）	相对距离 E/W	装药集中度 q（kg/m）
极硬岩	50~60	55~75	0.8~0.85	0.25~0.3
硬岩	40~50	50~60	0.8~0.85	0.15~0.25
软质岩	35~45	45~60	0.75~0.8	0.07~0.12

（2）Ⅱ级围岩全断面炮眼布置

Ⅱ级围岩光面爆破的周边炮眼间隔为50cm。Ⅱ级围岩全断面炮眼布置情况如图5-3所示。

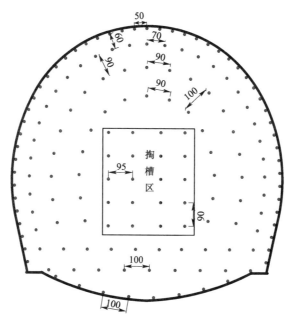

图5-3 Ⅱ级围岩全断面炮眼布置图（尺寸单位：cm）

Ⅱ级围岩全断面开挖爆破参数如表5-4所示。

Ⅱ级围岩全断面开挖爆破参数表 表5-4

序号	炮眼分类	炮眼数（个）	雷管段数	炮眼深度（m）	装药结构	单孔装药量（kg）	合计药量（kg）
1	掏槽眼	50	1	3.5	间隔	1.8	90
2	扩槽眼	33	3	3.5	连续	1.8	59.4
3	辅助眼	23	5	3	连续	1.6	36.8
4	辅助眼	19	7	3	连续	1.4	26.6
5	周边眼	24	9	3	连续	1.4	33.6
6	底板眼	9	11	3.5	连续	2	18
合计		158					264.4

全断面开挖爆破单耗量为0.82kg/m³。

(3)周边眼装药结构

掏槽眼和底眼连续装药。周边眼采用间隔不耦合装药结构,炮泥封口如图5-4所示。

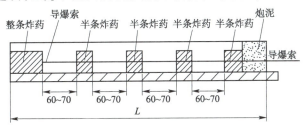

图5-4 周边眼装药结构图(尺寸单位:cm)

2)段家坪隧道前期Ⅱ级围岩爆破成形情况

段家坪隧道前期开挖过程中,由于爆破装药参数的不合理,周边眼装药量较大,导致水平岩层超欠挖情况特别严重,尤其是拱肩与拱顶部位,几乎无炮痕残存。拱顶岩层在爆破后极易沿着节理面脱落,形成矩形门洞形式,而在有的部位,甚至形成高达1m多高的超挖空间。这严重影响了后续支护施工,增加了施工成本,拖延了工期,甚至造成连续几天的停工返工。

段家坪隧道全断面光面爆破效果较差,爆破后几乎没有炮痕残存,围岩呈层状剥落,超欠挖情况严重,如图5-5所示。其中DK447+285.75与DK447+289.50两个断面的爆破效果如图5-6和图5-7所示。

图5-5 段家坪隧道前期爆破开挖图

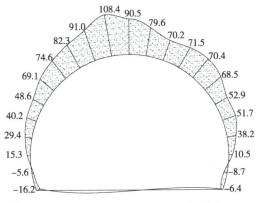
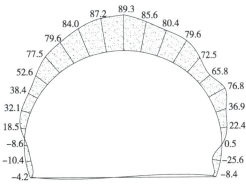

图5-6 DK447+285.75开挖断面轮廓图(单位:cm)　　图5-7 DK447+289.50开挖断面轮廓图(单位:cm)

从图 5-6 和图 5-7 可以看出，段家坪隧道Ⅱ级围岩段在全断面钻爆施工过程中，其拱顶及拱肩超挖情况特别严重。由开挖断面的轮廓图可以看到，拱顶到拱肩区域超挖量很大，最大达到了 108.4cm，右边墙欠挖严重，左边墙也存在少量欠挖。隧道拱部超挖量都在 50cm 以上，有的断面拱部掉块现象极为严重，出现典型的矩形门洞形状。

5.2.2 水平岩层隧道成形控制理论

1）水平层状节理对爆破开挖的影响

在理论与实践中都会发现，爆破对于岩体的破坏与抛掷主要通过两个因素起作用：爆炸应力波与爆生气体。爆炸应力波的作用主要是在初始扩张中造成作用岩石的弹塑性变形，使作用岩体产生裂隙；而爆生气体主要是对初始扩张形成的爆腔进行进一步扩张，对岩体裂隙进一步延伸并造成岩石的抛掷。因此，将炸药的作用能量分成两部分，一是爆轰应力波的能量，二是爆生气体的能量。

(1) 层状节理对爆破应力波传播的影响

应力波通过节理以及夹层时的传播规律是目前学术界的前沿课题。由于爆炸后应力波传播的复杂性以及节理、夹层自身的性质难以准确描述，较为深入地探讨此问题仍有很大困难。以下仅以平面弹性应力波在不同介质界面传播规律为基础，讨论了应力波在水平层状围岩光面爆破中的传播规律。

光面爆破周边眼采用不耦合装药结构时，爆炸后爆轰波激起的空气冲击波透射到炮眼壁后，可以认为沿径向传播的是柱面应力波。经过一段距离传播后，由于波阵面的扩大，可近似看作平面应力波，此时如果遇到节理、夹层等结构面，将发生复杂的透射、反射现象。如果应力波垂直于结构面入射，则结构面在应力波的作用下接触紧密，不发生滑动和分离。

显然，透射波和反射波的大小取决于结构面两侧岩石的波阻抗。而岩石的空隙率越低，完整性越好，应力波速度越高，密度越大，其波阻抗 $\rho_0 C_0$ 也越大。当应力波垂直结构面传播到层间结构面，如图 5-8 所示，泥质砂岩的波阻抗小于钙质砂岩的波阻抗，此时 $F<0, 0<T<1$（F 为反射系数，T 为透射系数），入射应力波 AB 在界面上产生反射应力波 BA 和透射应力波 BC。由上述应力波传播规律可知，AB 和 BC 同向，均为压缩应力波，且 BC 幅值小于 AB 幅值；应力波 BA 和 AB 反向，成为拉伸波。且 BC 幅值小于 AB 幅值；应力波 BA 和 AB 反向，成为拉伸波。界面上质点 B 沿入射波传播方向运动，对钙质砂岩，由于泥质砂岩对其质点的

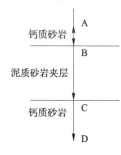

图 5-8 应力波反射示意图

约束减弱，相当于应力卸载，而对泥质砂岩夹层，受到透射应力波产生压缩。由于层间岩石性质的不同，透射应力波 BC 继续在夹层中传播时，其衰减规律也有所不同。当应力波再次传播到另一结构面上时，钙质砂岩的波阻抗大于泥质砂岩的波阻抗，此时 $F>0, T>1$，结构面上质点运动方向和入射波引起的质点运动方向相反，反射波和入射波同号，透射波 CD 幅值大于入射波。反射波与入射波 BC 均为同方向的压缩波，相当于夹层应力增加，压缩应力

幅值升高,当幅值升高到满足透射波关系数值时,才会在界面上产生透射应力波 CD。如果应力波在夹层中由于衰减以致在界面上升值有限,则应力波在界面上很难透射,只会在夹层中不断反射直到能量耗尽。

(2)层状节理对爆生气体的影响

在结构完整、性质均匀的岩体中,爆生气体的膨胀会使应力波作用产生的裂隙再次扩展。而相对于应力波的作用而言,爆生气体的作用时间要长一些,这对于光面爆破是有利的。在结构完整、节理与裂隙不发育的岩体中进行光面爆破,爆破质量易于控制。对于层状岩体,其完整性主要受结构面控制,以层面、片理显著发育而得名,岩体中有黏结力微弱的层面、极薄层或薄层状的原生软弱夹层以及轻微的层间错动面等。大量结构面的存在导致爆破应力波衰减速率加快,爆生气体外逸,造成爆破能量分布不平衡,其中部分能量穿过节理裂隙而消散,另一部分由于节理面的存在而使应力波发生反射、折射和透射,使其结构发生变形和破坏,因而爆破过程更加复杂。爆破效果较均质岩体差,隧道拱顶岩层易发生剥落、掉块等局部破坏,如果竖向节理发育,会进一步加剧围岩坍方的危险性,对围岩稳定十分不利。

在有节理、夹层的水平层状岩体中爆破,应力波的传播受阻,其产生的裂缝范围减小并向距离夹层最近的方向扩展。由于爆生气体的膨胀空间增加引起沿软弱夹层向自由面及围岩深处的渗流,同时气体压力迅速减小,引起能量损失。损失的能量部分用于对夹层的进一步破坏,当装药量大以致夹层破坏后爆生气体仍有剩余能量时,夹层间的完整岩块将被推动、抛向自由面,对于远离轮廓线的保留岩体,爆破后由于自由面的形成而失去夹制作用,就很容易发生掉块现象。

(3)层状节理对爆破效果的影响

层状节理面对于爆破开挖的影响分为下面六种作用:

① 应力集中作用。层理面的存在破坏了岩体的连续性,爆破作用时,软弱地带首先形成破裂。爆破作用过程中,裂缝处容易形成应力集中,由于爆破作用下岩石的破坏是瞬时的,热交换无法进行,使得岩体处于脆性状态。所以,在水平岩层中,软弱面处的单位装药量应适当减少。

② 应力波的反射增强作用。层理面的弹性模量、密度以及纵波速度都要小于层理面量测的岩石。爆轰波穿过软弱层理面时,在此会形成反射,由层理面反射的爆轰波与相继传来的爆轰波产生叠加,造成应力波的叠加,因此层理面一侧的岩石破坏会相对加剧。当层理面处于张开状态时,这种效果会更加明显。

③ 泄能作用。当层理面穿过爆源并通向爆破临空面时,且层理面到爆源的距离小于最小抵抗线时,爆炸产生的能量会通过层理面泄出,使得爆破效果降低。而溶洞的存在也会造成爆炸能量的降低。

④ 能量吸收作用。层理面对于爆轰波的反射使得层理面背波一侧的爆轰波能量明显降低,使得背波一侧的岩石破坏减轻。同理,岩石中空气充填形成的裂隙也具有吸收能量的作用。

⑤ 楔入作用。由于高温高压气体的膨胀,沿岩体软弱带高速侵入,使岩体沿软弱发生楔形块裂破坏。

⑥改变破裂线作用。层理面存在于爆破漏斗范围内时,将对漏斗形成的形状造成很大的影响,使得爆破的抛掷方向以及堆积形态不能按照预期发生。层理面对于爆破漏斗的影响可分为以下几种情况:

a. 层理面在爆源后且与上破裂线相交时(图5-9),爆破后上破裂线将沿层理面发展,使上破裂线缩短,爆破方量减少,但是增强抛掷作用。

b. 当一组层理面与最小抵抗线斜交时,爆漏斗形状和抛掷方向都会受到影响。

c. 层理面在爆源前,且与上破裂线相交时,爆破漏斗上部的岩块沿结构面坍塌,造成上破裂先后移,爆破方量增大,大块率较高(图5-10)。

d. 当一组结构面(如层理)与最小抵抗线垂直或平行时,抛掷方向不会改变,但爆破漏斗形状和爆破方量将受影响,产生如图5-11所示的漏斗变化。

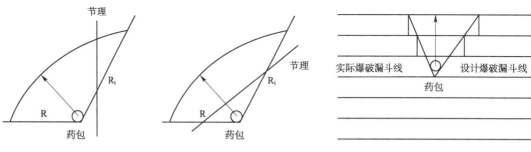

图5-9 结构面在药包后　　图5-10 结构面在药包前　　图5-11 水平层理对爆破漏斗的影响

2)水平岩层隧道超欠挖原因分析

周边眼参数的设计及其爆破效果直接影响到隧道光爆效果的好坏,也是最主要的影响因素。通过上一小节中对水平岩层层状节理对爆破影响的理论分析,结合现场爆破实况以及前期爆破参数的调查,对段家坪水平岩层隧道前期爆破施工中出现严重超欠挖情况的原因归纳为以下几点:

(1)拱脚处欠挖

拱脚处之所以普遍形成欠挖,是由于炮眼平行于层状节理面,而通过前面的理论分析可知,当炮眼间距大于层厚时,一方面由于层状节理面的存在,对爆轰波的传递起了阻隔作用,使得相邻两炮孔间应力波在竖直方向上的叠加明显削弱;另一方面,由于层状节理面的存在,使得爆生气体在节理面处无法进一步渗入,沿着节理面向临空面消散。

(2)拱部严重超挖

通过现场的调查研究,造成段家坪水平岩层隧道前期施工中拱部严重超挖的原因可能有以下几点:

①周边眼用药量过大。周边眼药量过大,极易在炮孔附近形成应力集中,在炮孔附近形成裂隙与水平层状节理贯通,相邻炮孔间应力波很难叠加,而且爆生气体沿着裂隙楔入层理面,并将外侧岩体向临空面挤出。

②周边眼布置不合理。第一,通过现场调查发现,前期爆破施工中,有些周边眼离层理面太近或直接穿过层理面,这样在炮孔爆破过程中,很容易使岩层沿着结构面脱落。第二,

周边眼间距过大。段家坪水平岩层隧道为单洞双线铁路隧道,跨度较大,由于软弱层面的存在,拱部岩体压力拱的成拱效应较差,这样如果拱部周边眼间距过大,在爆破震动下,两炮孔连线在应力波叠加下贯穿之前,拱部岩体早就沿着软弱结构面脱落。第三,周边眼布置太靠近隧道轮廓线。由于水平岩层隧道岩体的层面结构,在爆破开挖时应适当增大岩体保护层的厚度,所以周边眼布置不宜离隧道轮廓线太近。

(3) 周边眼外插脚过大

由于前期爆破施工中,对于周边眼外插角的要求不够严格,以及在钻眼施工过程中现场管理不够完善,造成周边眼"切入"隧道轮廓线过多,这样在爆破施工过程中加大了对隧道围岩的损害。

(4) 周边眼装药结构不合理

在现场的调查发现,周边眼的装药过于集中,这也是导致水平岩层爆破超欠挖严重的一个重要原因。

(5) 外层辅助眼的装药量偏大

在实际爆破开挖中,辅助眼的单孔装药量仅次于掏槽眼,而且辅助眼的布置也紧邻周边眼。在水平岩层隧道的爆破开挖中,由于辅助眼尤其是拱部范围内的外层辅助眼装药量偏大,造成辅助眼爆破时对周边眼结构破坏以及隧道拱部围岩松动,在水平岩层隧道爆破开挖过程中,辅助眼的装药量也不宜过大,以免造成对隧道岩壁的损害。

5.2.3 现场爆破方案优化

针对段家坪水平岩层隧道前期爆破开挖超欠挖严重的问题,通过对造成其严重超欠挖原因的分析,决定从现场施工技术把控以及爆破参数两方面对原方案作出相应调整。

1) 现场施工技术把控

(1) 控制周边眼钻孔精度

周边眼应布置于隧道轮廓线位置,但实际施工过程中存在钻孔偏差,导致爆破后隧道周边不同部位出现超欠挖现象,因此周边眼的布置方式对超欠挖起决定作用。现场方案调整中,在每次测量放线时先对上次爆破断面进行检查,根据爆破效果及时调整参数。周边眼要沿隧道开挖轮廓线布置,保证开挖断面符合要求。辅助炮眼交错均匀布置在周边眼与掏槽眼之间,力求爆破出的石块块度适合装渣的需要。钻眼前,用红铅油准确地绘出开挖断面的中线和轮廓线,标出炮眼位置,其误差不得超过5cm,按炮眼布置正确钻孔,掏槽眼和周边眼的钻孔精度要高,开眼误差分别控制在3~5cm,眼底不得超出开挖断面轮廓线15cm,并且不能欠挖。

考虑到水平岩层光面爆破的特殊性,采取了以下措施进行了把控:

①根据围岩情况,周边炮眼的开口位置控制在上一循环贴近掌子面工字钢的内翼缘板至开挖轮廓线之间,这就保证了不发生因为钻孔原因导致的超挖。

②周边炮眼的外插角根据钻眼深度和规范允许超欠挖进行计算,控制在2°以内,同时所有炮眼(掏槽眼除外)的眼底位置控制在同一垂直面上。

(2)规范周边眼装药结构

从前期爆破效果分析,靠近掌子面 1m 处超挖量明显大于后 1m 处,主要原因在于装药过于集中,单孔药量大,装药过于集中,炮孔内炸药主要靠冲击波对岩体做抛掷功,反射拉伸波所起作用甚微。对周边眼采用导爆索分散炮孔内药量,防止能量集中形成爆破漏斗而在炮眼底部造成超挖。

新的爆破方案增加了周边眼数量,加大了炮眼深度,减小了单孔装药量,周边眼装药结构见图 5-12。

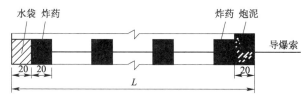

图 5-12　周边眼装药结构(尺寸单位:cm)

2)周边眼及辅助眼参数调整

通过现场调查分析,发现由于水平岩层层状结构的特殊性,尤其是段家坪水平岩层隧道岩层层厚较小,隧道围岩特别是拱部围岩受到爆破扰动后极易失稳,一方面对周边眼装药结构进行调整,另一方面外层辅助眼爆炸产生的能量也可能是造成水平岩层隧道超欠挖严重的一个因素。因而对外层辅助眼参数做了调整。

前期段家坪Ⅱ级围岩全断面开挖爆破参数如表 5-5 所示,全断面开挖炮眼布置图如图 5-13 所示。

前期段家坪Ⅱ级围岩全断面开挖爆破参数表　　　表 5-5

序号	炮眼分类	炮眼数(个)	雷管段数	炮眼深度(m)	装药结构	单孔装药量(kg)	合计药量(kg)
1	掏槽眼	50	1	3.5	间隔	1.8	90
2	扩槽眼	33	3	3.5	连续	1.8	59.4
3	辅助眼	23	5	3	连续	1.6	36.8
4	辅助眼	19	7	3	连续	1.4	26.6
5	周边眼	24	9	3	连续	1.4	33.6
6	底板眼	9	11	3.5	连续	2	18
合计		158					264.4

全断面开挖爆破单耗量为 $0.82 kg/m^3$。

根据段家坪前期爆破效果,对前期爆破参数进行调整,主要减少了单孔装药量,以及对炮眼数量及间距进行调整。例如,周边眼炮眼由前期的 24 个,炮眼间距 50cm、炮眼深 3m、单孔装药量 1.4kg,调整为 64 个,炮眼间距 35cm、40cm,炮眼深度 4m、单孔装药量 0.4kg,减少单孔装药量,增加炮眼数量,达到减少对附近围岩的扰动目的。全断面爆破开挖单耗量也由前期的 $0.82kg/m^3$ 下降到了 $0.62kg/m^3$。表 5-6 为新修订段家坪Ⅱ级围岩全断面开挖爆破参数表。

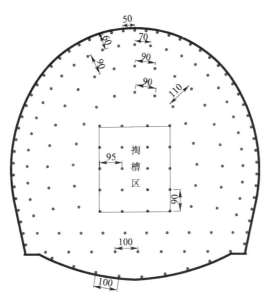

图 5-13 Ⅱ级围岩全断面炮眼平面图(尺寸单位:cm)

新修订段家坪Ⅱ级围岩全断面开挖爆破参数表　　　　表 5-6

序号	项目	炮眼数量(个)	炮眼深度(m)	装药量			雷管段别	装药结构
				单孔装药量		合计(kg)		
				卷	kg			
1	掏槽眼	12	5	10	2	24	1	连续
		4	5	4	0.8	3.2	3	连续
2	辅助眼	21	4.5	10	2	50	5	连续
3	扩槽眼	16	4	8	1.6	16	3	连续
4	三圈眼	21	4	8	1.6	33.6	7	连续
5	二圈眼	29	4	5	1	29	9	连续
6	周边眼	64	4	2	0.4	25.6	11	间隔
7	三台眼	4	4	7	1.4	5.6	5	连续
8	二台眼	4	4	7	1.4	5.6	7	连续
9	底板眼	4	4	7	1.4	5.6	9	连续
合计		179		炮泥	179 节	198.2	水袋	358 袋
隧道断面		89.3m²	循环进尺		4m	循环方量	312.55m²	

全断面开挖爆破单耗量为 0.62kg/m³。掏槽眼内插角度控制在 10°~15°之内。

由开挖断面的轮廓图(图 5-6、图 5-7)可以看到,拱顶到拱肩区域超挖量很大,最大达到了 108.4cm。针对此情况,现场施工技术人员经过讨论研究,制定了两种方案来对超欠挖进行控制,每种方案在现场选取两个循环断面进行试验,两种方案及爆破效果如下所示:

方案一:将周边眼间距由 50cm 调整为 35~40cm,增大周边眼数量,减少单孔装药量,单孔药量由1.4kg降至0.4kg,选取DK448+034.9和DK448+053两个断面进行试验,开挖后的断面轮廓如图5-14和图5-15所示。

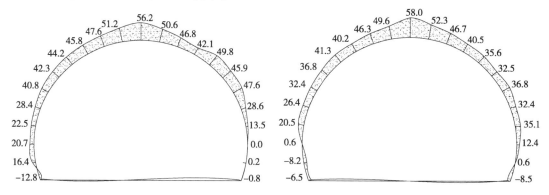

图5-14　DK448+034.9开挖断面轮廓图(尺寸单位:cm)　　图5-15　DK448+053开挖断面轮廓图(尺寸单位:cm)

从采用方案一开挖得到的轮廓图可以看到,预裂面的平整度不是很好,与原始方案相比,超挖量有一定程度的减少,最大点超挖值为56.2cm,平均线超挖30cm左右。

方案二:在方案一的基础上继续优化,从原方案的爆破参数表可以看到,开挖单耗量较大,全断面爆破开挖单耗量由前期的 0.82kg/m³ 下降到了 0.62kg/m³。现场选取 DK451+930与DK451+951.3两个断面进行试验,断面轮廓如图5-16和图5-17所示。

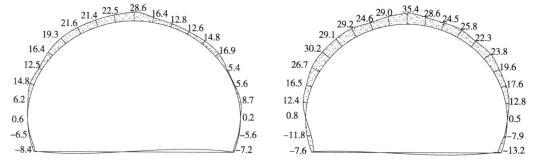

图5-16　DK451+930开挖断面轮廓图(尺寸单位:cm)　　图5-17　DK451+951.3开挖断面轮廓图(尺寸单位:cm)

从轮廓图可以看出,开挖后的断面平整度一般,超挖量与之前相比已经有了很大程度的下降,最大超挖量35.4cm,平均线超挖22cm左右,拱脚处出现局部欠挖现象。由以上结果可以看到,两种方案的最大超挖值与原方案相比分别减少了48.2%和73.6%,但是最大点的超挖量仍然有将近30cm,如何在此基础上进一步减少超欠挖的产生,需要继续对爆破方案进行优化。

3)聚能装药结构试验

经过爆破参数的调整,从试验段效果来看爆破方案还需进行优化,需从根本上解决超欠挖问题,单纯地调整爆破参数已经不能得到较好的效果,在这种情况下,对装药结构进行优化,经过研究,设计出一种新型的聚能装药结构进行试验。

(1)聚能装药结构说明

从前期爆破效果分析,水平岩层成形效果特别差,围岩成形不够整齐。因而对周边眼原装药结构进行了改进,采用了具有凹槽型的聚能装药结构。

该装药结构需要采用PVC管辅助成型,将 ϕ32mm PVC 管剖分为四份,将相对的两片 180°翻转成凹槽形状,另外两片形状不改变,并在一端保留 2~3cm 不进行刨切,方便装药成型。PVC管加工成型效果见图5-18。经过计算,将 ϕ32mm 药卷刨一半后恰好能够塞入管中,之后采用胶带固定。

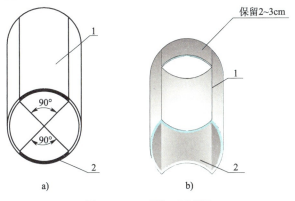

图 5-18　PVC 管加工示意图
1、2-相对位置的 90°PVC 管片

PVC 管在施工现场进行加工,采用电锯切割 PVC 管,加工完成后,在开挖班钻孔完成装药时,开始对加工好的 PVC 管装药,采用间隔装药,将药卷剖开一半装药,用药量减少一半,并将导爆索封装在 PVC 管内。图 5-19 为现场加工装药成型过程。

图 5-19

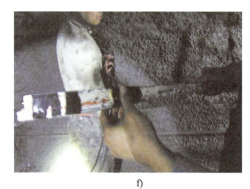

图 5-19 现场加工装药成型

(2) 周边眼入孔装药

把加工好的聚能装药结构放入钻孔是该试验的重要一环,也是该聚能装药结构成功的关键因素,所以在入孔装药是必须严格使凹槽正对隧道轮廓线,如图 5-20 所示。图 5-21 为现场装药入孔过程。

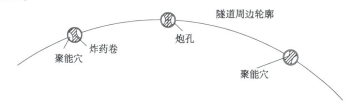

图 5-20 聚能装药结构示意图

图 5-21 现场周边眼入孔装药

4) 试验数据分析

现场取两个循环断面 DK452+088.7 和 DK452+109.1 作为试验断面进行试爆。图 5-22 和图 5-23 分别为断面 DK452+088.7 和断面 DK452+109.1 试验段开挖轮廓图。表 5-7 和表 5-8 分别为断面 DK452+088.7 和断面 DK452+109.1 试验段开挖超欠挖检查表。

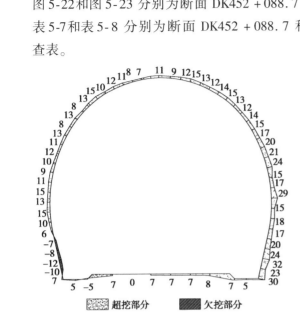

图 5-22 DK452+088.7 试验段开挖轮廓图(单位:cm)

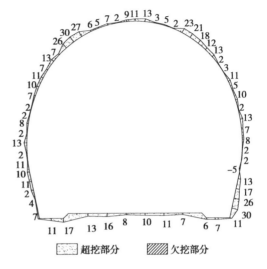

图 5-23 DK452+109.1 试验段开挖轮廓图(单位:cm)

DK452+088.7 试验段开挖超欠挖检查表 表 5-7

位 置	炮眼超欠挖(cm)						超欠挖(cm)
左一架(1~5)	1	2	3	4	5	弧长	平均线性超挖
	7	−10	−12	−8	−7	2.3	7
左二架(6~10)	6	7	8	9	10	弧长	平均线性超挖
	6	10	15	13	12	2.3	11.2
左三架(11~15)	11	12	13	14	15	弧长	平均线性超挖
	13	15	11	9	10	2.3	11.6
左牛角弯(16~20)	16	17	18	19	20	弧长	平均线性超挖
	12	11	13	8	13	2.3	11.4
拱顶中左(21~25)	21	22	23	24	25	弧长	平均线性超挖
	15	10	12	11	8	2.3	11.4
拱顶(26~29)	26	27	28	29	—	弧长	平均线性超挖
	7	10	11	9	—	2	9.3
拱顶中右(30~34)	30	31	32	33	34	弧长	平均线性超挖
	12	15	13	12	14	2.3	13.2

续上表

位　　置	炮眼超欠挖(cm)						超欠挖(cm)
右牛角弯(35~39)	35	36	37	38	39	弧长	平均线性超挖
	15	13	12	14	15	2.3	13.8
右三架(40~44)	40	41	42	43	44	弧长	平均线性超挖
	17	20	21	24	15	2.3	19.4
右二架(45~49)	45	46	47	48	49	弧长	平均线性超挖
	17	29	15	18	17	2.3	19.2
右一架(50~54)	50	51	52	53	54	弧长	平均线性超挖
	20	24	32	23	30	2.3	25.8
右底板(55~59)	55	56	57	58	59	弧长	平均线性超挖
	5	7	8	7	7	4.77	6.8
左底板(60~64)	60	61	62	63	64	弧长	平均线性超挖
	6	0	7	−5	5	4.77	3.6

DK452+109.1试验段开挖超欠挖检查表　　　　　　　　　　　　　　　表5-8

位　　置	炮眼超欠挖(cm)						超欠挖(cm)
左一架(1~5)	1	2	3	4	5	弧长	平均线性超挖
	7	4	2	11	10	2.3	6.8
左二架(6~10)	6	7	8	9	10	弧长	平均线性超挖
	11	2	4	13	2	2.3	6.4
左三架(11~15)	11	12	13	14	15	弧长	平均线性超挖
	8	2	2	7	10	2.3	5.8
左牛角弯(16~20)	16	17	18	19	20	弧长	平均线性超挖
	11	7	13	7	26	2.3	12.8
拱顶中左(21~25)	21	22	23	24	25	弧长	平均线性超挖
	30	27	6	5	7	2.3	15
拱顶(26~29)	26	27	28	29	—	弧长	平均线性超挖
	2	9	11	13	—	2	8.7
拱顶中右(30~34)	30	31	32	33	34	弧长	平均线性超挖
	3	5	2	23	21	2.3	10.8

续上表

位　置	炮眼超欠挖(cm)						超欠挖(cm)
右牛角弯(35~39)	35	36	37	38	39	弧长	平均线性超挖
	18	12	13	2	3	2.3	9.4
右三架(40~44)	40	41	42	43	44	弧长	平均线性超挖
	11	5	10	2	13	2.3	8.2
右二架(45~49)	45	46	47	48	49	弧长	平均线性超挖
	7	8	2	2	-5	2.3	3.8
右一架(50~54)	50	51	52	53	54	弧长	平均线性超挖
	13	17	26	30	11	2.3	19.4
右底板(55~59)	55	56	57	58	59	弧长	平均线性超挖
	7	6	7	11	10	4.77	8.2
左底板(60~64)	60	61	62	63	64	弧长	平均线性超挖
	8	16	13	17	11	4.77	13

从两个试验段超欠挖数据表5-5和表5-6可以看出,试验段的超欠挖情况已经控制在了一个合理的范围,除了拱顶局部平均线性超挖达到了15cm左右,其他部位的超欠挖都在10cm左右。

图5-24为现场试验爆破后围岩成形效果图,从图中可以看出,围岩成形效果很好,炮痕残存基本完整,清晰可见。

a)

b)

图5-24　周边眼聚能装药结构试爆效果图

在段家坪隧道全断面钻爆中,对爆破参数调整以及对周边眼采用聚能装药结构后,通过现场爆破实况图以及断面轮廓扫描图可以看出,水平岩层隧道拱部超挖控制得到了很大的改善,平均线性超挖基本控制在10cm左右,聚能装药结构试爆效果理想。

5.3 水平岩层隧道围岩锚杆支护技术

针对水平砂泥岩地层,首先使用离散元软件3DEC,对不同长度和不同支护范围的锚杆进行数值模拟计算,通过分析锚杆的轴力和位移云图,对锚杆的支护参数进行优化。通过现场锚杆支护试验,分析锚杆对水平砂泥地层的支护效果以及确定合理的锚杆支护参数。

5.3.1 水平层状砂泥岩层锚杆支护参数优化数值模拟

1)数值模拟计算模型

段家坪隧道隧址覆第四系全新统冲积砂质新黄土、砂层及碎石类土、上更新统风积砂质新黄土、冲洪积砂质老黄土、黏质老黄土、砂类土和碎石类土。三叠系砂泥岩为水平岩层,发育2至3组节理。隧道结构所处的地层不管是深埋还是浅埋,相对而言不是有限的,是无限大的或者半无限大的,然而采用数值模拟方法进行模拟时选取的模型空间上只能是有限的,选取的边界范围应该足够远,使边界位置不受隧道开挖施工的影响。本计算模型尺寸长为100m,宽为70m。隧道数值模拟模型如图5-25所示。

图5-25　3DEC离散元计算模型图

2)数值模拟计算工况

锚杆支护参数的优化分析,主要从锚杆的设置范围和锚杆长度两个影响因素方面进行分析。依据其他类似工程锚杆参数的设置范围,分析工况如表5-9所示,锚杆长度的影响分析工况如表5-10所示。

锚杆设置范围计算工况表　　　　　表5-9

计算工况	锚杆设置范围	备　注
工况1	锚杆在拱部90°范围内布置	锚杆长度3.5m,锚杆间距1.5m
工况2	锚杆在拱部120°范围内布置	锚杆长度3.5m,锚杆间距1.5m
工况3	锚杆在拱部150°范围内布置	锚杆长度3.5m,锚杆间距1.5m
工况4	锚杆在拱部180°范围内布置	锚杆长度3.5m,锚杆间距1.5m

锚杆设置长度计算工况表　　　　　　　表 5-10

计算工况	锚杆长度(m)	备　注
工况 5	2.0	锚杆在拱部 120°范围内布置,锚杆间距 1.5m
工况 6	3.0	锚杆在拱部 120°范围内布置,锚杆间距 1.5m
工况 7	4.0	锚杆在拱部 120°范围内布置,锚杆间距 1.5m
工况 8	5.0	锚杆在拱部 120°范围内布置,锚杆间距 1.5m

3)数值模拟计算结果分析

锚杆不同设置范围计算得出的锚杆轴力如图 5-26 所示。

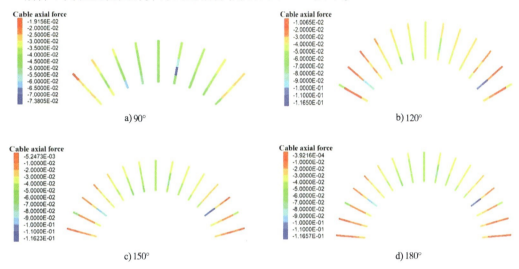

图 5-26　不同施加范围时 3.5m 锚杆的轴力图(单位:10^6N)

从图 5-26 可以看出:锚杆的设置范围不同,锚杆的作用效果不同。锚杆轴力最大值出现在拱肩部位,最大值为 116.6kN,这是因为水平层状砂泥岩的存在,可能引起锚杆应力集中,锚杆轴力突变增大。拱部锚杆轴力约为 45.8kN,且随着锚杆的设置范围不同,拱部锚杆的最大轴力值几乎不变。拱部 90°范围内的锚杆轴力最大,可认为发挥的作用最明显。90°～120°范围内的锚杆能发挥一定的作用,但不如拱部 90°范围内的锚杆发挥的作用明显。随着施加锚杆范围的增大,从 90°增大到 120°时,锚杆轴力最大值增大,且出现的位置从拱部附近变化到拱肩位置。当从 120°增加到 180°时,锚杆轴力最大值变化不是很明显,且出现的位置并没有发生很大的变化。并且随着施加锚杆角度的增大,边墙位置处的锚杆受力很小,也就是说此处的锚杆对约束围岩的变形和保证围岩稳定方面作用不大,可以不予设置。

不同长度锚杆计算得出的锚杆轴力如图 5-27 所示。

从图 5-27 可以看出:随着锚杆的长度增加,每根锚杆轴力最大值增加,最小值减小,当锚杆长度增加到一定值时(约 4m),锚杆深部轴力为压力,增加的此部分锚杆长度作用不大。因此根据数值计算结果,采用的 3.5m 杆长度是比较合理的。

不同长度锚杆计算得出的地层位移云图如图 5-28 所示。

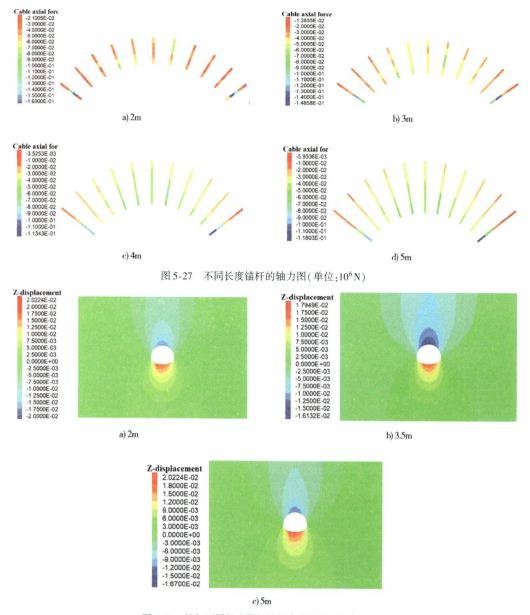

图 5-27 不同长度锚杆的轴力图(单位:10^6 N)

图 5-28 施加不同长度锚杆的竖向位移云图(单位:m)

从图 5-28 可以看出:随着锚杆的长度增加,锚杆对约束水平砂泥岩地层的变形起到一定的作用,锚杆长 3.5m 比锚杆采用 2m 的围岩竖向位移减小 3.2mm。但是,锚杆长度超过 3.5m 后,对围岩变形的约束能力增加不太明显,施加锚杆长度 5.0m 和锚杆长度 3.5m 相比,围岩竖向位移仅仅减小 0.8mm,增加的此部分锚杆长度作用不大。因此根据数值计算结果,采用的 3.5m 杆长度是比较合理的。

4) 数值模拟结论

利用离散元软件 3DEC,建立水平砂泥岩层的数值模型,通过施加不同范围锚杆和不同长度锚杆的数值模拟,得出以下初步结论:

(1)通过数值模拟,提出锚杆设置范围宜为拱部 120°范围,系统锚杆打设范围不应大于 150°,边墙的系统锚杆受力较小,施工时,可以根据实际施工情况不设或少设。

(2)根据数值模拟,随着锚杆的长度增加,每根锚杆轴力最大值增加,最小值减小,当锚杆长度增加到一定值时(约 4m),锚杆深部轴力为压力,增加的此部分锚杆长度作用不大,因此,针对水平砂泥岩地层,采用 3.5m 锚杆长度为宜。

5.3.2 水平层状砂泥岩层锚杆支护现场试验

1)现场试验内容及方法

(1)锚杆对比试验

水平层状岩体隧道开挖中边墙锚杆受力较小,因而在支护参数优化中,主要针对锚喷支护锚杆布置进行调整,分析不同布置方式锚杆内力的分布特点,以及隧道围岩变形状况,评价隧道初期支护的有效性。现场试验主要从锚杆长度与锚杆轴力两个影响因素进行分析,锚杆设置工况如表 5-11 所示。

锚杆设置范围计算工况　　　　表 5-11

试验方案	锚杆长度(m)	备 注
方案一	2.0	锚杆在拱部及边墙全部设置
方案二	3.0	锚杆在拱部及边墙全部设置
方案三	4.0	锚杆在拱部及边墙全部设置

锚杆轴力量测布设如图 5-29 所示。

锚杆施作前,安装好锚杆轴力计,然后再将安装好锚杆轴力计的量测锚杆按图 5-29 所示位置进行布置。在锚杆安设好后,将钢筋计导线沿钢架引至边墙距墙脚 1.5m 高处,线头从预埋的铁盒里引出。埋设时将钢筋计编号与测试点所对应位置记好记录。将铁盒内线头插入测频仪中,测试读数并作好记录。每次每个钢筋计的测量应不少于 3 次,力求测量数值可靠、稳定。

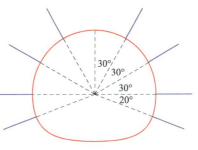

图 5-29　锚杆量测布置图

每一测试断面内,量测 8 根锚杆,每根锚杆上布置 3 个锚杆轴力计,每根锚杆上的锚杆轴力计布置见图 5-30 所示。

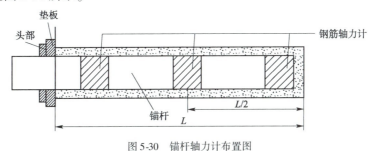

图 5-30　锚杆轴力计布置图

（2）有、无锚杆隧道初期支护效果对比试验

为了分析锚杆在水平砂泥岩地层中的支护效果，在Ⅳ级围岩有、无锚杆段各布置两个初期与围岩接触压力试验断面。

每一测试断面内，埋设 9 个压力盒。压力盒分布的位置是：在拱顶设 1 个、左右拱脚各设 1 个、左右边墙各设 1 个、拱脚与拱顶间三分点处各设 1 个，如图 5-31 所示。

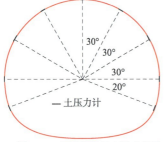

图 5-31 围岩接触压力测点布置

在初支钢架架立好后，将待测围岩压力部位的围岩表面用水泥砂浆抹平，以使压力盒能与围岩充分接触，然后用预制的混凝土垫块将压力盒位置垫牢、固定，并将导线沿钢架引至边墙距墙脚 1.5m 高处，线头从预埋的铁盒里引出。埋设时将压力盒编号与测试点所对应位置记好记录。

将铁盒内线头插入测频仪中，测试读数并作好记录。每次每个压力盒的测量应不少于 3 次，力求测量数值可靠、稳定。

2）试验结果及分析

（1）锚杆对比试验

①水平砂泥岩地层不同锚杆长度对比试验。在水平砂泥岩地层，为了分析锚杆长度对围岩变形控制的影响，在段家坪隧道Ⅳ级围岩段，选取 8 个断面来分析锚杆长度对围岩变形的影响，设置三个工况，对应锚杆长度分别为 2.0m、3.0m 和 4.0m，锚杆现场试验如图 5-32 所示。

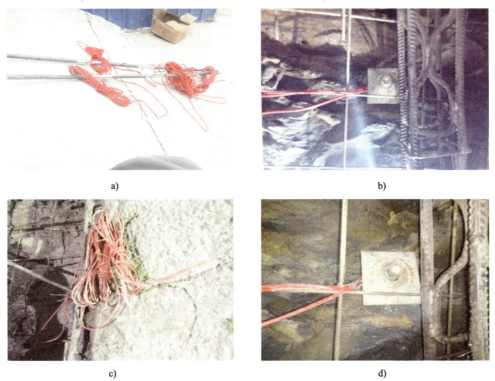

图 5-32 锚杆现场试验

统计测点的锚杆轴力,获得试验结果如图5-33所示。

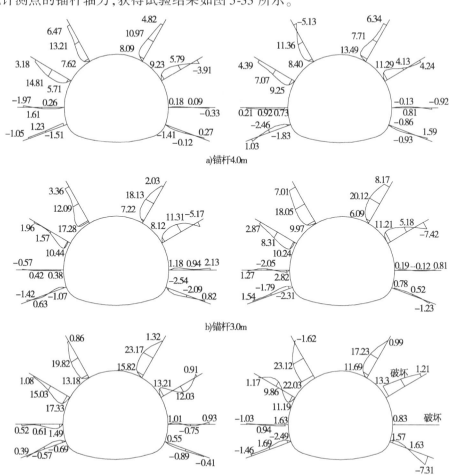

图5-33　不同长度锚杆轴力图(单位:kN)

图5-33中,"+"表示锚杆受拉,"-"表示锚杆受压,通过图3-34试验结果,可以得出以下结论:

a. 针对水平砂泥岩地层,总体来看,拱部锚杆均受拉,但受力均不大,最大值为23.12kN;锚杆个别测力点受压,分析其原因,受拉测点可能是由于围岩的应力集中引起;每个试验断面,锚杆的最大轴力均靠近隧道拱顶附近。

b. 水平砂泥岩地层,锚杆拱部受拉,但拱腰和拱脚部位的锚杆,呈现不同程度的受拉受压现象,和拱部处的锚杆相比,受力较小,受力数值在1kN附近居多。

c. 长度为4.0m、3.0m、2.0m拱部锚杆,承受拉力最大值随着锚杆的长度逐渐增大。从总体上来看,锚杆内端部承受荷载越来越小,2m长度锚杆内端部,数值一般在1.2kN附近,分析其原因,可能是由于锚杆内端部部分锚固松动围岩中,锚杆对围岩的作用效果不明显。

②水平砂泥岩地层不同围岩级别对比试验。在水平砂泥岩地层,为了分析锚杆在不同围岩地层对围岩变形控制的影响,在段家坪隧道Ⅲ、Ⅳ、Ⅴ级围岩段分别布置2个试验断面,

锚杆长度均为3.0m,统计测点锚杆轴力,获得试验结果如图5-34所示。

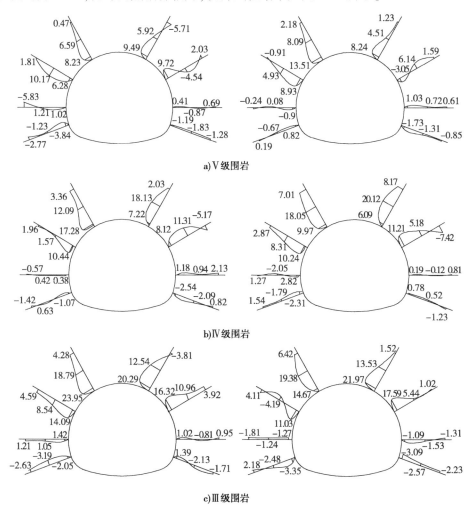

图5-34 不同围岩等级下锚杆轴力图(单位:kN)

图5-34中,"+"表示锚杆受拉,"-"表示锚杆受压,通过图5-34试验结果,可以得出以下结论:

a. 针对水平砂泥岩地层,总体来看,随着隧道围岩等级的增大(从Ⅲ到Ⅴ级围岩),拱部锚杆承受拉力越来越大,拱部锚杆内端部同样越来越大,但是拱腰和拱脚处锚杆受力变化不大。

b. Ⅲ级围岩锚杆内端部测点受力增大比较明显,最大值为6.42kN,分析其原因,可能是由于随着岩体质量的提高,不稳定围岩范围变小,3.0m长度锚杆部分锚固到稳定围岩中,拉力增大,锚杆作用效果变好。

(2)有、无锚杆隧道初期支护支护效果对比试验

在水平砂泥岩地层,为了分析锚杆对初期支护结构受力的影响,在段家坪隧道Ⅳ级围岩段设置2个试验断面,锚杆长度3.0m,现场布置情况如图5-35所示。

分析锚杆在砂泥岩地层对初期支护结构受力的影响,获得试验结果如图5-36所示。

图 5-35 初期支护与围岩接触压力现场布置图

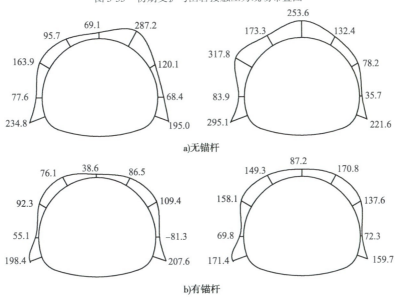

图 5-36 初期支护与围岩接触压力图(单位:kPa)

由于监测断面的围岩初期支护与围岩接触压力的离散性较大,本次水平砂泥岩地层对有、无锚杆试验断面的各测点与围岩的接触压力利用最大值包络图进行比较,由试验结果可知:

①有、无锚杆试验断面初期支护与围岩接触压力分布均具有较大的离散型,从量值看,有、无锚杆试验断面围岩与初期支护接触压力互有大小,总体而言,无锚杆试验段略大。

②有锚杆试验断面,在试验段拱部,锚杆的存在对测点处的围岩与初期支护的接触压力改善较为明显,这是因为在水平砂泥岩地层,锚杆在拱部承受了一定的荷载,分担了部分围岩压力。

3)锚杆现场试验初步结论

通过锚杆现场试验,针对水平砂泥岩地层,得出如下初步结论:

(1)拱部锚杆承受一定的围岩荷载,拱部锚杆的存在,对改善水平砂泥岩地层的围岩荷载,提高支护效果,具有一定的作用。但是,拱腰和拱脚处锚杆总体作用效果不明显。针对水平砂泥岩地层,建议安设拱部锚杆,取消拱腰和拱脚处系统锚杆。

(2)针对水平砂泥岩地层,Ⅲ级围岩锚杆建议长度为 2.0~2.5m;Ⅳ级围岩锚杆建议长度为 3.0~3.5m;Ⅴ级围岩锚杆建议长度为 3.0~4.0m。

5.4 水平岩层隧道施工安全技术

由于水平岩层的破碎性和层理性,在爆破开挖时,容易造成拱部围岩的松动和脱落,边墙局部围岩留有根坎、欠挖现象,从而使隧道开挖轮廓不易控制,超欠挖现象严重,并且破坏了围岩自然拱的受力状态,从而使围岩开挖后的变形速度加快,自稳能力减弱,容易造成坍塌、片帮和落石等现象,影响隧道的稳定,同时关系到初期支护和二次衬砌的质量,给施工带来极大的安全隐患。初期支护施工后,拱顶仍然容易出现较大沉降、开裂和严重变形等现象,超挖回填喷混凝土和超设计加强支护的数量特别大,导致施工成本高、施工速度缓慢。

为了使水平岩层隧道爆破开挖断面成形完整以及支护控制围岩变形,以蒙华铁路 MHTJ-9 标段家坪隧道为工程案例,从超前地质预报、超前支护、注浆加固和监控量测四个方面总结重载铁路水平岩层隧道施工安全技术。

5.4.1 水平岩层隧道总体施工工艺

充分借助综合超前地质预报、监控量测等信息化施工的科学手段,认真研究水平岩层特性,不断优化爆破参数和初期支护参数,取得了很好的施工效果。水平岩层隧道开挖支护施工工艺如图 5-37 所示。

5.4.2 超前地质预报

1)超前地质预报目的

隧道开挖前对地质情况的了解,对隧道建设起着十分重要的作用。通过超前预报,及时发现异常情况,预报掌子面前方不良地质体的位置、产状及其围岩结构的完整性与含水的可能性,为正确选择开挖断面、支护设计参数和优化施工方案提供依据,并为预防隧道涌水、突泥、突气等可能形成的灾害性事故及时提供信息,使工程单位提前做好施工准备,保证施工安全,同时还可节约大量资金。所以隧道超前预报对于安全科学施工、提高施工效率、缩短施工周期、避免事故损失、节约投资等具有重大意义。

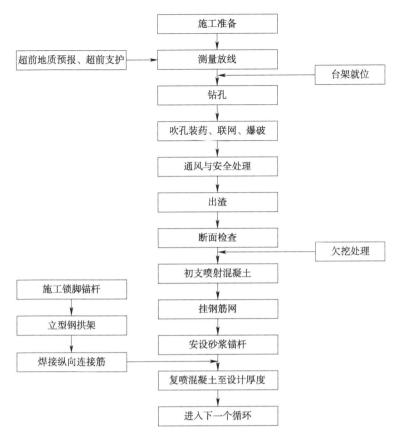

图 5-37 水平岩层隧道开挖支护施工工艺流程

超前地质预报主要内容有：

(1)断层及其影响带、节理密集带的位置、规模及其性质。

(2)软弱地层及其影响带、规模及其性质。

(3)岩溶层的位置、规模及其性质。

(4)不同岩层之间接触面位置。

(5)工程地质灾害可能发生的位置和规模。

(6)隧道围岩级别变化。

(7)隧道涌水量及水压。

2)常见的隧道超前地质预报方法

(1)常规地质法

①超前导坑法。超前导坑法可分为超前平行导坑和超前正洞导坑。超前平行导坑的布置平行于正洞，断面小且和正洞之间有一定的距离，在施工过程中对导坑中遇到的构造、结构面或地下水等情况作地质素描图，通过做地质素描图对正洞的地质条件进行预报。该法的优点是：预报结果比较直观、精度高、预报的距离长、便于施工人员安排施工计划和调整施工方案，还可以起到排水减压放水、改善通风条件和探明地质构造条件的作用，同时还可用作排除地下水、断层注浆处理、扩建成第二条隧道使用。超前正洞布置在正洞中，是正洞的

一部分,其作用与平行导坑相比,效果更好。超前导坑的缺陷为:一是成本太高,有时需要全洞进行平导开挖;二是施工工期较长。

②正洞地质素描。地质素描是对开挖面的地质情况如实而准确的反映。素描的主要内容包括地层岩性、构造发育情况(含断层、贯穿性节理、夹层或岩脉)、地下水的出水状态、围岩的稳定性及初期支护采用的方法等。正洞地质素描是利用所见到正洞已开挖段的地质情况预报前方可能出现的不良地质条件(断层等)。正洞地质素描的优点是不占用施工时间,设备简单,不干扰施工,出结果快,预报的效果好,而且为整个隧道提供了完整的地质资料;缺点是对与隧道夹角较大而又向前倾的结构面容易产生漏报。

③水平超前探孔。水平超前探孔方法是在隧道内安放水平钻机进行水平钻进,根据隧道中线水平方向上的钻孔资料来推断隧道前方的地质情况。钻孔的数量、角度及钻孔长度可人为设计和控制。一般可根据钻进速度的变化,钻孔取芯鉴定,钻孔冲洗液的颜色、气味、岩粉以及在钻探过程中遇到的其他情况来判断。这种方法可以反映岩体的大概情况,比较直观,施工人员可根据现场的地质情况来安排下一步的施工组织。但该方法的缺陷为:在复杂地质条件下预报效果较差,很难预测到正洞掌子面前方的小断层和贯穿性大节理,特别是与隧道轴线平行的结构面,其预报无反映;钻孔与钻孔之间的地质情况不能反映。

(2)物探方法

地球物理探测是间接、无损的测试手段,在隧道超前地质预报中,常用的方法有声波测试、红外探水、弹性波法和电磁波法。

①声波测试。声波对裂隙反应很敏感,遇到裂隙即发生介面效应(反射、折射和绕射),耗损波能,波形变复杂,波速减缓,此外,声波速度的大小还和岩体强度有关。

声波测试方法有许多种,常见的有岩面测试和孔内测试两种,其中孔内测试又分为单孔和双孔测试两种。岩面测试是在已开挖地段进行,由于隧道开挖放炮形成许多张裂隙,所测波速表面岩石比实际岩体的波速略偏低。孔内测试分单孔和双孔两种。单孔测试是把发射源和接收器放在同一孔内,但只能测到钻孔周围一倍波长左右范围内的地质情况。双孔测试是把发射源和接收器放在不同的钻孔内,测试两孔之间的岩体波速。

②红外探水。所有物体都发射出不可见的红外线能量,这能量的大小与物体的发射率成正比,而发射率的大小取决于物体的物质和它的表面状况。当隧道掌子面前方及周边介质单一时,所测得的红外场为正常场,当前面存在隐伏含水构造或有水时,他们所产生的场强要叠加到正常场上,从而使正常场产生畸变,据此判断掌子面前方一定范围内有无含水构造。现场测试有两种方法:一是在掌子面上,分上、中、下及左、中、右6条测线的交点测取9个数据,根据这9个数据之间的最大差值来判断是否有水;二是由掌子面向掘进后方(或洞口)按左边墙、拱部、右边墙的顺序进行测试,每5m或3m测取一组数据,共测取50m或30m,并绘制相应的红外辐射曲线,根据曲线的趋势判断前方有无含水。

③弹性波法。弹性波超前预报技术按观测系统可分为地震反射法(负视速度法)、水平声波剖面法和TSP超前预报技术。

地震负视速度法的原理是利用地震波在不均匀地层中产生的反射波特征,来预报隧道掌子面前方及周围区域的地质情况。在隧道侧壁的一定范围内布置激震点,进行激发,产生的地震波信号在隧道周围岩体内传播,当岩石强度发生变化时,比如有断层或岩层变化,地震波信号的一部分将返回,这个信号称为反射波。反射界面与测线直立正交时,所接收的反射波与直接由震源发出的信号(称为直达波)在记录图像呈负视速度,其延长线与直达波延长线的交点即为反射界面的位置。现场测试时,采用的方式有多炮共道、多道共炮两种。前者记录方式有利于保证激发条件的一致性,后者则有利于记录条件的一致性。

水平声波剖面法是利用孔间地震剖面法(ABSP)的原理及相应软件开发的一种超前预报方法。震源和检波器的布置除脱离开挖工作面对施工干扰小外,还因反射波位于直达波、面波延续相位之外不受干扰,因此做到记录清晰、信噪比高,使反射波同相轴明显。

TSP 超前预报技术是利用地震波在不均匀地质体中产生的反射波特性来预报隧道掌子面前方及周围临近区域的地质情况。它的预报原理同负视速度法,只是接收频率为 $10\sim8000\,\mathrm{Hz}$,预报长度为 $100\sim200\,\mathrm{m}$。

④电磁波法。电磁波法是利用电磁波在不同介质中产生透射、反射的特性来进行地质预报工作的,目前常用的设备是地质雷达。利用地质雷达进行超前预报时,当前方岩石完整的情况下,可以预报 $30\,\mathrm{m}$ 的距离;当岩石不完整或存在构造的条件下,预报距离小于 $10\,\mathrm{m}$。雷达探测的效果主要取决于不同介质的电性差异,即介电常数,若介质之间的介电常数差异大,则探测效果就好。在洞内测试时,由于受干扰因素较多,往往造成假的异常,形成误判。

3) 隧道综合超前地质预报体系

(1) 综合预报原则

隧道综合超前地质预报应以"地质分析为核心,综合物探与地质分析结合,洞内外结合,长短预测结合,物性参数互补"为原则。

"地质分析为核心"是以地面和掌子面地质调查为主要手段,并将地质分析作为超前预报的核心,贯穿于整个预报工作的始终。

"综合物探与地质分析结合"是指在开展 TSP、地质雷达等综合物探工作的同时,必须将物探解译与地质分析紧密结合。

"洞内外结合"是指洞内、洞外预报相结合,并以洞内预报为主,如地面地质调查是洞外预报,掌子面地质素描、超前钻探和各种物探是洞内预报。

"长短预测结合"是指在长距离预报的指导下,进行短距离精确预报,如地面地质调查和 TSP 是长距离预报,掌子面地质素描、地质雷达和超前钻探是短距离预报。

"物性参数互补"是指选取的物探预报方法与其预报物性参数应相互补充配合。TSP、地质雷达等物探方法不一定同时同等使用,但应在地质分析的基础上,考虑"长短预测结合"等综合预报原则和物探方法适宜性,选取适宜的一种或者几种物探方法进行预报。

(2) 综合预报体系

在上述综合预报原则的指导下,进行综合超前地质预报。首先对隧址区勘察设计资料进行详细研究,利用地面地质调查等方法,确定断层和其他不良地质体与隧道轴线交点的大概位置,估测岩层、断层和其他重要地质界面的产状,预测地下水富存段。在此基础上,根据宏观地质分析预测成果和掌子面地质调查,结合各种超前地质预报方法的适应性,有针对地选择一种或者几种物性参数互补的物探方法进行超前探测和预报解译。

通过上述地质分析和物探预报解译,对掌子面前方的基本地质条件,包括断层、岩体破碎情况、溶洞、地下水情况、岩体软硬程度等,进行综合分析预报,并判断是否存在不良地质和施工地质灾害,并采取相应的措施指导施工。

5.4.3 超前支护方法

水平岩层超前支护的主要作用是超前注浆加固围岩及止水、控制结构性超挖、防止掉块、保证施工安全等。主要形式有超前锚杆支护和超前小导管注浆支护。

1)超前锚杆支护

超前锚杆支护是一种新型支护结构,是在已经开挖的掌子面上,向前方没有开挖的岩层中施作锚杆进行支护,通过锚杆加固提高岩块之间的镶嵌能力,使前方岩层在没有开挖之前得到加固。

超前锚杆一般选用Ⅱ级钢筋,也可以用Ⅰ、Ⅲ级,钢筋直径一般为22~25mm。

(1)超前锚杆布置原则

开孔位置应在隧道断面设计边线外侧,一般为5~10cm。锚杆的轴线方向夹角为5°~30°。如果围岩比较破碎,则取较大角度,以便形成一定厚度的承载拱。小间距的超前锚杆布置在设计边线以外,使得围岩和锚杆组合成承载梁板结构,承受围岩的变形应力,为开挖后期的加强支护提供施工时间。

(2)超前锚杆分类

超前锚杆又分为无格栅拱支撑超前锚杆及有格栅拱支撑超前锚杆。

①无格栅拱支撑超前锚杆。无格栅拱支撑超前锚杆是将超前锚杆的末端支撑在拱部围岩内专为超前锚杆提供支点的径向锚杆,或者支撑在结构锚杆上,使其能够支护掘进进尺范围内拱部上方的围岩,并能够有效约束围岩在爆破后不发生坍塌,为喷锚支护提供时间。施工中,由于超前锚杆和径向锚杆的外露端不容易直接相交,因此需要使用$\phi 22mm$的横向短钢筋将超前锚杆焊接在临近的径向锚杆上。

②有格栅拱支撑超前锚杆。超前锚杆的末端支撑在格栅拱架上。超前锚杆的外插角一般为5°~30°,单层布置时取小值,双层布置时取大值。单层布置时环向间距为0.2~0.4m,双层布置时环向间距为0.4~0.6m,并且上下层应该错开布置。超前锚杆的纵向间距一般为1m或者2m,最大不超过3m。超前锚杆的长度一般为3.5~5m,最长为7m。在软弱围岩地段,可以采用$\phi 8mm$或者$\phi 10mm$的钢筋按照间距$0.1m \times 0.1m$挂方格网,再喷射0.1~0.15m厚混凝土,增强围岩的自稳能力。

单排超前锚杆应有不少于1m的搭接长度,在隧道同一横断面,除搭接部分为双排锚杆,其余部位为单排锚杆。单排锚杆一般用于水平岩层中围岩不破碎的地段,长度不小于循环进尺的 2 倍,即 3~5m。双(多)排锚杆适用于水平岩层中围岩比较破碎的地段,在隧道同一断面内应有两排或以上超前锚杆支撑。

(3)超前锚杆钻孔、注浆和安装

超前锚杆钻孔应该采用钻爆开挖的钻孔机械,开孔位置最好不要与周边眼位置重叠。在不易成孔的水平破碎围岩中施工时,可以采用自钻式锚杆作为超前锚杆。钻孔应该保证圆、直和准,钻孔完成后要清孔,保证孔内无污物。

超前锚杆注浆和安装施工同砂浆锚杆,如果要求尽早起到支护要求,可以加入早强剂。在结构面裂隙发育的平层岩层中,宜采用全程固结砂浆锚杆。上下层锚杆应该相互错开,层间距不宜大于 2m。锚杆外露长度不宜大于 10cm,锚杆安装 4h 后方可进行爆破作业。

2)超前小导管注浆

超前小导管是稳定开挖工作面的一种辅助工法,对软弱、破碎围岩起到加固作用,增强软弱、破碎围岩的稳定性,利于开挖后与完成支护时间内围岩不坍塌破坏。

通过超前小导管注浆能够改变地层状况,浆液能够填充岩石间的裂隙,浆液凝结将原来破碎的裂隙胶结成一个整体,形成一个强度大、能防水的固结层,使得软弱、破碎的围岩性能得到提升。

(1)超前小导管参数

超前小导管宜采用 $\phi 32~42$mm 的无缝钢管制作。在钢管前端焊接成 10~15cm 长的尖锥状,在钢管后端 10cm 处焊接 $\phi 6$mm 钢筋箍,以利于套管顶进,管尾 10cm 车丝,和球阀连接。在钢管后端距离钢筋箍 90cm 处开始每隔 20cm 梅花形布置 $\phi 8$mm 的溢浆孔。

超前小导管一般沿开挖轮廓线 120° 范围内布置,外插角宜小于 10°。每循环小导管搭接长度为 1~2m,一般为单层布置,大断面隧道可双层布置。

(2)超前小导管安设

超前小导管的安设可以采用引孔或者直接顶入方式,其安设步骤为:

①用 YT-28 风钻或煤电钻引孔,或用吹分管将砂石吹出成孔,孔径大于导管直径 10~20mm,孔深视导管长度而定。

②插入导管,如有困难,可用带有顶入套管的风钻顶入。

③用吹风管将管内砂石吹出或者用掏勾将砂石掏出。

④小导管尾缠棉纱,使得小导管与钻孔固定密贴,并使用棉纱将孔口临时密封。

⑤为防止注浆过程中工作面漏浆,小导管安设后需要对其周边一定范围内的工作面进行喷射混凝土封闭,喷射厚度一般为 5~8cm。

(3)超前小导管注浆施工

超前小导管注浆施工工艺流程如图 5-38 所示。

小导管注浆通常采用单液水泥浆、水泥-水玻璃双液浆和快硬硫铝酸盐水泥浆三种材料。根据凝胶时间要求,水泥浆的水灰比通常为 0.6:1~1:1(质量比),水玻璃浆浓度为 35°Be′(1°Be′ = 1.21~1.31g/cm³),水泥浆、水玻璃浆体积比为 1:1~1:0.6,硫铝酸盐水泥浆水灰比为 0.8:1~1.2:1(质量比)。

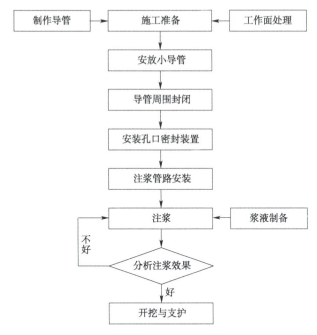

图 5-38 超前小导管注浆施工工艺流程图

周边超前小导管自两侧向拱顶方向分两序孔施工,即先注第一序孔,后注第二序孔。注浆时,要经常关注注浆流量和注浆压力的变化,发现异常情况要及时处理。如果注浆压力逐渐上升,注浆流量不断减少,属于正常情况。如果注浆压力长时间不上升(小导管注浆 5min),流量不减,可能是发生跑浆或者漏浆。如果注浆压力急剧上升,流量急剧减少,排除地层因素外,可能是发生管路堵塞。

注浆过程中,要经常观察工作面及管口情况,发现跑浆和漏浆,要及时进行封堵。注浆过程中,注浆压力逐渐上升,注浆流量逐渐减少,当注浆压力达到注浆终压或者注浆量达到设计注浆量的 80% 以上时,就可以终止注浆;注浆压力未能达到设计终压时,注浆量已经达到设计注浆量,并无漏浆现象,亦可结束注浆。

5.4.4 注浆加固

注浆是将配置好的浆液,通过专用的注浆设备和注浆管路,注入岩体的裂隙中,改变岩体的力学性能,提高其稳定性和强度,从而实现加固和堵水的目的。对于水平岩层隧道的软弱、破碎地带采用注浆技术进行岩层加固,常采用地面垂直注浆和洞内水平注浆两种方式。

1)地面垂直注浆

水平岩层隧道浅埋时,当地表有条件进行注浆作业时,可采用地表钻孔注浆的方式在隧道开挖工作面及开挖轮廓线以外通过注浆形成一个封闭的隔水帷幕或者软弱破碎岩层的加固体,然后进行隧道施工。该种注浆方式可以不受洞内施工场地的限制,不占用洞内开挖工作面,可以多台设备同时作业,提高作业效率。

地面垂直注浆采用的钻杆后退式分段注浆工艺为:

①钻机按照设计孔位就位,采用潜孔钻钻到孔位设计深度,用高压水或者气反复洗孔2~3次,将孔位的污染物完全冲出。

②退出钻杆,换上合金钻头沿原钻孔边加水、边钻进,直到钻至距孔底50cm处。

③将钻杆尾部的水龙头换成注浆变接头,然后接好注浆管注浆。

④注浆过程中边后退、边旋转、边注浆,后退步距为1.5m,钻速控制在每分钟2~3圈,防止浆液将钻杆裹死,直至该孔注浆结束。

⑤注浆过程中以注浆压力和注浆流量为控制依据。

⑥注浆结束后,先将混合器上的泄压阀打开泄压,再退出钻杆。

2)洞内水平注浆

(1)洞内水平注浆施工工艺

当地表无条件进行地面垂直注浆作业时,必须通过开挖工作面采用超前预注浆的方式进行注浆加固,在开挖工作面和开挖轮廓线以外形成一个封闭的隔水帷幕或者软弱破碎岩层的加固体。

洞内帷幕注浆施工前,为了保证施工工作面安全,保证注浆效果,防止跑浆、漏浆的发生,必须采用喷射混凝土封闭掌子面。

(2)洞内水平注浆参数

①根据施工经验,一般来说,注浆加固范围为隧道开挖面及开挖轮廓面外0.5~1倍的隧道开挖直径,当隧道地质条件差,涌水量大时可取大值。

②浆液扩散半径与浆液种类、浆液流动性、注浆压力、地层渗透性和注浆时间有关。不过实际施工中浆液扩散半径主要取决于经验值:一般为在中细砂层、粉质黏性土中取0.5~0.8m;中粗砂、砂卵石层中取0.8~1.2m;断层破碎带取1.5~2m。

③注浆压力与地层的密度、强度、初始应力、钻孔深度和位置等因素有关,但是这些因素难以准确确定,因此注浆压力主要通过现场试验逐步预测确定。

④注浆孔布置间距按照采用多排孔注浆设计,注浆孔间距不大于1.7倍的浆液扩散半径,注浆孔采取梅花形布设方式。

(3)注浆材料选择

注浆材料的选择要求注浆材料来源广、可注性好、凝胶时间可控、强度高、无污染,价格便宜等。常见的注浆材料有普通硅酸盐水泥单浆液、普通水泥-水玻璃双浆液、超细水泥单浆液和快硬硫铝酸盐水泥单浆液。常见的浆液配比见表5-12。

常见注浆材料配比表 表5-12

序号	浆液名称	配比参数		
		水灰比	体积比	水玻璃浓度(Be')
1	普通水泥单浆液	0.6:1~1:1	—	—
2	超细水泥单浆液	1:1~2:1	—	—

续上表

序号	浆液名称	配比参数		
		水灰比	体积比	水玻璃浓度(Be')
3	普通水泥-水玻璃双浆液	0.6:1~1:1	1:1~1:0.3	30~35
4	超细水泥-水玻璃双浆液	1:1~2:1	1:1~1:0.3	30~35
5	快硬硫铝酸盐水泥单浆液	1:1~1.5:1	—	—

(4)注浆施工要点

①使用的注浆材料必须满足质量要求,必须严格按照设计的配比进行浆液配制。

②注浆前对注浆系统进行试压试验,开始注浆时,先开水泥浆泵将管路中清水压入空隙,之后再开水玻璃泵进行双液注浆。

③注浆顺序,一般是先稀后浓,先单后双,先大排量后小排量。

④注浆过程中,要设置一台备用注浆泵。发生跑浆时,进行小泵量、低压力注浆或间隙注浆,或进行外部堵塞。

⑤当注浆压力和注浆量达到设计要求时,先关闭孔口阀门,再停泵,打开泄浆阀,压住一定量清水,清洗管路里的残浆,再移到下一孔注浆。

5.4.5 监控量测

1)监控量测的目的和意义

隧道施工现场监控量测是新奥法的重要组成部分,它不仅可以指导隧道安全施工,也是认识和理解隧道围岩动态的基本途径,为判断隧道施工过程中围岩的稳定及支护结构安全提供科学依据,确保隧道施工安全。总结起来,监控量测的目的和任务有以下几点:

(1)监测隧道洞体的稳定情况,掌握围岩变形发展规律,了解支护结构在不同工况时的受力状态和应力分布,对围岩稳定性作出评价,选择合理的支护时机和判断支护的实际效果。

(2)及时进行安全预报,保证施工安全。

(3)了解周围围岩的工作情况,检验已施作支护的工况,验证支护设计的合理性和可靠性、施工方法的合理性及其安全性,为修订设计方案,调整支护参数和指导施工及时提供有关信息。

(4)监测工程的实际运行情况,并积累资料,为改进和提高设计工作水平提供科学依据。

(5)得到能够反映实际围岩变形情况的有效数据,可以根据这些数据反演出实际的围岩参数,来对围岩分类进行综合评价,并指导施工中围岩支护参数的选择。

2)隧道监控量测的内容和方法

隧道现场监控量测的项目分为必测项目和选测项目。具体的工程应根据围岩条件、工程规模、支护类型和具体施工方法等进行选择。为了能够对围岩及支护结构的形态作较全面的分析,并且能够获得完整的数据,同时又能使各项数据间相互比较、相互验证,因此各项量测内容应尽量布置在同一个断面上。隧道监控量测的主要内容有地质和支护状况观察、周边收敛量测、拱顶下沉量测和地表下沉量测。

(1)地质及支护状况观察

该项作业的目的是预测开挖面前方的地质情况,为判断隧道、围岩的稳定性提供地质依据。

主要观察内容有岩体的完整状态、地下水的发育情况、围岩类型、地表沉陷、边坡和仰坡的稳定和地表水渗透。地质观察应该在每次爆破开挖后立即进行,对已施工地段支护状况和地表状况的观察应该每天一次。

(2)周边收敛和拱顶下沉量测

隧道围岩的应力出现变化的直观反映就是周边出现位移,对周边位移展开测量,可以提供准确的依据去判断隧道空间的稳定性,根据出现变形的速度来进行隧道围岩的稳定程度进行确定,这就为二次衬砌创造出合理的支护时间,对施工现场进行指导。

①测量方式选择。采用传统方法进行隧道监控量测存在很大缺陷,主要表现在:隧道净空断面大、高度大,拱顶及拱脚部位测点测量困难;测量时间长,对其他工序施工带来一定干扰;人工拉尺、立杆等人为因素影响较大,造成数据采集误差较大,数据质量低;不能进行三维观测,对隧道变形形态了解不彻底。针对这些缺陷,并且为了满足大净空断面快速施工需求,并保证测量结果的准确性,宜采用全站仪三维非接触测量。

②测点布置。周边收敛的测点可以根据开挖方法进行设置,如表5-13所示。

周边收敛量测测线数 表5-13

开挖方法	地 段	
	一般地段	特殊地段
全断面法	一条水平测线	—
台阶法	每台阶一条水平测线	每台阶一条水平测线,两条斜测线
分部开挖法	每分部一条水平测线	CD或CRD法上部、双侧壁导坑法左右侧部,每分部一条水平测线,两条斜测线,其余分部一条水平测线

拱顶下沉测点原则上应设置在拱顶轴线附近,当隧道跨度较大时,应结合施工方法在拱部增设测点。拱顶下沉点和净空变化测点应布置在同一断面上,监控量测断面可按表5-14所示要求布置。

周边收敛量测测线数 表5-14

围岩级别	断面间距(m)	围岩级别	断面间距(m)
Ⅴ-Ⅵ	5~10	Ⅲ	30~50
Ⅳ	10~30		

③测点埋设。测点材料采用直径不小于20mm的螺纹钢,长20~30cm,尾部(隧道洞内方向)进行45°斜切面或者端部焊接钢板,并且斜切面处或者钢板上面粘贴测量专用反射膜片。初支应与围岩紧贴,测点埋设在钢架、格栅等初期支护上,测点一端紧贴岩面,无钢架和

格栅等初期支护时,测点应埋入围岩不小于20cm,并埋设牢固。

(3)地表下沉量测

该项作业的主要内容为监测地表下沉的范围以及下沉量的大小,地表下沉量随工作面推进的变化规律,地表下沉稳定的时间。

①测量方式选择。宜采用全站仪三维非接触测量。

②测点布置。地表沉降测点和隧道内测点应布置在同一个断面内。地表沉降测点的纵向间距可以按照表5-15所示要求布置。

地表沉降测点纵向间距   表5-15

隧道埋深与开挖宽度、高度	纵向测点间距(m)	隧道埋深与开挖宽度、高度	纵向测点间距(m)
$2B < h \leq 2(B+H)$	15~30	$h \leq B$	5~10
$B < h \leq 2B$	10~15		

注:h为隧道埋深;H为隧道开挖高度;B为隧道开挖宽度。

地表沉降测点的横向间距宜为2~5m。在隧道中线附近测点可以适当加密,隧道中线两侧范围不应小于$(h+B)$。

③测点埋设。地表沉降测点埋设时先在地表钻孔,然后埋入沉降测点,外露1~2cm,四周用砂浆填实。测点一般采用直径20~30mm钢筋,长50~100cm,顶部为斜面贴反光膜片或平面中心设置十字标记。

(4)必测项目监控量测频率

周边收敛、拱顶下沉和地表沉降均为必测项目,监控频率根据测点距开挖面的距离以及位移速度分别按表5-16和表5-17确定。

按距开挖面距离确定的监控量测频率   表5-16

监控量测断面距开挖面距离(m)	监控量测频率	监控量测断面距开挖面距离(m)	监控量测频率
$(0~1)B$	2次/d	$(2~5)B$	1次/(2~3d)
$(1~2)B$	1次/d	>5B	1次/(7d)

按位移速度确定的监控量测频率   表5-17

位移速度(mm/d)	监控量测频率	位移速度(mm/d)	监控量测频率
≥5	2次/d	0.2~0.5	1次/(3d)
1~5	1次/d	<0.2	1次/(7d)
0.5~1	1次/(2~3d)		

(5)监控量测施工中的控制要点

①测点埋设不及时,受到工序及施工人员对监控量测重视程度影响,现场施工中经常会出现监测断面埋设不及时,测点埋设不及时对数据采集和分析造成很大影响。为了保证测点能够及时进行埋设,需要现场施工人员严格按照施工要求施工,并将隧道监测量测纳入工序管理中,对于测点不埋设的情况,不允许进入下道工序。

②测点埋设不牢固。工人埋设时由于疏忽大意使得测点埋设时出现松动现象。为了解决这种情况,需要在测点埋设后对测点是否松动进行检查。

③反光片脱落。反光片与钢筋斜面或者钢板粘贴,由于环境潮湿容易造成反光片脱落,经常重贴反光片会造成数据失真。为了避免这种问题,可以采用乳胶或植筋胶贴反光片。

④测点破坏。受爆破作业和机械施工影响,测点容易破坏。为了防止测点发生破坏,测点在埋设时外漏的长度不宜过长,外漏长度在 3~5mm 范围内。反光片擦亮,易于观察,测点做好明显标志,出现破坏后 2h 内恢复并及时进行数据采集。

⑤数据精度。受仪器及操作影响,数据采集过程中容易出现较大误差。要严格定期校验,测量误差较大时要多次测量以确保数据准确。

⑥拱顶下沉数据真实性。拱顶下沉数据采集用的后视点采用绝对坐标,并定期对后视点复测,不定期采用不同的后视点测量进行数据对比。

⑦出现假性预警。数据采集错误或监测点异常容易出现假性预警。针对这种问题,数据采集后,必须经过现场监测负责人和工区技术负责人进行复核后方可上传,如出现预警立即到现场进行复核。

⑧忽略预警。部分监测人员已熟悉正常预警信息,但对洞内外观察和变形趋势图出现预警理解不透彻,有些时候日累计变形量虽然未预警但初支异常或变形趋势异常仍然是预警。

本章参考文献

[1] 高磊.广巴高速公路隧道围岩变形破坏机制及稳定性研究[D].成都:成都理工大学,2008.

[2] 马龙,路锦标,高华.近水平岩层隧道贯通段受力机理研究[J].公路交通技术,2016,32(2):87-92.

[3] 湛康.近水平岩层隧道塌方机理研究[D].重庆:重庆交通大学,2015.

[4] 缪成银,彭雪峰,郑宏.近水平软弱岩层隧道施工研究进展[J].四川建筑,2011,31(6):95-97.

[5] 刘永江.平榆高速公路狮子凹隧道水平岩层围岩稳定性研究[D].西安:长安大学,2011.

[6] 张乐中.水平岩层地区隧道围岩稳定性研究[D].西安:长安大学,2006.

[7] 李顺波.水平缓倾岩层大断面隧道安全快速施工技术研究[D].石家庄:石家庄铁道大学,2016.

[8] 曾龙全.隧道水平薄层状围岩多向倾斜组合式锚固体系研究[D].重庆:重庆交通大学,2014.

[9] 邓祥辉,陈建勋,罗彦斌,等.水平层状围岩隧道爆破控制技术[J].长安大学学报(自然科学版),2017,37(2):73-80,88.

[10] 李少华.隧道水平岩层围岩松动圈特性及锚固设计研究[J].青海交通科技,2015,4:50-53.

[11] 孙臣生.五指山隧道水平岩层光面爆破质量控制技术与管理[J].公路,2014,59(5):111-114.

[12] 唐卫华.水平层状围岩隧道钻爆施工控制技术研究[D].长沙:中南大学,2009.

[13] 杨峰,陈咏泉,王新明,等.水平层状围岩隧道光面爆破效果分析[J].地下空间与工程学报,2005,6:956-959.

[14] 殷立军.水平层状软弱围岩隧道支护方案设计及超前预注浆技术研究[D].天津:天津大学,2004.

[15] 姬维天,刘洪震.水平层状岩体隧道爆破开挖数值模拟及振动效应研究[J].洛阳理工学院学报(自然科学版),2016,26(4):27-30.

[16] 韩昌瑞,白世伟,王玉朋,等.层状岩体深埋长隧道锚杆支护优化设计[J].岩土力学,2016,37(S1):409-414.

[17] 任耀文.倾斜层状岩体隧道开挖的非对称支护方法研究[D].成都:西南交通大学,2013.

[18] 熊亮.层状围岩隧道稳定性及锚杆支护参数优化[D].重庆:重庆大学,2010.

[19] 钟放平.水平层状围岩隧道锚喷支护参数优化试验研究[J].铁道科学与工程学报,2008,1:59-63.

[20] 李天斌,孟陆波,朱劲,等.隧道超前地质预报综合分析方法[J].岩石力学与工程学报,2009,28(12):2429-2436.

[21] 李术才,刘斌,孙怀凤,等.隧道施工超前地质预报研究现状及发展趋势[J].岩石力学与工程学报,2014,33(6):1090-1113.

[22] 陈建平,李睿哲,余莉,等.隧道施工综合超前地质预报方法研究[J].公路,2014,59(2):202-205.

[23] 叶英.隧道施工超前地质预报技术综述[J].市政技术,2012,30(5):19-23.

[24] 郭伟伟.隧道施工超前地质预测预报综合技术方法研究[D].成都:西南交通大学,2006.

[25] 刘鹏飞,王猛.水平岩层隧道围岩稳定性及施工方法浅析[J].建筑技术开发,2017,44(2):92-93.

[26] 孙晋锋.石楼隧道水平岩层稳定性分析及施工方法研究[J].山西建筑,2013,39(11):176-178.

[27] 杨坚.隧道Ⅲ级围岩水平岩层稳定性及施工方法研究[J].铁道建筑技术,2010,3:44-48,65.

[28] 宋金峰.圆梁山隧道注浆堵水方案及施工技术研究[D].北京:中国地质大学,2011.

[29] 汪东林.注浆加固技术在浅埋暗挖隧道中的应用[J].安徽建筑工业学院学报(自然科学版),2010,18(6):5-7.

[30] 赵晋乾.山岭公路隧道注浆效果评价及技术指南研究[D].成都:成都理工大学,2009.
[31] 张奇.监控量测在崤山长大隧道施工中的应用[J].工程技术研究,2017,4:60,69.
[32] 吕国磊.长大山岭隧道监控量测及信息化施工技术研究[D].成都:西南交通大学,2011.
[33] 秦之富,唐健.高速公路隧道监控量测及应用[J].公路交通技术,2006,2:99-104.

Key Construction Techniques for Menghua Heavy Haul Railway Tunnels

第6章　重载铁路隧道软弱基底处理技术

对重载铁路隧道而言,随着重载火车轴重的增加与运输密度的提高,其基底结构所受的动载强度及疲劳作用加大,加之隧道所处复杂的地质、水文和不良环境作用,增加了重载铁路隧道结构体系病害的发生概率,很多隧道底部易出现基底开裂、破损、下陷、向两侧外挤以及翻浆冒泥等现象,特别是隧道既有病害处,动应力加大致使病害加重,进而导致轨道状态恶化,影响列车长期运营安全。

列车轴重增加对隧道基底结构及围岩受力状态影响显著,尤其在软弱围岩区域,在列车动载冲击作用下,其变形增大,仰拱受力恶化,导致隧道基底结构破损,围岩承载能力不足。

对既有重载铁路隧道的调查表明,在列车反复荷载的作用下,受地下水以及当时施工工艺、施工质量的影响,其主要病害为铺底开裂、损坏、翻浆冒泥等甚至线路局部出现下沉。尤其对煤运通道,隧道内煤灰污染严重,更加剧了隧道病害的发展。

6.1 隧道基底病害产生机理及受力特性

6.1.1 隧道基底病害产生原因

1)重载列车的反复动力作用

作用于隧道基底上的动应力具有随机性,它和重载列车车辆的轴重、运行速度、轨道的技术条件有关。相关研究表明,重载列车动应力在基底上的分布以横断面上钢轨下截面处应力最大,沿线路纵向基底动应力最大,这种不均衡的动应力作用使得基底结构中产生较大的弯拉应力,基底混凝土结构在这种弯拉应力的作用下会开裂破坏。在基底出现空洞条件下,处于两根钢轨下方位置的基底结构中出现正弯矩(底面受拉),而处于轨道中心位置的基底结构中出现负弯矩(顶面受拉),这种不均衡的应力分布更容易使基底结构破坏。重载列车振动荷载通过道床向下传播,隧道基底结构受重载列车动载的冲击作用十分明显,基底随列车的运行而产生振动,最终导致基底结构的疲劳破坏。

由于隧道基底结构不可能与基底围岩很好的黏结共同变形,基底下基岩在重载列车动载的反复作用下,受到加压、退压、振动、冲击,部分岩块破碎、粉化,使得隧道基底结构的受力条件进一步恶化,导致隧道基底翻浆冒泥病害的发生。特别是当隧道基底混凝土结构发生裂缝时,重载列车的反复振动会加速裂缝的发展,致使基底混凝土破坏,加速基底翻浆冒泥病害的发生。随着重载列车牵引重量的增加,速度的提高,振动荷载作用的时间、频率均会增加,将加剧隧道底部结构的基岩变形,诱发更为严重的基底病害。

2)地下水的侵蚀作用

丰富的地下水通过基岩裂隙侵入基床,对基床长期浸泡,导致基底围岩和基床变软,强度大大降低。另外基底积水还会对基床结构产生"拍击—水锤效应"。由于重载列车振动速度较快,隧道基底积水来不及排出,会产生较大的动水压力,动水压力会对基底围岩及基床结构产生拍击、锤击、劈裂和掏蚀作用,导致基底产生大量空洞。

当基底出现空洞时,隧道基床结构与基底围岩接触不紧密,基床结构不能与基底围岩共同承担列车荷载,基床结构受力不均匀,极易产生破坏裂缝。另外基底空洞的存在,会造成过车时基床结构层间发生拍打、撞击作用,进而加速基底结构的破坏。当基床结构产生破坏时,地下水还会沿着破坏裂隙进入道床,产生翻浆冒泥,道砟细颗粒被掏蚀、流走,基床发生沉陷。同时列车通过后,基底地下水还来不及快速补充,使得基底孔隙水处于负压状态,在列车往复冲击荷载的作用下,对地下水产生反复抽吸作用,隧道基底结构将受到附加的拉压交变的孔隙水压力作用,必然会加速其破坏过程。

3)设计、施工方面

我国铁路隧道所采用的标准图注重对隧道拱部和边墙的设计,基底设计相对较为薄弱,因此,作为重载铁路,如果隧道基底结构先天强度不足,则极易导致基底病害。在排水设计方面,单侧水沟布置在隧道衬砌结构内,在富水地区排水沟的水位一般要高于基底,隧道基底积水无法排出,而且一旦排水沟发生渗漏水,则水进入道床,为隧道基底病害的发生埋下隐患。

隧道基底施工时,作业条件恶劣,尤其是在富水地层中,在积水条件下进行基底施工,作业难度大。水中灌注隧道基底混凝土时,没有采取减小混凝土水灰比等措施,导致混凝土强度降低。施工中浮渣没有清理干净,模板被虚渣垫起而不平整,造成隧道基底及水沟边墙局部吊空,基底混凝土和基岩黏结不良,隧道通车后,水在基底与围岩之间的裂隙中流动,列车荷载使基底发生上下振动而形成抽吸现象,形成基底空洞,运营时间越长,吊空越大,最后造成基底混凝土断裂、翻浆冒泥。隧道基底结构施工中,采用分块施工的方法,存在施工缝,给冒泥及混凝土骨料的流失提供了原始途径,这也是造成隧道基底翻浆冒泥等病害的主要原因。

4)运营、维护方面

维修养护部门的养护水平较低,洞内缺乏定期清淤,难以保证隧道洞内的积水顺畅地排出洞外,造成隧道基底积水,进而导致隧道基底病害的发生。

6.1.2 隧道基底受力分析

如果只考虑隧道衬砌和地层的相互作用,目前有荷载—结构法和地层—结构法两种。

荷载—结构法是将地层对衬砌结构的作用看作是施加在结构上的荷载,没有考虑地层对衬砌结构变形所产生的弹性抵抗力,假定作用在结构上的荷载为地层压力,产生变形的过程中受到周围介质的约束,将周围介质的约束假设为某一形式的荷载,即弹性抗力,但是弹性抗力有任意性,为了消除其任意性,业界提出将隧道边墙视为弹性地基梁的结构计算理论,此理论将隧道边墙看作是支撑在侧面和基底地层上的双向弹性地基梁,这样就能更好地分析拱圈和边墙的内力。

地层—结构法认为衬砌结构和地层是一个连续的受力整体,一起受力变形,按连续介质力学的方法分析。

假设隧道基底结构和围岩黏结良好且基岩致密均匀,能够共同变形,从静力状态分析,其断面受力状态可简化如图 6-1 所示。

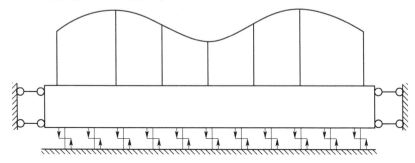

图 6-1　隧道基底结构受力状态示意图

1)围岩压力模型

隧道围岩压力是指引起地下开挖空间周围岩体和支护结构变形或破坏的作用力,按作用力发生形态可以分为四种:松动压力、形变压力、膨胀压力和冲击压力。围岩压力的大小,主要取决于工程地质条件、水文质地条件和围岩的物理力学特性,同时与施工方法、衬砌支护时间和工程施工质量等因素有关。

如图 6-2 所示,当只有围岩作用时,隧道周围衬砌只受到围岩自重和变形的形变压力,仰拱两端受到一定的压力,仰拱和填充层紧贴良好,共同受力和变形。仰拱和填充层是变截面的,有一定的曲率,在最中间的部分厚度可达 1.5m,截面抗弯矩系数是变化的,当两端受压时,填充层横截面受到压力,纵截面在垂直方向受到偏心作用,会在填充层下表面受压、上表面受到一定的拉应力。混凝土的抗拉强度只有抗压强度的 10% 左右,故只考虑填充层拉应力。隧道在围岩压力作用下会在基底两端受到垂直向下的作用力,仰拱填充层利用弹性地基梁法,在中间可以看成地基支座,地基支座在力的作用下受到拉应力。总之,在围岩压力单独作用下,基底两端上部分受到拉应力,其余均受压应力,数值大小与隧道埋深、围岩等级等有关,基底变形形状为中间向上凸起,两端向下弯曲。

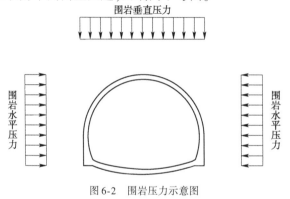

图 6-2　围岩压力示意图

2)围岩压力+列车荷载+轨道自重模型

隧道交付运营后,由于铁路运量不断增加,车流密度不断增大,甚至实际运量远超设计运能,对线路基础极具破坏性。假如列车轴重从 23t 提高到 25t,甚至达 30t,2 万 t 列车编组每天近百对车辆的流量,基础的作用力示意如图 6-3 所示。

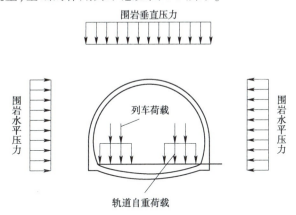

图 6-3　围岩压力+列车荷载+轨道自重共同作用力示意图

隧道受组合荷载作用产生变形,其竖向变形受到基岩抗力的约束,水平向变形受到水沟壁抗力及基岩基底黏结力的约束,在梁的两端受到转角约束。基底结构的工作状态可看作是两端受到部分约束的弹性地基梁,上部荷载作用下,基底地基梁处于受弯和受剪状态,在基底结构中产生弯矩和剪力。基底受力发生变化,与列车轴重有很大关系,最大拉应力随着列车轴重增大会逐渐向着线路中心移动,刚开始出现"V"形,列车轴重增加后,在一定程度时会变成"M"形,在重载列车钢轨下方最大。此时,两端厚度较薄,刚度小,沉降量较大。

上面分析是在隧道基底结构与基岩黏结良好且基岩致密均匀能够共同变形前提下进行的,若是基底混凝土出现异常情况时,在列车交变荷载的作用下,列车通过时发生拍打作用,由于应力集中,基底易发生微小裂缝,受力不均匀,会逐步产生疲劳破坏,长期作用下将导致基底下沉。当在富水地层时,混凝土层间出现反复的抽吸作用,形成翻浆冒泥。

6.1.3　隧道基底结构疲劳破损机理

对于任意一种材料,必然存在各种宏观或微观的缺陷,在疲劳荷载作用下,这种宏观或微观缺陷处必然产生应力集中,形成应力集中区,从而使组成材料的部分晶粒进入塑性应变状态,在循环荷载的反复作用下,产生可见疲劳裂纹。疲劳裂纹的扩展实际上是指材料在不断加载与卸载过程中产生破坏的累积,这种累积成为累积效应。它是一种动态效应,体现为介质材料物理、力学性质、材料状态的动态叠加。一方面,介质材料在力的作用下其力学状态发生改变,应力集中区扩大,应力、应变状态累积叠加;另一方面,介质材料在力的作用下其物理力学参数发生关联变化,多数体现为介质材料在循环作用力的作用下其物理力学参数的劣化。材料断裂是指在循环加载下疲劳裂纹继续扩展,承受荷载的断面不断减小,直至最后断裂。

介质材料在反复动载作用下的累积破坏作用体现为两种效应,即记忆效应和阶跃效应,它们反映了介质材料累积作用的破坏过程和作用机理。记忆效应是指介质材料物理力学状态的保持,这种物理力学状态包括应力、应变强度、破坏程度等;而阶跃效应是指介质材料在动载作用下的一种动态效应,它是介质体或结构体的物理力学性质或状态的台阶式变化。

在反复动荷载的作用下,介质材料要达到一定的应力应变状态或破坏状态才发生变化,否则介质材料的状态就停留在前一状态,如图6-4所示。从前一状态到后一状态需要一定的加载次数,这一过程体现为介质材料的记忆效应,即图中 T_1 到 T_2 时刻之间表现为记忆效应,而状态的改变体现为阶跃效应,如图中的不同阶跃坎值 A_1、A_2、A_3,它是在一定的累积效应的基础上发生的,也即在阶跃时差 ΔT 内达到了产生阶跃所必需的累计值 ΔA。这就很好地说明了介质材料在静载作用下不发生破坏,而在反复动荷载的作用下发生疲劳破坏的原因。

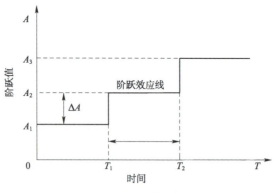

图6-4 阶跃效应示意图

对于钢筋混凝土基底结构,同素混凝土基底结构相比,一方面由于钢筋的存在,改善了混凝土结构中原有微裂隙的分布状态;另一方面,钢筋的存在大大提高了基底材料的抗弯强度,约束和延缓了结构中原有微裂隙的扩展。根据以上分析,隧道基底结构在列车荷载作用下的破坏过程包含记忆效应和阶跃效应,介质材料必须达到一定的应力应变状态才发生变化,也才表现为阶跃效应,否则只表现为记忆效应。对于钢筋混凝土基底材料,其抗弯强度的提高使得从前一状态阶跃至后一状态的阶跃增量大为增加,这使得在相同荷载作用下,钢筋混凝土基底材料能较长时间的处于记忆状态,从而其使用寿命也大为提高。特别对于细筋密布的钢筋混凝土基底结构,其疲劳寿命更是大大提高。

6.1.4 重载铁路对隧道基底结构形式要求

1)仰拱设置标准

重载列车对隧道影响的关键部位是仰拱及基底围岩。《铁路隧道设计规范》(TB 10003—2005)规定:单线Ⅲ级以上、双线Ⅲ级及以上地段均应设置仰拱;单线Ⅲ级、双线Ⅱ级及以下地段是否设置仰拱应根据岩性、地下水情况确定;不设仰拱的地段应设底板,底板厚度不得小于25cm,并应设置钢筋。对于重载隧道,列车活载及隧底冲击力较大,单纯的铺底结构无法控制病害的发生。因此,建议重载铁路隧道取消单纯的铺底结构,在Ⅲ级及以上围岩设仰拱,且仰拱的矢跨比和厚度等参数应不低于客运专线隧道标准;Ⅲ级以下围岩应设钢筋混凝土底板。重载隧道底板或仰拱的设计值,需要结合具体围岩条件综合计算、分析。

2) 仰拱与边墙连接方式

受大轴重疲劳荷载作用影响,仰拱与边墙连接处是结构薄弱环节之一。目前相关规范对此并无明确规定。根据既有经验,建议重载隧道该部位应采用圆弧顺接以改善衬砌内力,并对该部位设置加强配筋。

3) 仰拱填充

显然,较大的仰拱填充厚度能够在一定程度上保护二次衬砌结构,但工程投资和施工难度也随之增大;反之,仰拱填充厚度越小越节省投资,并且可以加快施工进度。仰拱填充的受力状况较为复杂,在顶部受列车荷载压力及冲击力作用,底部受仰拱的限制,在底部中间受到仰拱压应力,而在底部两端、仰拱外侧受拉,影响仰拱填充与仰拱之间的连接。对于重载隧道,仰拱填充应当不小于既有隧道规范标准,且综合其施工、经济等方面因素适当增大,具体取值应结合围岩级别通过动力计算确定。

4) 仰拱矢跨比参数分析

仰拱作为隧道主体结构最重要的组成部分之一,用于改善隧道上部结构受力条件而设置,它一方面将隧道上部地层压力通过隧道边墙结构传递到地下,另一方面有效地抵抗隧道下部传来的地层反力。仰拱的受力状态比较复杂,若设计不当容易出现隧道结构失稳、开裂、过度沉降等病害,在重载隧道中,仰拱开裂导致翻浆冒泥的案例不在少数。合理的仰拱形式能够在一定程度上降低对基础承载力的要求,减少结构下沉,调整衬砌应力,提高结构的整体安全性与稳定性。矢跨比作为仰拱形式重要参数之一,直接决定着仰拱所能发挥的作用。根据相关研究表明,仰拱矢跨比越大,仰拱结构内力能得到更好的改善,在一定程度上可以降低对结构厚度、配筋的要求,提高结构的稳定性与安全性。另一方面,大的矢跨比,导致结构沉降量较大,且对地基承载力的要求也相应提高。大的矢跨比,对应较厚的仰拱填充,会在一定程度提高工程的造价。反之,对于小矢跨比,由于结构底部较为平缓,隧道对基底的压力也较小,但结构的内力也相应增大,提高了对结构尺寸和强度的要求。

因此,在隧道设计过程中,当基底具有较好的力学性能,可以适当采用较大的矢跨比;而对于较差的基础,则可以适当减小矢跨比,通过加大衬砌的尺寸和强度,在一定程度上弥补地基承载力的不足。建议隧道矢跨比取值为 1/10~1/12 为宜。

6.2
隧道基底换填技术

隧道基底换填是一种比较简便、快速的隧道软弱基底处理措施,在隧道洞口及洞身浅埋段中应用比较广泛。隧道基底换填方法最简单,对土体扰动小,施工质量易控制,工程费用最低,基底承载力提高较快。

传统隧道软弱地基处理方法是:先进行上断面开挖支护,拉开一段距离后,再进行隧道边墙开挖支护,随后分段挖除隧道底部软弱围岩,采用连续级配的碎石或片石混凝土进行换填,换填后地基承载力一般均能达到设计要求。但由于需要开挖隧道轮廓线以外的围岩,扩大了隧道开挖断面,增加了上部围岩和支护结构悬空时间,换填法只适用于隧道正常施工过程中的软基处理,并需要加强监测,谨慎施工,一般不用于隧道发生大变形后的处治。隧道基底换填过程如图6-5所示。

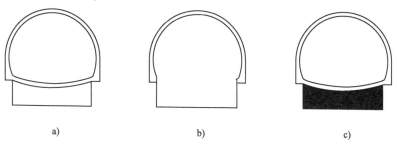

图6-5 隧道基底换填过程示意图

一般铁路隧道采用C20片石混凝土换填软弱地基,换填应深入基岩不小于0.5m。换填的主要材料包括砂、碎石、灰土、片石混凝土、浆砌片石等。换填范围可以根据地基承载力与承担荷载的大小选定,可以仅在隧道两侧拱脚、连拱隧道中隔墙底部等局部位置,也可以隧道全断面换填(图6-6)。根据大量工程实践的经验,换填的经济深度小于3m。

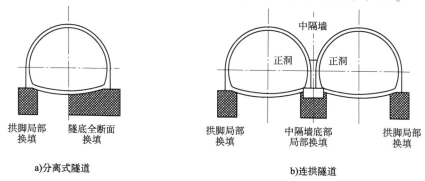

图6-6 隧道基底换填示意图

在现场施工过程中,隧道基底换填施工工艺流程如图6-7所示。

基底换填有洞口部分和洞内部分,具体换填施工工艺简介如下。

1)洞口部分

洞口处基底换填时,基坑每次开挖长度根据现场施工能力进行,保证当天开挖当天换填完成,防止下雨时基坑内积水浸泡基础。机械开挖时应预留20~30cm的土体进行人工处理。基坑开挖完成后对基地进行整平,用夯实机进行夯实。基坑边坡较松散时应进行喷射混凝土防护,保证边坡的稳定。然后根据工艺试验确定的施工机械、灰土的分层厚度以及夯实遍数进行填筑夯实。填料填筑时要有技术人员在现场做出厚度标记,场地狭小时人工将填料摊平,表面整平,保证厚度一致。

夯实时从两侧向中间进行,先用较快的速度进行第一遍夯实,将填料表面基本压平,然后再用较慢的速度进行夯实。夯实宽度搭接不小于20cm。纵向搭接处根据分层数预留搭接台阶,台阶宽度不小于50cm。夯实过程中人工配合对表面凹凸不平处进行修整。填料由搅拌站集中拌制,封闭运输到施工现场。填料应随用随拌,禁止在现场长时间存放。填料在现场存放时必须下垫和上盖不透水布,防止水分蒸发。

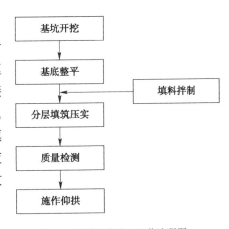

图6-7 隧道基底施工工艺流程图

2)洞内部分

根据监控量测资料,确定下台阶和仰拱部分是否需要安装临时水平支撑。水平支撑采用直径不小于200mm的钢管制作,两端焊接2cm厚的钢板。两侧安装纵向槽钢,钢管支撑于纵向槽钢上。水平支撑距仰拱底高度应满足换填夯实机械的作业空间。夯实作业采用小型内燃动力夯实机,从中间向两侧进行施工,其他工艺同洞外。

在运营铁路线路对隧道软弱基底进行换填时,可以采用"轨道架空+基底换填"方法。开挖基底前先将线路轨道架空和进行线路加固,确保线路稳定后再开挖基底,通常按每5m一段开挖,采用风动机具进行。换填或混凝土灌注完毕,待强度值达到设计要求时回填道砟,而后拆除加固设施,进行线路捣固至达到开行列车条件。开挖基底结构时,要边挖边进行支护,施工结束后方可拆除支护。基底换填可采用桩板结构,桩与板的骨架同时施工,形成整体结构,上部荷载通过板传到锚桩再传到基岩,从而改善基底受力条件。

但是在隧道施工过程中进行换填,容易使隧道开挖断面增大,隧道底部封闭不及时,给隧道安全施工带来风险。该方法存在相关弊病如下:

(1)施工安全环境差

清除软弱围岩后,边墙拱脚出现"悬空"现象。

(2)施工循环周期长

为了控制围岩大变形,隧道横向上往往采用左、中、右三次换填方法。

(3)对周边围岩干扰严重

遇到地下水丰富地段,开挖后周边围岩随地下水流出形成边墙滑落引起较大变形或坍塌。

(4)处理效果不理想

在旱季处理的地基到雨季后,由于地下水干扰,往往引起地基不同程度的下沉,影响运营安全。

(5)处理带有局限性

当隧道底部软弱围岩较厚,基底换填量就会比较大,有时开挖基底边坡需要采用临时防护措施,从安全性和经济性考虑,隧道基底换填法就不太合适。

6.3 隧道基底钢管桩加固技术

重载铁路对地基的承载力要求很高,但由于前期设计缺陷和施工等原因,造成已完工的隧道仰拱填充面沿线路方向存在不同程度的开裂。通过在仰拱填充面安装钢管桩进行注浆,使水泥浆液沿管壁孔眼对桩周围土体挤压达到密实,提高周围岩土体强度,同时依靠桩体本身提高基底承载力的方法,保证了重载列车的运营安全。

隧道仰拱基底钢管桩注浆加固施工工艺流程图如图 6-8 所示。以下简述操作要点。

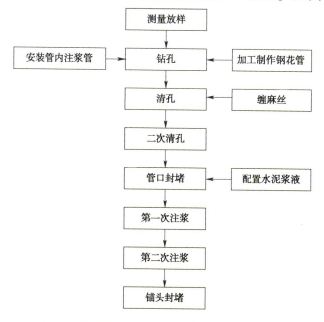

图 6-8　隧道仰拱基底钢管桩注浆加固施工工艺流程图

(1) 测量放样

根据钢管桩注浆设计要求,测量放样出钢管桩位置,要求位置准确。

(2) 钻孔

定好位后,先采用潜孔钻机成孔混凝土部分,进入土层取样,测定土样含水率,若含水率较大,更换地质钻机成孔;反之继续使用潜孔钻机成孔。

(3) 钢花管制作及注浆管安装

钢花管加工制作,在洞外加工厂采用台钻将钢管顶端 1.8m 以下部分沿钢管轴线 5cm、径向旋转 45°钻 8mm 的孔眼,注浆孔眼沿四周呈螺旋式布置,管口对称位置焊两个螺栓,二次注浆可以栓接封堵,方便施工。加工完成后用运输车运送至施工现场,钢管安装前,钢管外壁用钢丝刷除锈,以增强与钢管桩的粘贴力,钢管接头采用 $\phi89mm$(内置)和 $\phi120mm$(外置)无缝钢管套接,接头钢管长度120mm,在加工厂将接头管焊接在钢花管一端,对接安装完成后焊接牢固,或与厂家提前联系直接加工成8m一根。钢花管底部用钢板密封,中间预留注孔(3~5cm)并固定在三角形托架上,并用胶带密封管尖,避免管尖插入土中锈蚀。钢管顶部距管口2cm处焊制2个 $\phi14mm$ 的螺母,用于固定注浆管。为了保证钢管在孔内居中,沿钢管轴线间隔2~3m安装一个对中架,对中架采用 $\phi16mm$ 钢筋在钢管壁焊接,同一截面沿周长均匀焊制3处,长度为20cm,焊接牢固完成后,安装注浆管伸出钢管底部3~5cm并用胶带加固,防止下管过程中脱落。$\phi108mm$ 钢管桩加工及注浆管安装如图6-9所示。

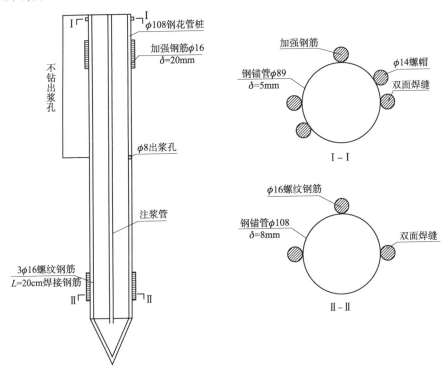

图6-9 钢花管加工及注浆管安装示意图

(4)清孔

采用高压水清孔,将孔内粉尘、泥浆清理干净,先排至洞内排水沟内,再集中清理到洞外。

(5)安装钢花管及缠麻丝

钢管桩安装由人工配合钻机就位,钢管桩安装时应注意同一深度处钢管接头数不得超过钢锚管总数的50%,现场采用2m、6m的钢管错接或直接采用8m。安装钢管距孔口1.5m时,停止下管,在距钢管顶端1.2m处缠20cm长麻丝,略大于孔口直径并用专用胶涂抹,再安装钢管到设计高程。

(6)二次清孔

采用高压水管与管内注浆管连接再次清孔,将孔内粉尘、泥浆清理干净,先排至洞内排水沟内,再集中清理到洞外。

(7)管口封堵

清孔结束后,用提前配制好的水泥浆液灌注缠麻丝至管口 1m 范围内,并捣固密实如图 6-10 所示。经过实验水泥浆液终凝 24h 后,管口封堵后注浆压力达到设计值,钢管桩不会上浮。

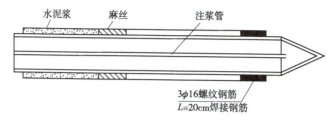

图 6-10 注浆管管口封堵示意图

(8)第一次注浆

待管口封堵 24h 后,配置纯水泥浆。用搅拌机搅拌,先倒入水,然后边搅拌边加入水泥,待水泥浆搅拌均匀后,注浆设备与管内注浆管连接注浆,水泥浆液溢出管口时,停止注浆。

(9)第二次注浆

拔出管内注浆管,注浆设备与管桩之间采用钢板螺栓固定,专用胶带缠绕及密封垫密封。注浆设备采用双液注浆泵,当注浆压力达到 0.8~1MPa,停止注浆,如果出现浆液凝固收缩回落到孔口以下,要及时补浆,直到孔口注满为止。现场实际操作中,随时注意现场情况,如果有地表冒浆或裂缝增大等异常情况的,要及时停止注浆,查明原因,可以采取减小注浆压力或间歇式注浆的办法处理。注浆完成后,及时清理现场。

(10)锚头封堵

注浆结束凝固后,割除高出仰拱填充面钢管,并用 C20 细石混凝土抹平。

6.4
隧道基底注浆加固技术

采用注浆加固,可以利用浆液扩散至隧底缝隙,充填围岩裂隙,加固围岩,对隧底虚渣也可有效包裹,提高基底强度。注浆可以有效阻止地下水对隧底围岩颗粒的冲刷,避免隧底空洞的形成。注浆后仰拱与围岩可以紧密接触,能够满足重载列车运行抗震要求。

隧道仰拱基底注浆加固施工工艺流程图如图 6-11 所示。其操作要点简述如下。

(1)测量放样

根据注浆加固设计要求,测量放样出钻孔位置,要求位置准确。

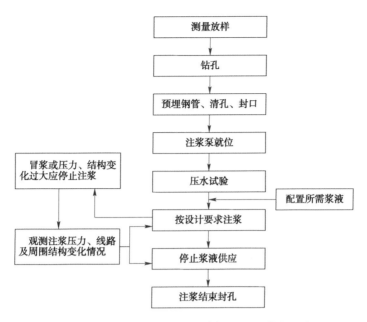

图 6-11　隧道仰拱基底钢管桩注浆加固施工工艺流程图

(2)清孔、封口

每个孔钻完后都必须采用高压水清孔,冲出孔内碎渣。清孔完成后要逐个验孔,检查孔深、是否堵塞,并形成验孔记录表,对于不合格的孔要补打,直至合格为止。

由于受洞内温度低、地下水等环境影响,砂浆封堵时间长,强度增长慢,在短时间内提升注浆压力困难,易造成孔口开裂影响注浆效果。结合隧道小导管施工工艺,可以采用纯压式橡胶阻塞器封口。先将注浆用小导管插入注浆孔中,将橡胶阻塞器插入孔口内,阻塞器下端连接小导管(如遇富水地基待孔口返出浓浆达到进浆密度),然后使橡胶球胀大后将孔道挤紧封满开始注浆。注浆满后达到设计压力且进浆量明显减小时注浆结束,将橡胶阻塞器松开胶球回缩拔出后补浆封孔。

(3)压水试验

压水试验是用高压方式把水压入钻孔,根据岩体吸水量计算了解岩体裂隙发育情况和透水性的一种原位试验。压水试验是用专门的止水设备把一定长度的钻孔试验段隔离出来,然后用固定的水头向这一段钻孔压水,水通过孔壁周围的裂隙向岩体内渗透,最终渗透的水量会趋于一个稳定值。根据压水水头、试段长度和稳定渗入水量,可以判定岩体透水性的强弱。

采用现场注浆泵以及管路进行压水试验,压力按注浆压力的考虑。压水试验的主要步骤为:

①将水贮存在低速搅拌储浆桶内,测量储浆桶容积,记录储浆桶水的初始体积。

②压水试验由质检员把关,现场对试验数据认真采集,填写压水试验报表。

③压水压力采用注浆压力的80%,在管路上安装压力表,并设专人观测压力。

④压水过程中出现以下异常现象的处理方法:

a. 窜孔,即水从其他孔流出的现象,发生窜孔时应将窜孔及时堵塞,然后再压水;

b. 钻孔失水,失水孔段由于不能起压,无法计算透水率,故失水孔段不做压水(该孔段按正常灌浆结束并封孔),重新选取钻孔进行压水试验;

c. 钻孔涌水,涌水孔段需测记涌水压力,涌水压力较小时可忽略不计,采用注浆压力的正常进行压水试验。

⑤压水结束标准。采用稳定压力为注浆压力的80%。压入流量稳定标准:在稳定压力下每3~5min测读一次压入流量。连续四次读数中最大值与最小值之差小于最终值的10%,或最大值与最小值之差小于1L/min时,试验即可结束,取最终值。

(4)注浆方法

①注浆过程中,应遵循"先上后下、先内后外,先无水孔后有水孔、先上游(地下水)后下游"的原则进行;先注位置较高处、内圈的导管,当部分导管中有水时,应先注无水导管。

②注浆过程中,注浆量和注浆压力是两个关键参数。一般规律是:初始阶段压力较低,注入量增大;正常阶段压力和注入量呈小的波浪式起伏状态,但比较平稳;压密注满阶段注入量迅速递减而压力迅速升高。在注浆中根据设计注浆量和压力按照上述规律进行控制。

③由于初期支护与围岩间存在孔隙,因此注浆时浆液极易沿着孔隙流动,至拱顶以上或沿边墙扩散,对于基底注浆效果及安全有一定影响,要求现场监控人员高度重视,发现上述情况应停止注浆,调整到其他孔位进行注浆;若发现有混凝土崩裂或初期支护变形等问题,在高压富水段钻孔注浆施工过程中,必须安设反压防喷装置,以确保施工人员安全。

④当遇有高压涌水危及施工安全时,宜先采用积水井的排水方法降低地下水的压力,然后用注浆法进行封堵涌水;封堵涌水注浆应先在周围注浆,特别是向水源方向注浆,切断水源,然后顶水注浆,将涌水堵住。

⑤注浆过程中应配专人进行监控。首先是浆液配比控制,在施工现场配备计量仪器及设备,以便计量的准确性。检查注浆通道是否通畅、封闭是否严密、连接的牢固程度、注浆过程中压力的控制、周围围岩及初期支护在注浆前后的变形量测、浆液的注入量等情况。

⑥结束条件。注浆结束条件应根据注浆压力和单孔注浆量两个指标来判断确定。结束条件为:注浆压力达到设计终压;浆液注入量已达到计算值的80%以上。全段结束条件为:所有注浆孔均已符合单孔结束条件,无漏注。注浆结束后必须对注浆效果进行检查,若未达到设计要求,应进行补孔注浆。

⑦注浆检查。除在注浆前进行钻孔及材料质量检查,注浆后对注浆效果检查外,过程中应密切注意注浆压力的变化。采用双液注浆时,应经常测试混合浆液的胶凝时间,发现问题立即处理。

(5)注浆效果检测

隧道基底地质条件不同,注浆加固方案可以分为土质基底注浆加固和石质基底注浆加固。对于土质基底,采用劈裂注浆的机理,对仰拱下方一定范围内的土体进行加固。对于富水软弱不均、遇水变软的石质地层,采用渗透充填注浆的机理,能够对仰拱下方一定范围内的岩体进行加固。

隧道基底注浆加固之后,可采用钻孔法和注水试验两种方法结合,对隧道基底注浆效果进行检测。

①钻孔法。施工结束后,在注浆孔间布置2%~3%质量自检孔,且每个注浆段落不得少于2个孔,钻孔取芯具体标准可参照《工程地质钻探标准》(CECS 240—2008),检查孔岩芯见水泥结实体,基本填满可注裂隙,水泥结石体单轴抗压强度不小于0.3MPa,视为注浆施工合格。

②注水试验。注浆施工前后,在注浆孔间布置质量检测钻孔,孔数为注浆孔总数的2%,且每个注浆段落不得少于2个孔,压水试验具体方法可参照《水利水电工程钻孔压水试验规程》(SL 31—2003),测定的渗透系数小于注浆施工前的1/10,视为注浆施工合格。除以上两种方法外,还可采用现场取芯观察,查看浆脉的填充程度、土体与水泥体的结合程度,对注浆效果进行综合辅助评价。

本章参考文献

[1] 郭延斌. 铁路隧道基底病害的形成原因及整治对策研究[J]. 江西建材,2016,7:190,196.
[2] 许新桩. 陕北黄土地区铁路隧道基底病害机理分析及治理措施[J]. 公路交通科技(应用技术版),2015,11(9):17-19.
[3] 施成华,彭立敏,黄娟. 铁路隧道基底病害产生机理及整治措施[J]. 中国铁道科学,2005,4:62-67.
[4] 苏江. 重载铁路隧道基底荷载效应及加固技术研究[J]. 中国高新技术企业,2017,3:96-99.
[5] 邹文浩. 重载铁路隧道基底结构动力响应特征及服役状态评价体系研究[D]. 北京:中国铁道科学研究院,2016.
[6] 侯军红. 山西中南部重载铁路隧道基底加固技术探讨[J]. 石家庄铁道大学学报(自然科学版),2013,26(S2):65-68.
[7] 牛亚彬. 重载铁路隧道病害机理及整治技术研究[D]. 北京:中国铁道科学研究院,2013.
[8] 牛亚彬,张千里,马伟斌,等. 重载铁路隧道病害产生机理及治理措施[J]. 铁道建筑,2012,7:34-37.
[9] 林森斌. 重载铁路对隧道结构及基底条件影响研究[J]. 山西建筑,2011,37(32):169-171.
[10] 邹文浩,张梅,刘艳青,等. 30t轴重下重载铁路隧道基底结构的应力分布及动力响应[J]. 中国铁道科学,2016,37(5):50-57.
[11] 晏伟光. 重载铁路隧底结构动力响应及疲劳寿命研究[D]. 长沙:中南大学,2014.
[12] 扶晓康. 重载铁路隧道基底结构动力响应特性研究[D]. 长沙:中南大学,2014.

[13] 张林,汲红旗,贾志锐.鸡公岭隧道浅埋段仰拱软基处理[J].公路交通科技(应用技术版),2010,6(1):161-162.

[14] 赵宏博.浅析武广客运专线路基地基加固施工技术[J].黑龙江交通科技,2011,34(3):57-58.

[15] 徐树斌,许伟宏.山岭铁路隧道浅埋段基底加固方式的探讨[J].山西建筑,2010,36(9):334-335.

[16] 俞翰斌,马伟斌.铁路隧道运营状态评估及病害整治措施[J].中国铁路,2013,7:21-24.

[17] 于显波.岩溶铁路隧道框架基础与软基处理的研究[D].成都:西南交通大学,2007.

[18] 闫聪.隧道地基钢管桩注浆加固处理技术应用[J].广西城镇建设,2008,7:80-82.

[19] 金强国,张民庆.圆梁山隧道淤泥质黏土充填溶洞底板钢管桩注浆加固技术[J].隧道建设,2003,6:35-37,40.

[20] 刘丽花.运用钢管桩对隧道仰拱基底加固技术探讨[J].石家庄铁道大学学报(自然科学版),2014,27(S1):110-112,116.

[21] 田永铸.重载铁路软弱基底黄土隧道仰拱开裂整治及隧底加固[J].铁道勘察,2016,42(5):59-63.

[22] 苏江.重载铁路隧道基底荷载效应及加固技术研究[J].中国高新技术企业,2017,3:96-99.

[23] 汪新录,曹选珠.弁山隧道软弱基底加固处理技术[J].铁道标准设计,2007,S2:74-76.

[24] 刘选斌.采用低压注浆方法整治焦柳线刘家坡2号隧道基底病害[A].高速重载与普通铁路桥隧运营管理与检测修理技术论文集(下册)[C].2010,2.

[25] 张邦平.高速铁路隧道仰拱施工质量缺陷处理技术[J].国防交通工程与技术,2015,13(2):60-63,80.

[26] 肖凯刚.山西中南部铁路通道重载铁路隧道隧底加固方案研究[J].铁道建筑,2014,12:43-46.

[27] 肖中林,文建平.隧道基底注浆加固工艺研究[J].江西建材,2014,2:215,220.

[28] 鲁金铭.新大成隧道基底脱空病害区动力特性分析及注浆加固研究[D].西安:长安大学,2015.

Key Construction
Techniques for
Menghua Heavy Haul Railway Tunnels

第7章 重载铁路隧道异形大断面盾构施工技术

7.1 异形盾构设备制造与应用发展现状

近年来,随着经济的快速发展和科学技术水平的不断提高,具有断面灵活、空间利用率高等特点的异形断面隧道契合了当今社会对地下空间开发日益精细化的需求,故被广泛应用于大型交通隧道、地下综合管廊、地铁车站、地下停车场、国防工程等众多领域。与此同时,异形盾构关键技术与施工技术都得到了快速的发展,异形盾构工法正在逐步取代明挖法、矿山法、新奥法、浅埋暗挖法等传统施工工法,推广应用的前景十分广阔。

7.1.1 异形盾构施工特点与优越性

1)与传统工法相比较,异形盾构施工的特点和优势

在异形盾构施工技术出现之前,异形隧道的开挖主要采用明挖法、盖挖法、矿山法、新奥法、浅埋暗挖法等传统工法。异形盾构与上述工法相比具有以下特点和优势:

(1)异形盾构法实现了异形隧道的全机械化、自动化施工,更加安全、高效、经济、环保。施工作业均在地下进行,环境污染小,既不影响地面交通,又可减少对附近居民的噪声和振动影响。

(2)盾构推进、出土、拼装衬砌等主要工序循环进行,施工易于管理,施工人员少。

(3)穿越河道时不影响航运。

(4)施工不受风雨等气候条件的影响。

(5)在地质条件差、地下水位高的地方,建设埋深较大、距离长的隧道,异形盾构法有较高的技术经济优越性。

2)与圆形盾构施工相比较,异形盾构施工的特点和优势

(1)异形盾构施工可减少20%以上的开挖面积,大大提高隧道的空间利用率,有利于节省地下空间资源。

(2)在复线铁路、公路隧道中,异形断面可以一次性获得合理的隧道断面,避免平行推进两条隧道的施工情况,减少相邻隧道在单独施工时的相互影响,提高了施工效率。

(3)异形盾构施工的成本低于实现同等功能条件下的圆形盾构施工。开挖面积减小,减少了切削土量和渣土处理量,可降低开挖成本、渣土运输成本、电力消耗成本、材料消耗成本等20%以上;隧道衬砌周长减小15%~20%,降低了支护成本;路基和铁路站台以下空间不用仰拱回填和夯实,提高了施工效率,降低了管理成本;空间利用率的提高,减少了土地征用量,降低了征地拆迁成本。

(4)圆形盾构施工一般需要 1 倍洞径以上埋深,已无法满足城市地下空间开发对浅覆土、狭窄空间条件下施工的要求。而异形盾构施工能够适应更浅覆土的施工,更能适应现代化都市核心区大断面地下通道的建设要求,如过街通道、电缆沟、综合管廊、地下停车场等市政隧道工程,具有更显著的经济效益和社会效益。

7.1.2 异形盾构施工技术发展与应用现状

1)异形盾构施工技术在国外的发展与应用现状

1825 年法国人布律内尔(Marc Isambard Brunell)发明的人类历史上第一台盾构机是矩形断面,断面尺寸为 11.4m×6.8m,采用手掘式开挖;1826 年开始应用于 396m 长的泰晤士河隧道,两次被河水淹没;1835 年进行了盾构机改良,于 1843 年贯通,拉开了异形盾构法隧道施工的序幕。

首例手掘式盾构及异形盾构法施工的隧道见图 7-1❶。

a)手掘式盾构

b)异形盾构法施工的隧道

图 7-1 首例手掘式盾构及异形盾构法施工的隧道

此后,受限于当时混凝土技术以及机械设计制造技术的不成熟,异形盾构施工技术发展缓慢,而圆形盾构施工由于衬砌结构具有受力均匀、内力较小、经济性好以及便于实现机械化开挖和衬砌拼装等优点迅速成为发展的主流。在此后的 100 余年,几乎所有的盾构隧道断面基本都采用圆形断面,而较少采用异形断面。直到 20 世纪中下叶,随着经济的发展,材料技术、结构设计和工程机械的飞速发展,以及城市建成区地下空间开发利用需求的增加,异形盾构施工又重新登上历史的舞台。

从世界范围内来看,在异形盾构施工领域进行探索的国家主要是日本和中国。究其原因,是东西方城市发展模式的差异导致市场需求的差异。除纽约外,美国大多数城市结构比较疏散,地下空间开发的强度并不高;欧洲城市往往面临极其严格的古建筑保护法规,城市核心区地下工程总量也不大,更加趋向于建设新城。而日本由于受限于国土资源的限制,对地下空间的开发非常重视。

---

❶ 本章部分图片引自网络。

1965~1968年,日本的名古屋和东京都采用手掘式矩形盾构掘进了2条外径约4.29m×3.09m、长分别为534m和298m的电力、电信、电话共沟工程。1981年,日本名古屋中部电力公司还采用5.23m×4.38m的手掘式矩形盾构掘进1条长374m的矩形电力隧道。该类型矩形盾构采用的是悬臂起重机式管片拼装机,操作方法类似于采用起重机安装设备部件。但是采用该方法拼装管片时,管片拼装作业几乎占据了整个隧道断面,矩形盾构机内部的管路、管线布置困难,更无法布置螺旋输送机等设备,只能采用手掘式,出于安全考虑,不能实现大断面隧道的施工。于是日本将研究方向转向了更容易实现管片拼装的多圆盾构机的研发。

日本先后开发的多圆盾构工法主要包括MF盾构法、DOT盾构法、H&V盾构法。

(1) MF盾构法

MF(Multi Face)盾构法是由多个圆形断面的一部分错位重合而成,可同时开挖多个圆形断面的盾构法(图7-2)。MF盾构法更适宜地铁车站、共同沟和地下停车场等大断面隧道的开挖。

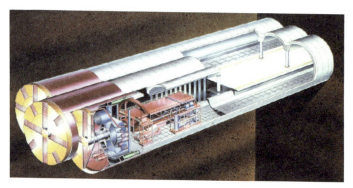

图7-2　MF盾构法原理示意图

1986年,日本日立造船株式会社为日本熊谷组承包商制造了世界上第一台双圆泥水加压式盾构,断面为$\phi 7.42m \times W12.19m$,并于1988年应用于日本东京的620m长的京叶线京桥隧道,成功开创了MF双圆盾构法的施工先例,见图7-3和图7-4。

图7-3　世界首台MF双圆盾构　　　　图7-4　世界首例MF双圆盾构法修建的工程

1992年日本又研制出世界上第一台三圆泥水加压式盾构,并于1994年成功地用于大阪市地铁7号线"商务公园站"车站工程施工,见图7-5和图7-6。

1994~1998年,在东京帝都高速交通7号线白金台二工区工程中,熊谷·青木建设工程共同体开创了装卸式三圆盾构施工地铁车站工法(图7-7)。其用单圆盾构机掘进至车站端头井中,将单圆盾构的两侧装配上小型盾构,改造成三连形盾构,随后掘进车站部分的整个断面,到达接收井后,脱卸掉两侧两台小盾构,恢复成单圆盾构继续掘进另一段区间隧道。

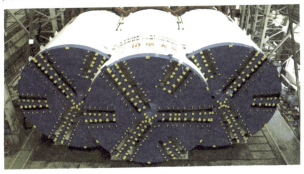

图7-5　世界首台MF三圆盾构

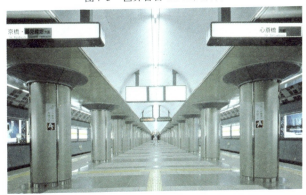

图7-6　世界首例MF三圆盾构法修建的地铁车站

图7-7　日本东京帝都高速7号线白金台二工区三圆盾构施工情况

四圆以上MF多圆盾构在地铁车站等项目施工中也有应用,见图7-8。

(2) DOT盾构法

DOT盾构是指在同一个开挖平面上安装两个如同齿轮啮合一样的辐条式刀盘的土压平衡式盾构。类似于MF盾构,两个刀盘进行同步控制,相互以相同速度并始终保持一致的相位角进行反方向旋转,以避免两者之间发生接触和碰撞,见图7-9。

DOT盾构法优化了断面形式,有效减小了断面面积,使地下资源得到了最合理的利用。与MF盾构法相比较,降低了无效开挖面积和设备造价。

图 7-8　四圆 MF 盾构施工的隧道

图 7-9　DOT 盾构法原理示意图

日本在 1981 年申请了 DOT 盾构法的相关专利,1987 年进行了横向 DOT 盾构的掘进试验,选用外径为 $\phi 2.5m\times$ 双圆、$W=4.185m$ 的双圆盾构,地质条件为粉土、粉细砂,覆土 3.5m,掘进长度 50m。1988 年又进行了竖向双圆掘进试验。通过以上试验,证明了双圆隧道工法的可行性,解决了刀盘的同步控制、地表沉降控制、管片拼装及盾构姿态控制等关键技术。

1989 年 10 月,在日本广岛 54 号国道系统盾构工程建设中,首次采用石川岛(IHI)设计制造的 $\phi 6.09m\times W10.69m$ 的双圆盾构机,修建了世界上第一条 DOT 隧道,见图 7-10 ~ 图 7-12。

图 7-10　DOT 盾构

图 7-11　DOT 盾构法修建的隧道

(3) H&V 盾构法

H&V(Horizontal variation & Vertical variation)盾构法是将几个圆形断面根据需要进行组

合,以开挖多种隧道断面形式的一种特殊施工方法。H&V 施工法可同时开挖多条隧道,推进方式有像绳子一样互相纠缠在一起的螺旋式推进和让其中的某一个断面从中独立出去的分叉式推进两种方式[图 7-13 a)、b)],可根据隧道的施工条件和用途在地下自由地掘进和改变隧道断面形式和走向。其施工原理主要是采用了一种叉式铰接改向装置,见图 7-13c)。这种装置可使盾构体前端各自沿着相反的方向旋转,以改变盾构的推进方向,利用这种铰接装置可使盾构机产生转动力矩,达到螺旋式推进的目的。

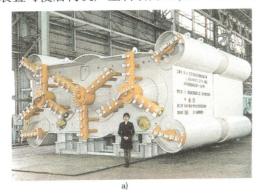

图 7-12 DOT 盾构在制造厂内

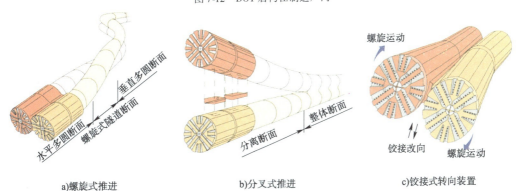

a)螺旋式推进　　　　b)分叉式推进　　　　c)铰接式转向装置

图 7-13 H&V 盾构法原理示意图

H&V 盾构及隧道施工现场见图 7-14。

a)H&V盾构　　　　b)H&V盾构法隧道施工

图 7-14 H&V 盾构及隧道施工

在城市地铁线路受到建筑界限约束的条件下,多圆盾构的优越性主要体现在可以一次施工完成地铁线的建设。多圆盾构机所占据的空间比在宽度上相邻的双孔隧道所占据的空间要少,比浅埋单孔隧道在高度上占据较少空间,特别适用于人口密集的城市地区施工。但多圆盾构机也存在明显的缺点:两圆相交的地方,从静力学计算来看,需要立柱支撑;存在控制技术相对复杂,对施工管理要求高,隧道空间使用弹性不大,泵房施工繁琐等问题。

2) 异形盾构施工技术在国内的发展与应用现状

我国在异形盾构领域起步相对较早,于20世纪90年代开始了深入的探索。在短短十几年的时间里,完成了从引进、消化、吸收到自主研发创新的过程,完成了世界最大断面矩形盾构顶管机、世界首台砂卵石层矩形盾构顶管机、世界首台超大断面马蹄形盾构机等首创的装备研发与施工工艺的创新。

1999年上海隧道工程股份有限公司对双圆衬砌先后进行了三次通缝拼装和三次错缝拼装的模型试验(模型比例1∶3);2002年对轨道交通杨浦线(M8线)双圆盾构管片进行1∶1力学加载试验,管片采用错缝拼装,由上半环、中全环、下半环三部分组成,环与环之间用纵向螺栓连接,并施加一定的纵向力,采用28台千斤顶装置施加水平等效荷载,对错缝拼装双圆盾构衬砌环的变形、强度和抗裂性能开展了研究。同年上海隧道工程股份有限公司从日本引进 $\phi 6.52m \times W11.12m$ 双圆盾构机,使中国成为世界上第二个拥有此项技术的国家。

2003年,上海轨道交通工程8号线,开鲁路站—嫩江路站—翔殷路站—黄兴绿地站区间隧道工程采用双圆盾构施工(图7-15)。隧道全长2688m,最大坡度2.8%,最小平曲线 $R = 495m$,隧道覆土5.2~12m。每环由8块圆形管片、1块大海鸥形管片、1块小海鸥形管片及1块柱形管片,共11块管片构成,管片内径5700mm,外径6300mm,环宽1200mm,中心间距4600mm。隧道结构采用预制钢筋混凝土管片,错缝拼装,管片纵、环向连接采用球墨铸铁预埋手孔结合短螺栓形式。

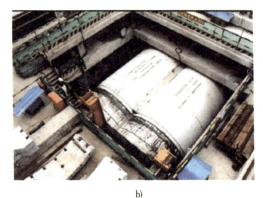

a) b)

图7-15 双圆盾构施工

2004年上海市又在轨道交通6号线三个标段采用双圆盾构施工,均采用 $\phi 6.52m \times W11.12m$ 的辐条式双圆盾构机进行施工。

表7-1列出部分国内双圆盾构施工的隧道工程。

中国双圆盾构的隧道工程实例 表 7-1

序号	项目名称		埋深(m)	总长(m)	工　　期
1	上海轨道交通 8 号线	黄兴绿地站—翔殷路站	5.7 ~ 13.2	872	2003.8 ~ 2003.12
		翔殷路站—嫩江路站	5.2 ~ 11.0	911	2004.6 ~ 2004.11
		嫩江路站—开鲁路站	5.2 ~ 10.5	708	2004.6 ~ 2004.12
2	上海轨道交通 6 号线 10 标	民生路站—北洋径路站	6.0 ~ 10.0	395	2004.4 ~ 2004.7
		北洋径路站—德平路站	6.0 ~ 10.0	1196	2004.8 ~ 2005.2
		德平路站—云山路站	6.0 ~ 10.0	893	2005.3 ~
3	上海轨道交通 6 号线 9 标	云山路站—金桥路站	5.5 ~ 10.0	998	2004.6 ~ 2004.12
4	上海轨道交通 6 号线 11 标	民生路站—源深体育中心站	5.9 ~ 9.37	480	2004.7 ~ 2004.12
		源深体育中心站—世纪大道站	3.63 ~ 9.01	623	2004.7 ~ 2006.6

双圆盾构虽然单次掘进可完成双线隧道，且土体开挖面小，但由于其大海鸥形管片背土较为严重，加之面板为辐条式刀盘，环境扰动破坏难以控制，曲线施工能力差，设备购置费用高等原因，之后在我国并没有得到推广应用，而是逐步向矩形、类矩形、马蹄形等异形盾构施工方向发展。

2014 年，中铁隧道股份有限公司在郑州市红专路下穿中州大道隧道项目中采用了中铁工程装备集团自主研发的当时世界最大断面矩形盾构顶管机进行施工，取得了成功（图 7-16）。该项目攻克了超大断面（10.1m×7.25m）、超浅覆土（3.2m）、超长距离（105m）、超小间距（1m）的世界性难题，标志着我国矩形盾构顶管机的装备研发与施工技术达到国际领先水平。

a)　　　　　　　　　　　　　　　b)

图 7-16　郑州市红专路下穿中州大道隧道项目施工情况

2014 年，上海市政工程设计研究总院联合同济大学以连接虹桥临空 11-3 地块与 10-3 地块的地下连接通道工程为依托，进行了双钢板 - 混凝土组合矩形盾构隧道衬砌结构整环足尺试验，进行直立加载，对该矩形盾构隧道衬砌结构的受力机制和设计方法进行了研究，并于 2015 年在上海福泉北路进行了工业性试验（图 7-17）。

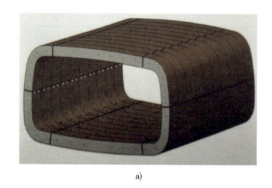 

a)　　　　　　　　　　　　　　　b)

图 7-17　矩形盾构隧道衬砌结构受力机制研究

2015 年,中铁工程装备集团设计研发的矩形盾构顶管机成功出口到新加坡,这是我国首台出口的矩形盾构顶管机。该设备被应用到新加坡地铁汤申线 T221 地铁出入口项目,工程长度 156m,覆土 5.4～7.2m,断面尺寸 7.62m×5.645m;由中铁隧道股份有限公司新加坡分公司施工,于 2016 年 5 月 11 日正式开始掘进,2016 年 11 月 8 日顺利贯通;克服了距离长、隧道与重要建筑物间距小、地层软弱等施工难题(图 7-18)。该项目荣获新加坡 2016 年项目管理奖最高奖(金奖)。

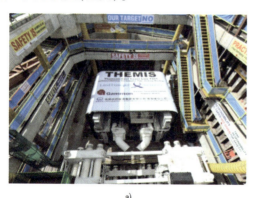 

a)　　　　　　　　　　　　　　　b)

图 7-18　新加坡 T221 地铁出入口项目施工情况

2016 年 6 月～2016 年 8 月,由中铁工程装备集团自主研发设计和制造的世界首台应用于砂卵石层的矩形盾构顶管机成功应用于成都川大停车场下穿人民南路人行通道项目。该项目管节截面尺寸为 6m(宽)×4.5m(高),覆土 4.8m,穿越的地层从上往下依次为细砂层、密实卵石层,卵石含量高、粒径大,隧道底部距离下方正在运营的地铁 1 号线仅 3.1m。该项目在适用于卵石层施工的矩形盾构顶管设备制造以及渣土改良、沉降控制、减摩注浆等方面取得了突破性的技术成果和宝贵的施工经验,扩展了矩形盾构顶管机的地质适用范围,促进了矩形盾构顶管机的技术发展。图 7-19 所示为川大停车场下穿人民南路人行通道项目施工情况。

2016 年,上海隧道工程股份有限公司联合上海盾构设计试验研究中心、同济大学、上海隧道工程轨道交通设计研究院,进行了大断面异形盾构隧道结构力学特征试验,研究了异形盾构管片随埋深增加的全过程力学行为规律和破坏机理(图7-20)。该异形盾构衬砌结合矩形和圆形隧道的截面特点,采用复合圆形截面,尺寸边界由多段圆弧组成。管片外包尺寸为10.7m×8.2m,管片厚度500mm,环宽1.2m,采用C50混凝土,并掺有大量钢纤维(156kg/m^3)。随后在宁波地铁3号线一期工程地铁车站出入段进行了工业性试验,试验段长390.2m,顶埋深3.4~10.46m,最大纵坡35‰,最小平面半径400m,主要地层为淤泥质黏土、粉质黏土。该试验工程在拼装式类矩形盾构领域进行了工程试验的探索,但施工效率还需要进一步提升,成本要降低。

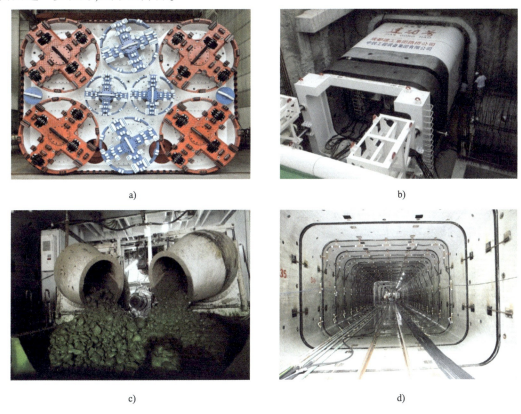

图7-19 川大停车场下穿人民南路人行通道项目施工情况

a)

b)

图7-20 类矩形盾构隧道衬砌结构受力机制研究

2017年,由中铁工程装备集团研制的装配式矩形盾构顶管机(5.74m×5.02m)工法成功应用于地下停车场项目,如图7-21所示。这是国内首个将矩形盾构顶管机推广应用到地下停车场领域的项目,在装备与工法联合创新方面取得了突破,应用前景广阔,社会与经济效益显著。

a) b)

图7-21 矩形盾构顶管机工法应用于地下停车场

2016年7月17日,世界首创的超大断面马蹄形盾构机在郑州经济开发区成功下线,该马蹄形盾构机是由中铁工程装备集团自主研发的新型异形盾构机,采用9个小刀盘共同组成一个马蹄形断面的创新组合方式,刀盘高10.95m、宽11.9m,可进行全断面切削。同年11月11日,位于陕西榆林靖边县的在建工程蒙华铁路白城隧道采用该马蹄形盾构掘进机"蒙华号"进行施工(图7-22)。蒙华铁路白城隧道全长3345m,为单洞双线电气化重载煤运铁路隧道,最大埋深81m,2017年1月16日全线贯通。该项目先后成功穿越了浅埋层、天然气管道、包茂高速等重大风险源地带,成功规避了安全风险源,最快月掘进308.8m,较传统施工工法同等地质条件下提高工效3倍以上,在实现自主化和智能化的同时创新了铁路山岭隧道开挖模式,在我国异形盾构施工的发展史上具有里程碑式的意义。

a) b)

图7-22 世界首台超大断面马蹄形盾构在白城隧道应用

7.2 异形大断面盾构施工案例

经过多年的发展,我国已在异形大断面盾构施工领域处于世界前列。建设的项目包括:郑州市红专路下穿中州大道隧道[10.1m(宽)×7.25m(高)],天津市黑牛城道下穿隧道[10.4m(宽)×7.5m(高)],上海市福泉北路下穿项目[10.1m(宽)×5.3m(高)],宁波地铁3号线一期工程地铁车站出入项目[11.83m(宽)×7.27m(高)],以及本节要重点介绍的蒙华铁路白城隧道项目[11.9m(宽)×10.95m(高)]。

7.2.1 白城隧道项目概况与施工重难点

1) 工程项目概况

白城隧道位于陕西省靖边县内,西起海则滩,东至石干沟,其北侧为萝莉窑子,南侧为东敖包疙瘩。沿线地形起伏变化,地面情况复杂,盾构隧道先后穿越天然气管道、白城子供水管线、高压线塔、大车路、包茂高速、海机线、长庆北干线等特殊地段。隧道全长3345m,为时速120km双线电气化铁路隧道。隧道全段位于直线上,隧道纵坡为人字坡,坡度/坡长依次为4.5‰/1935m、-3‰/900m、-11‰/510m。总体上为一侧向西—西北的单斜构造,区内地质构造相对简单,褶皱和断裂不发育,区域上无大的构造活动,无大型褶皱和断层。隧道横断面及地质构造如图7-23所示。

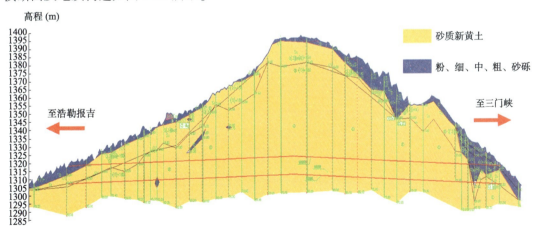

图7-23 白城隧道横断面及地质构造图

我国在货运双线铁路山岭隧道建设中长期采用矿山法施工,但安全性差,施工效率低。为提高施工效率,本项目拟采用盾构施工,而盾构施工既要满足双线火车通行又要承受深覆土条件下的土体压力,同时盾构轮廓的拟定还需要考虑以下因素:隧道限界、接触网悬挂方式、轨道形式、站后预留管线(管道)及电缆槽要求、施工误差和结构变形等。

依据《铁路隧道设计规范》(TB 10003—2016)、《标准轨距铁路建筑限界》(GB 146.2—1983),白城隧道线间距采用4.0m,建筑限界采用"隧限-2B",接触网刚性悬挂、道床为无砟轨道(有砟轨道要求隧道断面要大10%左右,成本较高),同时考虑站后管线、电缆槽预留,以及盾构施工误差、结构变形以及安全余量15cm等。白城隧道盾构施工段隧道横断面设计如图7-24a)所示,隧道断面为三心圆形状,整体呈马蹄形,上部为圆拱,下部稍扁,左右两翼下侧的弧度较小。

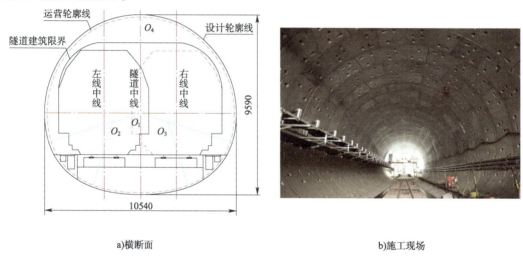

a)横断面　　　　　　　　　　　　　　　　b)施工现场

图7-24　白城隧道横断面及施工现场(尺寸单位:mm)

2)工程施工重难点

(1)超大马蹄形隧道全断面开挖问题

超大马蹄形隧道不同于普通圆形隧道,通过简单的中心回转圆形刀盘旋转开挖难以得到马蹄形断面,而通过仿形偏心摆动刀盘开挖大断面马蹄形隧道,虽然可以实现全断面隧道开挖,但其缺点也是明显的,由于偏心摆动刀盘各个点都围绕各自的圆心做旋转运动,其上面布置的刀具受到的反力无法相互抵消,切削反力传递给盾体,容易造成对周边土体的扰动,如果控制不好,极易造成开挖的沉降量超标;另外,其后部搅拌棒的运行轨迹也是以曲柄长度为半径的圆,其搅拌范围相对于整个开挖面来说极其有限,布置数量少则起不到改良土体的作用,布置数量多则将大大增加刀盘的扭矩,且形成反作用力,对盾体平衡不利。因此,如何实现超大马蹄形隧道全断面切削的同时保证渣土改良的均匀性、施工精度的准确性,也是马蹄形掘进机亟需解决的关键技术问题之一。

(2)掘进机偏转、滚转问题

①由于超大马蹄形隧道掘进机横断面尺寸大,开挖面各点压力可能存在差别,调向纠偏的难度大。在推进的过程中可能由于侧向受力不均或者地层不均匀导致马蹄形隧道掘进机

产生扭转使姿态难以控制。当发生轴线偏转时,很难纠正,若纠偏过猛会造成土体扰动及增大顶进阻力。

②超大马蹄形隧道掘进机在掘进过程中,经常发生机头滚转,由于断面是马蹄形,发生滚转对管节质量及最终成形隧道的使用有很大影响。马蹄形隧道掘进机或管节发生滚转偏差对隧道净空影响明显,滚转的纠偏也因横断面尺寸增大而变得困难。

（3）超大马蹄形断面掘进时土压平衡控制问题

项目采用大断面马蹄形掘进机施工,无法像圆形盾构那样在土仓全断面内进行渣土搅拌,使得土仓各处压力较为均衡;同时由于采用多刀盘开挖且存在搅拌盲区,渣土改良均匀性差,双螺机联合出渣,出土量控制难度大,土压平衡顺应性控制非常困难。

（4）马蹄形多曲率管片拼装问题

马蹄形管片拼装机设计是马蹄形隧道掘进机的设计难点,由于马蹄形断面没有圆形的中心对称优势,导致每个分块管片内表面曲率大小不一、重心偏置等,使管片安装时微调工作量很大、管片错位搭接现象多,且楔形块在最后拼装时周向压紧力不易传导,产生诸多难题。

7.2.2 异形盾构设备与关键参数

1）设备的总体方案与关键参数

白城隧道项目采用的是中铁工程装备集团自主研发的全球首台超大断面马蹄形盾构机（图7-25）,该异形盾构机依靠刀盘及刀具切削完成对地层的开挖,被开挖的渣土在压力平衡控制下通过螺旋输送机输送到皮带机中被转运到地面,管片安装机具有6个自由度,其伸缩、旋转和移动等功能都是比例控制的,通过遥控器控制,可以实现对管片的精确定位。与常规圆形盾构法相比,减少10%～15%的开挖面积,具有成本低、施工效率高的特点,且对配套设备要求低,操作控制方便安全,设备造价低廉、经济实用。

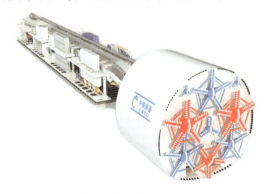

图7-25 马蹄形盾构外形图

该超大断面马蹄形盾构高10.95m、宽11.9m,总装机功率3726kW,其中驱动功率1980kW,由开挖系统、盾体结构、推进系统、管片安装系统、螺旋输送机出渣系统、皮带机、后配套拖车等组成,如图7-26所示。刀盘开挖形式采用平行轴式9刀盘布置方案,3前6后成"品"字形,开挖覆盖率达到90%以上;大刀盘由6根刀梁组成,开口率达到58.2%。盾体设计为马蹄形,上部为圆拱,下部稍扁,左右两翼下侧的弧度较小。上下两半组合结构,方便吊装和运输。沿切口环周向布置切刀,以增加切土能力及耐磨性。每个刀盘配置一组驱动,每个驱动配置有 6 台电动机和 6 台减速器,为刀盘提供可靠、足够的扭矩。顶推装置配置 44 根等推力油缸,总推力达到 14080t。由于断面尺寸过大,设备配置 2 台轴式螺旋输送机,螺旋输送机筒径为 800mm,螺旋轴输出的额定扭矩为 125kN·m,额定转速为 25r/min,出渣能力为 335m³/h,详细参数见表 7-2。

a)

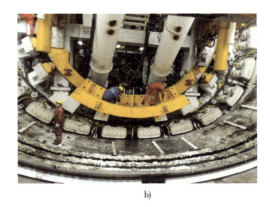
b)

图 7-26　白城隧道项目超大断面马蹄形盾构

超大断面马蹄形盾构机主要技术参数　　　　　表 7-2

序　号	项目名称	性能/参数	单　位	备　注
1	盾构机型号	CTE11900×10950	—	
2	开挖尺寸	11900×10950	mm	
3	刀盘转速	0～1.08	r/min	
4	最大推进速度	60	mm/min	
5	最大推力	13982	t	
6	主机总长	11.07	m	含刀盘
7	整机总长	≈118	m	
8	整机质量	≈1600	t	
9	最大工作压力	5.76	bar	
10	最大设计压力	7	bar	
11	水平转弯半径	1000	m	
12	纵向爬坡能力	±50	‰	
13	超前注浆管数量	9+11	根	前盾+中盾
14	注浆管数量	8+8	个	备用
15	盾尾密封刷排数	3	排	
16	注脂管数量	26	个	

续上表

序 号	项 目 名 称	性能/参数	单 位	备 注
17	盾尾管片最小安装间隙	45	mm	
18	拼装机:管片安装机形式	环式	—	
19	拼装机:抓举头形式	机械式	—	
20	拼装机:驱动形式	液压驱动	—	
21	拼装机:自由度数量	6+1	个	
22	拼装机:旋转角度	±200	°	
23	拼装机:回转速度	拼装:0~0.7 空载:0.7~1.3	r/min	

2) 设备的关键技术

(1) 马蹄形隧道全断面开挖技术

本项目采用的马蹄形土压平衡盾构机(中铁工程装备集团研制)采用平行轴式9刀盘布置方案,3前6后成"品"字形(图7-27),开挖覆盖率达到90%以上,大刀盘由6根刀梁组成,开口率达到58.2%。

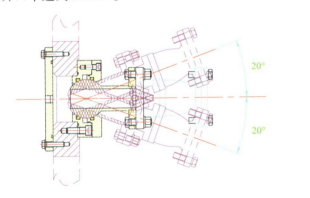 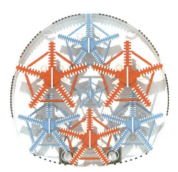

a) 万向球头设计　　　　b) 九刀盘设计示意图

图7-27　马蹄形盾构刀盘设计

组合式旋转多刀盘的开挖特性决定着开挖盲区的存在性,在开挖盲区的位置以及搅拌作用较弱的位置通过布置高压水冲刷以及改良孔,对盲区进行渣土处理,同时盾体周边通过布置盾体切刀,保证全断面开挖。

(2) 马蹄形多曲率管片拼装机技术

马蹄形断面没有圆形断面的中心对称优势,因而每个分块管片内表面曲率大小不一、被抓举管片形状各异、运动轨迹多样、重心易偏置、质量大等(图7-28),使管片安装时微调工作量很大、管片错位搭接现象多,且楔形块在最后拼装时周向压紧力不易传导等,产生诸多难题。

蒙华铁路马蹄形隧道管片组成,共分为8块,每块大小、质量均不一致(图7-29),对管片拼装机设计提出了更高的要求,如管片安装机应能完成锁紧、升降、平移、回转、仰俯、横摇和偏转7种动作、管片安装机应有足够的回转力矩和平移力、回转机构应具备常闭制动功能等。

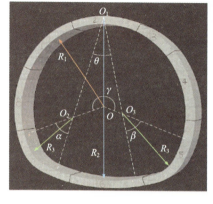

图7-28　马蹄形隧道管片拼装

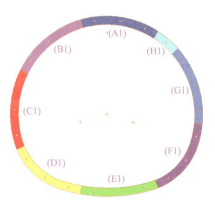

图7-29　马蹄形隧道管片组成

为此,中铁工程装备集团针对性地研制出了曲率自适应"6+1"自由度异形管片拼装机。该"6+1"自由度管片安装机采用液压环式结构,由平移机构、回转机构、举升机构、连接梁等组成,能实现锁紧、平移、回转、升降、仰俯、横摇和偏转7种动作,且具有足够的回转力矩和平移力,回转机构具备常闭制动功能(图7-30)。除锁紧动作外的其余6种动作与管片的6个自由度相对应,实现了管片拼装的移动、对中、就位、拼装的自动化。并针对管片拼装过程中操作的快速性和精确定位之间的矛盾,开发了一种高速和精确定位相结合的管片拼装柔性电液控制系统,从而提高了管片的拼装质量和拼装速度。

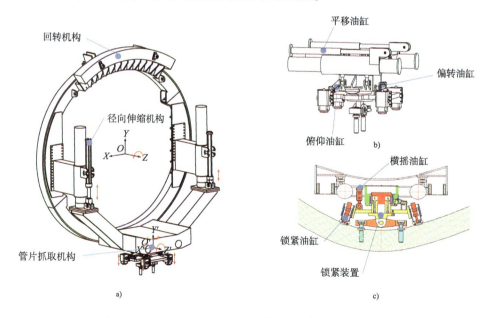

图7-30　曲率自适应"6+1"自由度异形管片拼装机原理示意图

(3)紧凑型刀盘驱动设计与联合控制技术

大断面马蹄形掘进机选用组合式旋转刀盘,因此对应的刀盘驱动必须具备高扭矩、小空间布置等特点,为此针对性设计了紧凑型刀盘驱动(图7-31),并对多刀盘驱动的"一拖多"联合控制进行仿真(图7-32)。

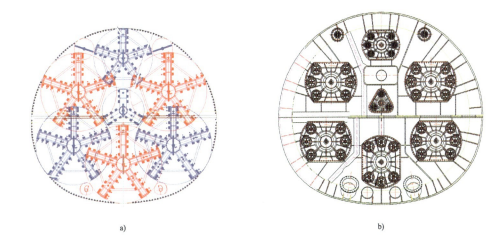

图 7-31 紧凑型多驱动组合

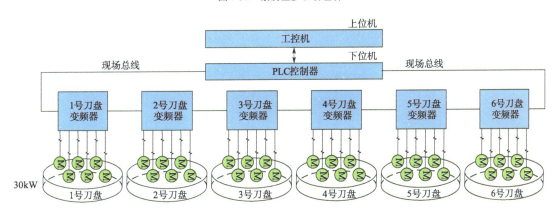

图 7-32 联合控制电气原理图

(4) 双螺旋输送机联合出渣与土压控制

超大断面马蹄形盾构机排渣系统采用单个螺旋输送机很难满足出渣的要求,会造成土仓积渣,因此采用了两台螺旋输送机联合控制出渣(图7-33)。由于超大断面马蹄形全断面隧道掘进机横向跨度大,土仓左右土压力平衡控制难度高,两个螺旋输送机同时排渣时,每个螺旋输送机的速度都会影响土仓压力的平衡,如果每个螺旋输送机依然采用单个控制的传统控制方法必然会引起土仓压力的波动,不利于维持土仓压力的平衡。为了保证控制精度,双螺旋输送机采用了 RBF 神经网络预测控制(图7-34)。

7.2.3 异形盾构施工技术流程与工艺

超大断面马蹄形土压平衡式盾构机施工正线隧道,盾构机由小里程处隧道进口始发,掘进完成后在大里程隧道出口位置接收,主要的施工工艺流程如图 7-35 所示。

图 7-33　双螺旋输送机结构

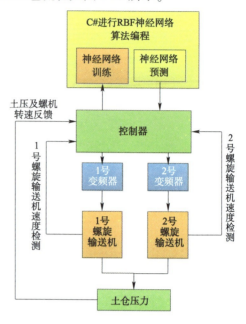

图 7-34　双螺旋输送机控制实现框图

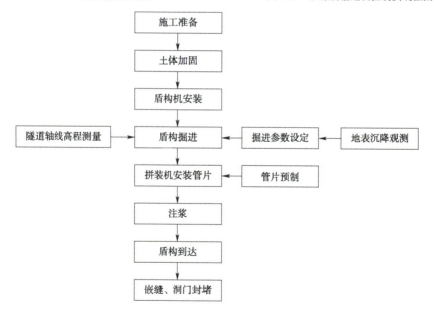

图 7-35　超大断面马蹄形盾构施工流程

1)施工阶段划分

根据本工程的规模及特点,施工期间主要分为三个阶段组织施工。

(1)前期准备阶段:主要进行营地建设、管片厂大型临时设施建设、围挡施工、现场布设、建(构)筑物和管线补充调查,并在完成施工图设计、盾构机和管模采购工作后,进行管片生产。

(2)盾构隧道施工阶段:正线盾构掘进施工及附属工程的施工。

(3)退场及竣工验收阶段:工程实体完成后进行清理、缺陷修补及竣工交验。

2)施工顺序安排

进场后进行施工准备阶段工程[包括营地建设、施工图设计、管线建(构)筑物调查、管片厂建设、管片生产等],待隧道进口明洞场地移交满足明洞施工后,隧道进口段正式开始施工,盾构机进场组装后,开始始发掘进,掘进完成后在隧道出口吊出。附属工程在主体结构施工期间穿插进行。

3)施工准备

在项目开始之前,需要对隧道穿越地段进行地质勘探获得地质水文资料,并探测与隧道相关的地下管线。针对施工现场的工程地质条件,分析工程面临的重难点,提前做好工序设计方案、场地布置方案、物资保障方案、工作井施工方案、隧道施工总体方案、管节生产方案等。

4)管片预制方案

管片混凝土强度等级 C50,抗渗等级 P10;管片分奇数环和偶数环两种形式,管片环分块方式为 7+1;封顶块 OK/EK 拼装方式为径向重叠 2/3 管片宽度,然后轴向推入;每环管片环宽 1600mm、厚 500mm,根据隧道线形及坡度,管片不设楔形量(图7-36)。

a)　　　　　　　　　　　　　　　b)

图 7-36　管片预制

为满足工程总体进度要求,投入 4 套管片模具(奇数环 2 套,偶数环 2 套),采取蒸汽养护提高管片质量、缩短管片生产周期。

7.2.4　异形盾构施工技术要点

1)马蹄形盾构始发技术

目前的铁路隧道施工中,以矿山法为主,辅以少量的 TBM 和盾构法。其中盾构法主要用于下穿河流、海峡及城市软土地层。针对白城双线铁路隧道断面,以及穿越的砂质和新黄土地层,矿山法施工需要辅助工法和大刚度的支护,代价较大,而采用盾构法施工则刀具开挖较为便利,结构主要为单层预制管片,无额外的施工支护成本,优点明显。但是,需要增加初期机械研发和制造成本。在断面形式上,常规盾构以圆形为主,特别当面对双线大断面形式时,大部分为圆形盾构。国际上也有采用双圆甚至三圆土压平衡盾构的案例,但这些施工方法存在开挖断面加大、受力效果差和支护构件增加的劣势。由此,产生了开发大断面马蹄形盾构施工双线铁路隧道的构想。但在大断面马蹄形隧道付诸实施的过程中,难免会因无相关施工经验而使工程施工出现诸多难题。本项目在盾构始发技术方面做出了许多新的尝试,总结了超大断面马蹄形盾构始发(图 7-37)的宝贵经验。

图 7-37　白城隧道始发段平面图

(1)端头加固

通过人工钻爆法对端头向大里程方向采用大管棚加固,长 40m。本工程进洞地层情况为:隧道范围内为砂质新黄土,原状土稳定性较好,地表约 3m 为细砂层。马蹄形盾构始发掘进时,通过洞门密封装置及掘进过程中的保压措施,可保证洞顶地层稳定,不必再进行端头加固施工。

针对已施作的大管棚,需采取人工进行探测水平范围及深度,保证大管棚不侵入隧道净空。

(2)始发基座安装

盾构机组装前,依据隧道设计轴线、洞门位置、盾构机的尺寸及门式起重机吊装盲区,然后反推出始发基座的空间位置:DK206+567.4 开始施作,向大里程方向 25.4m,始发基座终点里程 DK206+592.8。

始发基座安装位置按照测量放样的基线,井下定位施工,基座上的轨道按实测洞门中心居中对称放置。盾构始发基座采用 C30 钢筋混凝土结构,主要承受盾构机的重力荷载和推进时的摩擦力,结构设计还需考虑盾构推进时的便捷和结构受力。由于盾构主机组装完成后质量达 985t,所以始发基座必须具有足够的刚度、强度和稳定性。在盾构机主机组装时,在始发基座的轨道上涂硬质润滑油以减小盾构机在始发基座上向前推进时的摩擦阻力。

当盾构在组装后,结构设计还需考虑盾构向前移动施工的便捷和结构受力。本标段盾构始发基座底部连接在一起组成整体结构。在始发基座上设置 3 根 120kg/m 钢轨作为盾构机导向轨道,底部导轨居中,上部两根钢轨距中心 4.8m。基座施工时,通过与底板植筋进行加固,保证始发基座与底板结构成为整体。在盾构进入始发导洞的过程中,防止盾构刀盘下沉,在洞门导洞中铺设 3 根导轨,导轨与始发导洞内导轨相连,并要焊接牢固,防止盾构掘进时将其破坏,而影响盾构的正常掘进。导轨位置以始发基座滑轨延伸对应的位置为准。

由于盾构机质量大,盾体放置于始发基座上后不能随意前后移动,盾尾与中盾需要焊接连接,故在盾尾与中盾连接处,预留宽 800mm、高 700mm 的盾尾焊接槽,焊接槽处不设置导向钢轨,且在焊接槽前方的导轨打斜坡口处理。

始发基座全长 24m、宽 16m,始发基座两侧高 3m,平面结构如图 7-38 所示,断面结构如图 7-39 所示,配筋如图 7-40 所示。

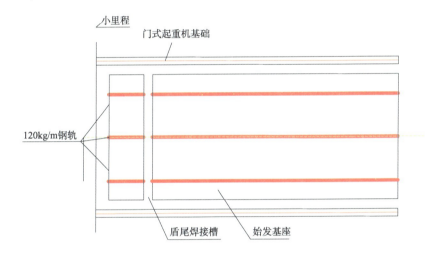

图 7-38 始发基座平面结构示意图

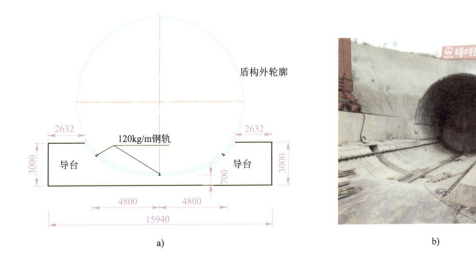

图 7-39 始发基座断面结构示意图(尺寸单位:mm)

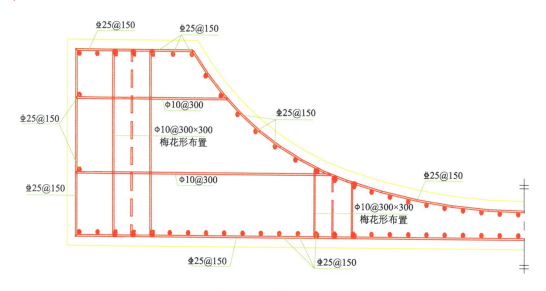

图 7-40 始发基座配筋图

(3) 反力架支撑系统安装

根据现场施工条件及组装场地布局,盾构的反力由明洞提供。明洞加强段提供盾构机推进时所需的反力,盾构始发时,推力主要集中在下半部,如图 7-41 所示。

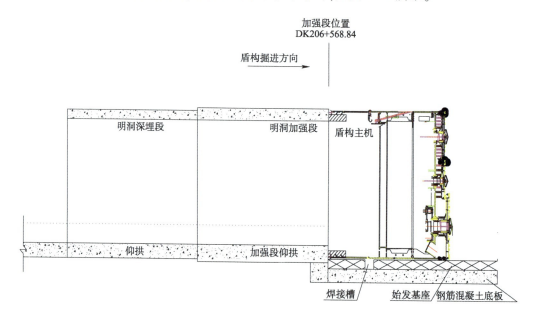

图 7-41 明洞加强段与盾构主机位置示意图

(4) 洞门密封装置安装

在套拱向小里程方向,施作 13.5m 长始发导洞,拱架内径为 6.195m,即在开挖轮廓线外 15.5cm。始发导洞大里程与套拱连接,小里程进洞端焊接预埋钢环(图 7-42),保证盾构在通过拱架区时呈密封状态。

拱架内径为12390mm,即在开挖轮廓线外155mm,距管片外径340mm,在管片脱出盾尾后,按照要求进行洞门的密封,即将管片与套拱之间的缝隙进行封闭。用厚度为1mm的铁皮封闭盾构导洞拱架与管片之间缝隙,铁皮分块制作好,精确定位后焊接在导洞拱架上,同时在拱架内安设支撑,防止在喷浆或者同步注浆时,封闭块发生变形,铁皮必须牢固地嵌入喷浆料且单面紧靠拱架,灌注混凝土或砂浆填筑时不得松动而影响使用,如图7-43所示。在施作过程中,钢环位置的纵向偏差为3mm,低于标准偏差5mm。

图7-42 洞门预埋钢环图

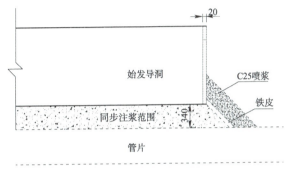

图7-43 密封装置示意图

(5)盾构的组装与调试

盾构组装场地分成三个区:后配套拖车存放区、主机及配件存放区、起重机放置区。盾构机组装设备:250t履带式起重机1台,230t门式起重机一台,以及相应的吊具、机具、工具。

盾构机组装、调试流程如图7-44所示。

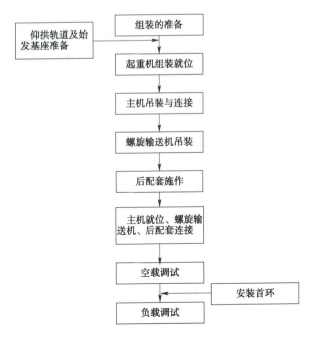

图7-44 盾构组装、调试流程图

本次进行整体始发,下拖车由前向后下,即先下盾体,再下螺旋输送机和拖车。现场组装见图7-45。

a)主机组装图

b)后配套组装图

图7-45 马蹄形盾构组装现场

(6)盾构始发掘进参数控制

根据始发场地的长度及设计洞口的宽度,确定需要在导台上拼装的管片数量。盾构机经调试验收确认正常,明洞加强段施作完毕及其他准备工作(洞门加固、管路连接)全部完成后进行初始掘进管片拼装。管片拼装第一环必须注意断面的圆度和与隧道轴线的垂直度,为整环拼装做准备。

一般情况下,第一环管片接在盾壳内的正常安装位置进行拼装。在安装第一环管片之前,为保证第一环管片不破坏盾构机尾部的密封刷及第一环管片在拼装好以后能顺利向后推行,在盾壳内安设厚度不小于盾尾间隙的槽钢,以使管片在盾壳内的位置得到保证,如图7-46所示。

a)

b)

图7-46 首环管片拼装图

盾构位于始发台上时尽量不要进行姿态调整,盾尾离开始发台后盾构已处于相对自由的状态,一般通过盾构推进千斤顶的合理选用来调整盾构姿态,必要时可通过调整管片楔形量来调整,以使盾构逐步沿隧道设计轴线推进。

整个盾构掘进过程中,纠偏实行"勤纠、量小"的原则,每环姿态调整量控制在 6mm 以内;盾构轴线偏离设计轴线不大于 ±50mm,地面隆陷控制在 +10 ～ -30mm。

(7) 始发总结

①节省了反力架的制作与安装费用。考虑本工程不同于常规地铁盾构在车站内始发的特殊性,本工程由 2 模 C40 加强明洞结构代替常规地铁所使用的盾构始发专用反力架提供反力,明洞仰拱连通。盾构机最大推力 13900t,22 组油缸撑靴总面积为 10.34m^2,则接触面承受最大抗压强度为 12.6MPa,小于管片和明洞抗压强度,完全满足盾构始发掘进最大推力 2500t。此始发方式不但节省了反力架的费用,同时规避了即使在使用反力架的情况下反力架本身不易有效固定的难题。

②节省了竖井、始发端墙的施作及负环拆除的费用。本工程开工伊始计划采用常规市政地铁的竖井吊入盾构组装始发的方式,但考虑始发端埋深较大,竖井施作高度较大、难度较大,且即使竖井施作完成,因马蹄形盾构盾体质量过大,在如此高的竖井上进行吊装作业风险极大。故从成本及安全方面考虑,取消竖井的施作且在盾构空推段采用永久性负环管片拼装(常规地铁负环管片后期需拆除),同时为避免洞门土体失稳,采用套拱配合洞门密封的方式进行始发,大大节约了施工成本。

2) 盾构掘进参数优化

盾构施工的关键就是如何根据盾构机掘进的地质条件及时准确地确定盾构机的掘进参数,盾构机掘进参数确定得当与否直接关系到盾构施工的进度、安全和质量。

本工程大断面马蹄形土压盾构机掘进参数主要是指:盾构机刀盘转速及扭矩;推进油缸总推力、各组行程差及推进速度;土仓压力的设定;泡沫剂等参数的调整;盾尾油脂、锂基脂消耗量的控制;注浆量及地表沉降的控制等。

(1) 盾构机刀盘转速及扭矩

盾构机刀盘转速及扭矩在不同的地质条件、不同的施工阶段所取的参数也随之改变。土压平衡盾构机掘进砂质新黄土地层时,为了防止地层扰动过大、保持土体的强度及自稳性,在掘进时刀盘转速就不宜过高,如果转速过高,会加大刀盘、刀具的磨损;刀盘转速过低时,刀盘切削下来的渣土和泥浆(或泡沫)未搅拌充分,刀盘扭矩高,推进速度慢,渣土在土仓底部堆积,造成出渣困难。

在砂质新黄土地层中,刀盘转速过高对周围地层的扰动较大,容易造成地层失稳,出渣量过大,地表沉降量超限。为此在不同掘进地段合理选择刀盘参数就显得特别重要,为方便对比,选取底部正中前刀盘。刀盘参数见表 7-3。

刀盘掘进参数表　　　　表 7-3

掘进地段参数	始发段(1～100 环)	正常段(101～1000 环)
刀盘转速(r/min)	0.8～1.0	0.8～1.0
扭矩(kN·m)	600～1000	700～1200

（2）推进油缸总推力、推进速度及各组油缸行程差

马蹄形盾构机必须拥有平行掘进、上下坡掘进、左右拐弯等施工能力；横纵断面尺寸较常规圆形盾构大大增加，开挖面各点压力更加不均，盾构或管节发生滚转偏差对隧道净空位置的影响明显，这些都对马蹄形盾构姿态控制及滚转纠偏功能提出更高的要求。

本项目将吸取圆形盾构线性控制要点，针对性开展马蹄形盾构主推油缸布置研究，主推油缸分组研究，推进液压系统为盾构机提供向前掘进的推力，采用44根推进油缸，最大推进力13982t。

推进油缸在圆周方向分成6个分区，油缸成单、双缸布置，共分18组，如图7-47所示。每组中的一根油缸有内置式位移传感器，位移行程可显示于上位机；装有位移传感器的推进缸控制阀组上还装有压力传感器，通过调整每区油缸的推进压力来进行盾构的纠偏和调向。

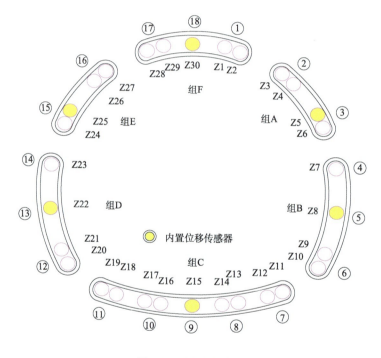

图7-47 推进油缸布置

盾构向前推进是靠安装在支撑环（也称为中体）周围的千斤顶推力，各千斤顶的合推力即是盾构的总推力，在计算推力时一定要考虑周全，要将工程施工过程中对盾构可能产生的阻力都计算在内。

盾构机的总推力必须大于各种阻力的总和，否则盾构机就无法向前推进。盾构机推进各种阻力和的理论计算比较复杂，在实际施工过程中盾构机的总推力一般按经验公式求得：

$$F_j = P_j \cdot \frac{\pi D^2}{4} \tag{7-1}$$

式中:F_j——盾构机总推力(kN);

P_j——开挖面单位截面积的推力(kN),盾构机 P_j 的取值范围是:$P_j = 1000 \sim 1300$ kPa。

土压盾构在砂质新黄土地层中的掘进速度一般控制在 20~30mm/min。

盾构机推进油缸各组的行程差一般应控制在 60mm 以内。如果不考虑推力不均而引起的油缸行程差,则隧道设计曲线最小半径为 500m。

推进油缸具体参数详见表 7-4。

推进油缸参数 表 7-4

掘进地段参数	始发段(1~100 环)	正常段(101~1000 环)
推进速度(mm/min)	15~25	15~25
总推力(t)	4500~5000	5000~7500
行程差(mm)	≤60	≤40

(3)马蹄形断面土压平衡稳定性技术

马蹄形盾构开挖断面为马蹄形变曲率形状,开挖面土体的各点的稳定性不同,同时采用 9 个不同直径刀盘联合开挖,部分区域存在交叉扰动,而且每个区域土体的扰动灵敏性又不同,因此土压平衡稳定性存在波动性较大。

针对该项目穿越地层特性,采用以齿刀、刮刀和鱼尾刀为主切削土层,以低转速、小扭矩、小推力推进。

土仓内土压力值 P 应略大于静水压力和地层土压力之和 P_0,即 $P = K \cdot P_0$(K 值取 1.0~3.0)。

土仓压力通过设定掘进速度、调整排土量或设定排土量、调整掘进速度两种方法建立,并应维持切削土量与排土量的平衡,以使土仓内的压力稳定平衡,如图 7-48 所示。

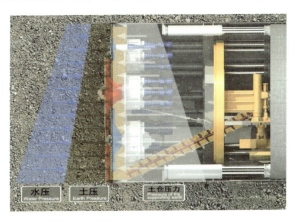

图 7-48 马蹄形盾构土压平衡

采用两台螺旋输送机出渣,能够有效匹配推进速度,防止超欠挖;螺旋输送机转速可进行无级调速来控制土仓左、右压力,实现土压平衡,有效控制地表沉降。

在砂质老黄土地层掘进时,需要添加泡沫剂、膨润土等改善渣土的止水性,以使土仓内的压力稳定平衡。

盾构机的土仓压力主要通过调整盾构掘进速度和出土量的平衡来控制,排土量则主要通过调整螺旋输送机的转速来调节。在实际掘进施工中,应根据地质条件、排出的渣土状态,以及盾构机的各项工作状态参数等动态地调整优化,此模式掘进时应采取渣土改良措施增加渣土的流动性和止水性。

不同掘进阶段螺旋输送机扭矩及土仓压力参数见表7-5。

螺旋输送机扭矩及土仓压力参数 表7-5

掘进地段参数	始 发 段	正常掘进段	到 达 段	备 注
扭矩(bar)	20~40	25~45	—	
土压(MPa)	0~0.4	0.2~0.6	—	

3)马蹄形盾构管片拼装技术

养护成形的管片,经平板车由管片厂运送至进口场地管片存放区后,进行防水材料的粘贴作业,经有轨蓄电池平车运送至盾构机,经过一次起重机卸车,放至设备桥下的临时存放区域,用高压气管清洗完成后,由二次起重机吊送至管片安装机正下方,由操作手控制安装机进行管片拼装。

(1)管片的拼装顺序

各管片的拼装顺序是从最下部管片开始,交替从左右侧往上拼。拼装顺序如图7-49所示。

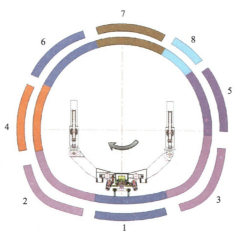

图7-49 拼装各块管片示意图

(2)管片安装流程

管片安装时,司机、螺栓安装人员要就位,首先安装最下方一块管片,先连接纵向螺栓;由下到上左右对称安装剩余管片,随每块管片的安装将纵向螺栓及环向螺栓连接好并进行紧固;封顶块安装时,先搭接1/3,再径向插入,边调整位置边缓慢纵向顶推;整环管片全部安装完后,用风动扳手紧固所有螺栓;盾构掘进时,在上一个循环管片脱出盾尾后,及时以风动扳手对所有管片环纵向螺栓进行复紧。安装流程如图7-50所示。

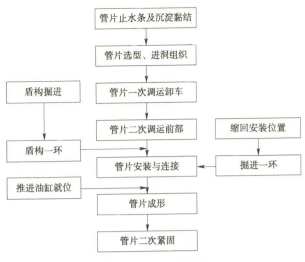

图 7-50 管片安装流程

(3) 人员安排

管片安装施工人员共计 10 人,其中值班工程师 1 人,操作驾驶员 1 人,一次起重机驾驶员 1 人,二次起重机驾驶员 1 人,螺栓紧固工 6 人。管片安装班组分为 2 个班组,24h 作业。本盾构为世界首台马蹄形盾构,拼装和常规盾构有很大区别,通过一个月的熟悉,每环的拼装时间为 75min 左右。厂内调试及现场安装见图 7-51 和图 7-52。

a)厂内调试

b)现场安装

图 7-51 安装机厂内调试及安装机现场施工

a)现场施工

b)成形管片

图 7-52 拼装机现场施工及成型管片

马蹄形盾构机在蒙华铁路白城隧道的施工，是马蹄形盾构工法在铁路山岭隧道黄土地层领域首次运用。近1200环的盾构掘进和管片拼装作业，体现了盾构掘进施工具有以下优点：

①安全性高。与传统钻爆法相比，隧道盾构法施工机械化程度高，盾构施工需要的管片由工厂进行预制，运送至施工现场由安装机进行安装，隧道一次成形，减少了锚杆支护、立拱、喷浆、二次衬砌等施工工序，确保了作业人员的安全。

②马蹄形管片成功拼装。马蹄形管片在世界范围内属首次成功应用，在管片的生产、养护、形式检验、安装等施工过程中，均成功地克服了种种技术难题，形成具有我国自主知识产权的大断面马蹄形盾构施工技术，实现了异形盾构装备的自主化和智能化，为我国高端设备进军国际市场提供了强有力的工程示范。

③管片成形精度高

盾构施工管片安装过程上，环向错台最大不超过5mm，纵向错台最大不超过5mm，安装精度高；在隧道成形上，环向错台最大不超过15mm，纵向错台最大不超过6mm，成形精度高。

④成形速度快

马蹄形盾构的管片拼装工艺在世界尚属首次，前期施工工人安装一环马蹄形管片最少需要120min，经过30环的拼装后，安装一环管片平均时间提升为80min，体现了马蹄形盾构管片安装机的先进性与合理性。经过练习，安装一环管片最快时间为52min，安装一环管片的平均时间为70min，管片拼装时间的稳定与提升，使盾构掘进施工工序可控、质量可控。

4）马蹄形盾构渣土改良技术

鉴于马蹄形断面面积大、9个刀盘同时开挖、搅拌效果不均，存在搅拌盲区，渣土改良存在很大的不均匀性，对盾体（姿态）方向控制影响大等特点，因此保证渣土改良效果至关重要。要实现盾体的姿态精确控制，最好的办法是通过渣土改良让渣土实现真正的注塑状。故而马蹄形盾构的渣土改良技术非常重要。

拟通过渣土改良参数及配比的试验室测定，通过复合的渣土改良配比指导施工，再经现场实际掘进情况综合确定适合当前地层的渣土改良数据。

针对砂土地层的开挖，土压平衡盾构机在穿越时，由于砂层土体流塑性差，摩擦系数较大，强度较高，盾构机的推力大大增加，导致出土困难，刀盘扭矩及螺旋输送机扭矩增大，降低掘进速度甚至无法推进。同时在砂质新黄土地层中，盾构机刀盘可能出现升温过快，刀盘及螺旋器磨损较大等问题，这些问题会导致土压平衡盾构在砂层中施工十分困难，即土压平衡盾构对穿越砂质新黄土地层呈现出较强的不适应性。

通过加水或膨润土作为改良剂，进行室内土工试验，得出膨润土的最优膨化浓度和最优膨化时间或最优加水量。

（1）试验过程

①原状土取样及搅拌，如图7-53所示。

a)　　　　　　　　　　　　　　　b)

图 7-53　原状土取样及搅拌

②根据渣土的吸水性加入适量的水,记录扭矩;测试坍落度(实测加入 2kg 水时坍落度为 2.5cm);将土样重新置于搅拌机内,注入 2.4L 泡沫,约土样的 35%,记录扭矩;测试坍落度(坍落度约 12cm,见图 7-54)。

图 7-54　加泡沫改良后坍落度

③经过上述试验步骤,重新称取 12kg 散状土样,不掺加泡沫剂,只添加水,分别测试不同掺水量时的坍落度,测试不同掺水量时的扭矩值,见图 7-55。

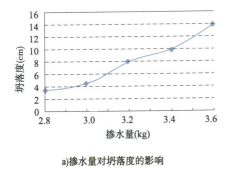
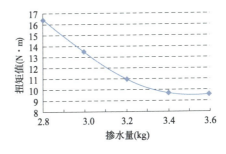

a)掺水量对坍落度的影响　　　　　　　　b)掺水量对扭矩值的影响

图 7-55　不同掺水量的影响

(2)结论

针对砂质新黄土土样,根据试验室的系列试验以及得出的相关数据总结得出如下结论:

①注入土样30%水后,扭矩明显下降,但功率波动较大,坍落度值小,所以单纯注水,不能将渣土改良出较理想的状态(图7-56)。

图7-56 渣土改良实际效果

②加入35%的泡沫后,扭矩进一步下降,功率、扭矩平稳,坍落度值较为理想。

③该土样可以改良到较好状态,实际应用时可根据现场情况(实际含水率)、出土状态(切削土块大小)适当调整水与泡沫的注入率。

故确定渣土改良采用加泡沫剂;掘进时每环(环宽1.6m)泡沫剂用量取200L左右,每环加入水量为50~60m³,同时根据改良效果加入适当的水或外加剂。

5)马蹄形盾构同步注浆技术

(1)同步注浆量

本工程采用超大断面马蹄形盾构,隧道主要穿越地层为全断面新黄土地层,隧道断面面积大、同步注浆量大,管片脱出盾尾后的稳定性直接影响成形隧道的质量。盾构推进中的同步注浆是充填土体与管片圆环间的建筑间隙和控制地表沉降的主要手段,也是盾构推进施工中的一道重要工序。盾构推进施工中的注浆,选择具有和易性好、泌水性小,且具有一定强度的浆液进行及时、均匀、足量压注,确保建筑空隙得以及时和足量的充填。

注浆量的确定是以管片背部建筑空隙量为基础并结合地层、线路线性及掘进方式等考虑适当的饱满系数,以保证达到充填密实的目的。注浆量与盾构掘进时扰动地层范围有关系,扰动范围是变量,一般情况下充填系数为1.3~1.8。

(2)改良土同步砂浆

常规盾构同步注浆材料通常选用优质细砂进行拌合同步砂浆,因本工程主要地质为砂质新黄土,含砂量较多且细度模数(基本在1.8左右)稳定,通过项目试验(图7-57),多次优化后,确定使用改良土代替细砂拌制砂浆的方案可行,并最终试验出满足填充砂浆要求且适合项目施工的配比。

a)　　　　　　　　　　　　　　　　　b)

图 7-57　改良土砂浆配比试验

因改良土就地取材,随用随取(图 7-58),且改良土中的含泥量在配比试验中可适当取代膨润土的作用,节约了砂及膨润土的使用量及其采购和运输成本,另外通过此次试验的成功,也拓展了科研创新的新思路。

a)　　　　　　　　　　　　　　　　　b)

图 7-58　同步砂浆现场取样

对于同步注浆的控制,现场值班工程师严格控制了单环浆液注入量,每环管片注入量基本控制在不小于 $13m^3$,同时试验人员每天到搅拌站进行浆液配比检查及调试,在使用了改良土后保证砂浆质量的前提下,以使初凝时间尽量缩短,将浆液初凝时间基本控制在 4～5h,保证了管片在脱出盾尾几环后不再出现因建筑空隙造成的管片周边受力不均情况。另外在注浆的过程中做到注浆量与注浆压力双控并尽量优化双控标准,在注浆压力允许的情况下尽可能保证注浆量达到或稍微高于最低注浆量要求,使同步注浆达到稳定、切实可用的状态。

(3)AB 液配合同步注浆

因传统的二次注浆采用水玻璃与水泥浆液的双液浆,每次施作最低配备 4 人方可进行,工序繁琐且费时费力,经常出现堵管和抱死盾壳的现象。经过多次试验,马蹄形盾构采用新型高分子材料 AB 料配合砂浆使用,代替传统的双液浆。

A 料直接在搅拌站拌制时加入,同质量代替同步注浆砂浆中的水泥;B 料在洞内溶解后导入储存罐中。

对盾尾的同步注浆管路进行改造,在盾尾处使 B 液溶液与含 A 料的砂浆充分混合,达到控制管片背后砂浆凝固时间的目的,并通过计量泵使注入量及压力精确可控。

根据多次试验,在本工程中选用浆液效果最佳配合比(kg):

水泥:粉煤灰:膨润土:砂:水:A 料:B 料(与水 1:1 溶解) = 185:350:50:800:460:15:30。

初凝时间为 15min 左右。其中 AB 料的比例根据砂浆配比中水泥的含量变化而随之改变,且初凝时间可调节 AB 料两者的比例来进行控制,故在使用前,需根据当地气候、砂浆特性等方面实地进行调整。

计量泵与同步注浆泵采用联动系统,冲洗管路开关设置在同步注浆操作面板上,此套系统同步注浆驾驶员 1 人操作即可满足施工需求(图 7-59)。

a)计量泵及搅拌桶

b)AB液与吨位注浆管路连接

图 7-59　AB 液配合同步注浆

6)马蹄形盾构滚转纠偏技术

常规圆形掘进机在发生滚转时,不会对隧道成形质量造成影响,通过刀盘的反转即可进行校正。而对于马蹄形等异形盾构盾构机来说,由于隧道非中心对称,在其推进的过程中,土压的不均匀及地质的变化,很容易造成盾构机发生水平轴线偏转或滚转(图 7-60)。在发生滚转时,会导致隧道形状改变,故管片拼装精度要求高、姿态控制严格。因无法通过简单的刀盘反转来校正,需要多种手段共同作用,要求盾构的姿态控制做到微偏离小纠正。

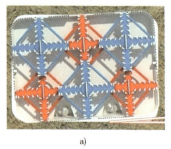
a)
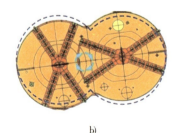
b)

c)

图 7-60　不同隧道断面滚转示意图

异形断面隧道发生滚转的原因具体包括:①盾构机的左右部分质量不均衡;②盾构机的左右部分存在制造上的误差;③与盾构机接触的地层反力不均衡;④掘进中左右切削扭矩不均衡;⑤盾构机油缸推力造成盾构机上产生转矩。

滚转的纠正方法主要有控制刀盘的旋转方向、主动铰接系统进行纠偏、进行打土纠偏。

(1) 刀盘翻转纠偏

盾壳上设计有水平倾角传感器,实时监测滚转姿态,并设有预报警系统,每个刀盘的旋转速度及方向都可调,从而实现盾体滚转纠偏。图 7-61 所示为纠偏示意图。螺旋机转速可实现无级调速,控制土仓左右压力实现辅助纠偏。

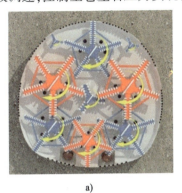 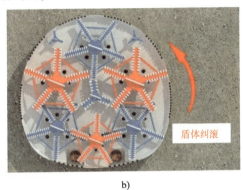

图 7-61 刀盘正反转纠偏示意图

(2) 打土泵纠偏

在前盾周圈预留有压浆口,进行压浆纠偏,如图 7-62 所示。

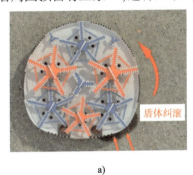 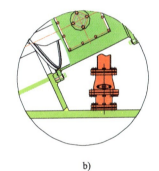

图 7-62 打土泵纠偏示意图

(3) 配重块纠偏

通过盾壳内加装配重块的形式进行滚转纠偏,如图 7-63 所示。

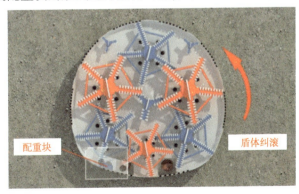

图 7-63 配重块纠偏示意图

本章参考文献

[1] 全球最大断面类矩形盾构隧道在宁波贯通[J].隧道建设,2016,36(11):1301.

[2] 刘四进,封坤,何川,等.大断面盾构隧道管片接头抗弯力学模型研究[J].工程力学,2015,32(12):215-224.

[3] 贾连辉.超大断面矩形盾构顶管设计关键技术[J].隧道建设,2014,34(11):1098-1106.

[4] 张中杰,叶冠林,汤翔.中隔墙对上海轨道交通16号线大断面盾构隧道的变形影响分析[J].隧道建设,2014,34(10):953-958.

[5] 丁改改,姜海,孔祥兴.非等大断面小净距地铁隧道施工方案分析及优化[J].隧道建设,2014,34(8):715-720.

[6] 贺美德,刘军,乐贵平,等.大断面通道近距离上穿盾构隧道引起的变形分析[J].岩石力学与工程学报,2014,33(S2):3682-3691.

[7] 黄田忠.基于异形断面盾构刀盘的模拟试验台的设计与研究[D].沈阳:东北大学,2014.

[8] 郭瑞,何川,封坤,等.大断面水下盾构隧道管片接头抗弯刚度及其对管片内力影响研究[J].中国铁道科学,2013,34(5):46-53.

[9] 封坤,何川,夏松林.大断面盾构隧道结构横向刚度有效率的原型试验研究[J].岩土工程学报,2011,33(11):1750-1758.

[10] 封坤.大断面水下盾构隧道管片衬砌结构的力学行为研究[D].成都:西南交通大学,2012.

[11] 叶冠林,王吉云,王建华,等.超大断面盾构隧道管片施工荷载现场监测研究[J].现代隧道技术,2010,47(5):85-89.

[12] 张新金.盾构法与浅埋暗挖法结合建造地铁车站关键技术研究[D].北京:北京交通大学,2010.

第8章　结论与展望

8.1 结论

本书结合蒙华重载铁路沿线的重点隧道工程,通过理论分析、数值模拟和现场试验,系统介绍了其修建关键技术,以求为我国重载铁路的隧道施工与安全运营提供技术支撑,推动我国重载铁路建设的高质量发展。本书主要内容包括:蒙华重载铁路隧道的设计、预切槽法施工技术、下台阶和仰拱一次开挖施工技术、水平岩层隧道爆破开挖与支护技术、隧道软弱基底处理技术、马蹄形盾构隧道施工技术。

(1)基于蒙华重载铁路工程的地形地貌、地层岩性、地质构造、水文地质特征和沿线隧道分布概况等基本情况,对蒙华重载铁路隧道的线路主要技术标准、主要设计方法、衬砌支护类型、各专业的主要设计内容进行了总结,并结合实际建设情况,重点阐述了粉细砂地层、黄土地层、富水黄土地层和异形盾构隧道的设计重难点、主要设计参数和主要针对性设计措施。

(2)总结了预切槽机械设备及施工技术近年来的发展情况,并介绍了预切槽技术在国内外隧道工程建设领域的应用情况。结合预切槽施工技术在国内铁路隧道施工的第一次应用,详细叙述了蒙西至华中地区重载铁路郝窑科隧道的设计施工情况,对预切槽施工设备的配置情况进行了分析,结合现场实验总结了黄土地层中预切槽施工工艺流程、关键施工参数及施工要点。

(3)总结了重载铁路隧道台阶法下台阶仰拱一次开挖的施工工艺流程和具体工艺流程特点,提出了台阶法一次开挖的施工控制要点,结合施工工艺从胶凝材料、水胶比、减水剂掺量、速凝剂掺量和砂率等五个方面归纳了隧道仰拱初支强度影响因素,提出了一次开挖工法下的隧道仰拱初支保护措施,根据现场施工情况,总结了隧道台阶法一次开挖的施工设备配套方案和施工组织措施。

(4)总结分析了重载铁路水平岩层隧道围岩稳定的影响因素和破坏机制;针对段家坪隧道水平岩层的光面爆破情况,通过对周边眼钻眼精度以及规范装药结构的控制,提出了一种新型聚能装药结构;通过数值计算及现场初期支护锚杆试验,提出针对水平砂泥岩地层的锚杆施工方案与施工参数。从超前地质预报、超前支护方法、注浆加固技术和监控量测四个方面,对其施工工艺原则、流程和要点进行了深入介绍,进而总结提出重载铁路水平岩层隧道施工安全技术。

(5)从重载列车的反复作用力、地下水的侵蚀、设计施工和运营维护四个方面,总结分析了重载铁路隧道软弱基底病害的产生原因,运用围岩压力模型和围岩压力+列车荷载+轨道自重模型对重载铁路隧道基底进行受力分析,通过分析反复动载作用下的累积破坏作用在阶跃时差内达到了产生阶跃所必需的累计值,归纳阐明了重载铁路隧道基底结构的疲劳破损机理,说明了介质材料在静载作用下不发生破坏,而在反复动荷载的作用下发生疲劳破坏的原因;进而从施工工艺流程和施工工艺要点两方面,介绍了重载铁路隧道仰拱换填技术、钢管桩加固技术和注浆加固技术。

(6)结合白城隧道的成功建设经验,总结了异形盾构施工技术的特点与优越性,介绍了工程建设过程中面临的重难点问题及解决方案,从盾构始发技术、盾构掘进参数与优化、盾构管片拼装技术、马蹄形断面土压平衡稳定性技术、同步注浆技术和盾构滚转纠偏技术六个方面总结了马蹄形盾构的施工技术要点。

8.2 展望

长期以来,铁路运输凭借着稳定的交通承载能力、低廉的价格和快捷的速度一直保持着长途运输行业的龙头地位。铁路建设是我国交通强国建设中的重要组成部分,随着社会经济水平的提升和交通运输行业的持续发展,未来重载铁路的建设仍将会是社会的热点话题,而铁路线路通过地区的环境条件、地质条件也会日趋复杂,隧道、桥梁在线路中所占比重也将越来越高。为了在质量标准日益提高、建设难度日益增大的前提下保证重载铁路隧道的建设安全性与运营安全性,对隧道建设传统工艺的优化完善及新理论、新装备、新材料、新工艺的研发和应用将势在必行。在工程实践中总结成功经验与失败教训,推动国内隧道建设技术的进步,是整个行业面临的重大责任和使命。